# 中国工会·劳动关系研究（2019）

刘向兵/主　编
陈邓海/副主编

中国劳动关系学院

光明日报出版社

**图书在版编目（CIP）数据**

中国工会·劳动关系研究 . 2019 / 刘向兵主编 . --
北京：光明日报出版社，2021. 4
ISBN 978 - 7 - 5194 - 5306 - 0

Ⅰ. ①中… Ⅱ. ①刘… Ⅲ. ①工会工作 - 中国 - 文集
②劳动关系 - 中国 - 文集 Ⅳ. ①D412. 6 - 53
②F249. 26 - 53

中国版本图书馆 CIP 数据核字（2021）第 055105 号

**中国工会·劳动关系研究（2019）**
ZHONGGUO GONGHUI · LAODONG GUANXI YANJIU（2019）

主　　编：刘向兵　　　　副 主 编：陈邓海
责任编辑：黄　莺　　　　责任校对：蔡晓亮
封面设计：小宝工作室　　责任印制：曹　诤

出版发行：光明日报出版社
地　　址：北京市西城区永安路 106 号，100050
电　　话：010 - 63169890（咨询），010 - 63131930（邮购）
传　　真：010 - 63131930
网　　址：http：//book. gmw. cn
E - mail：gmcbs@ gmw. cn　caomeina@ gmw. cn
法律顾问：北京德恒律师事务所龚柳方律师

印　　刷：北京虎彩文化传播有限公司
装　　订：北京虎彩文化传播有限公司
本书如有破损、缺页、装订错误，请与本社联系调换

开　　本：170mm × 240mm
字　　数：350 千字　　　印　张：18
版　　次：2021 年 4 月第 1 版　　印　次：2021 年 4 月第 1 次印刷
书　　号：ISBN 978 - 7 - 5194 - 5306 - 0

定　　价：46. 00 元

# 前 言

“中国工会·劳动关系论坛”是中国劳动关系学院2008年创办的，旨在加强国内外劳动关系和工会领域学术交流，宣传全总政策主张和工作思路，推动中国特色社会主义工会事业的建设与发展，至今已连续举办12年。

《中国工会·劳动关系研究》是以“中国工会·劳动关系论坛”为基础创立的重要学术载体，是论坛优秀参会论文集，每年出版一辑。《中国工会·劳动关系研究（2019）》是2019年“中国工会·劳动关系论坛”的优秀论文集。希望该书的出版能够为国内外研究工会和劳动关系的专家学者起到一定的参考作用。

编者

2020年10月

# CONTENTS 目 录

# 一、中国特色和谐劳动关系的理论与实践

# 公有资本、"劳动平等"与和谐劳动关系构建[①]

## ——基于马克思劳资关系及相关理论的拓展分析

吕景春　李梁栋[②]

**摘　要：** 构建中国特色和谐劳动关系，是建设社会主义和谐社会、保持经济持续健康和高质量发展的关键环节和重要保证。在梳理学界对改制企业、私营企业劳资关系以及构建和谐劳动关系等问题的基础上，强调了国家（政府）在劳动关系治理中的角色和作用。同时，从马克思主义的国家理论出发，探寻公有资本的内在逻辑，进一步申明马克思主义劳资关系理论仍然是研究新时代中国劳动关系问题的基础理论和行动指南。最后，讨论了"劳动平等"的相关理论以及其与公有资本的作用机制，主张通过壮大公有资本构建一种新型的劳动关系治理模式，从而发展和谐劳动关系。

**关键词：** 公有资本　劳动平等　马克思主义劳资关系理论　和谐劳动关系

习近平总书记在党的十九大报告中指出，要加快国有经济布局优化、结构调整、战略性重组，促进国有资产保值增值，推动公有资本做大做优做强。报告还明确提出"完善政府、工会、企业共同参与的协商协调机制，构建和谐劳动关系"的任务要求。在当前不断深化经济体制改革与推进经济结构调整的进程中，国有经济如何更好地体现其战略地位并发挥其功能作用，立足于中国特色社会主义新时代的基本国情，通过壮大公有资本，丰富"劳动平等"理论内涵，继承

① 本文已刊于《南开经济研究》2019 年第 6 期。本文为国家社科基金项目"和谐劳动关系的利益协调机制与制度安排研究"的阶段性成果（项目号：14BJY033）。

② 吕景春（1966—　），男，吉林长春人，天津师范大学经济学院院长，经济学博士，教授，天津市高校创新团队建设规划项目（TD13－5109）负责人，天津市中国特色社会主义理论体系研究中心研究员，主要从事政治经济学、经济发展与劳动问题研究。李梁栋（1993—　），男，山东济南人，南开大学马克思主义学院博士研究生，主要从事马克思主义政治经济学研究。

和发展马克思主义劳资关系理论，探索转型期劳动关系协调合作的机制，构建并完善和谐劳动关系体制机制，是新时代赋予我们的全新课题，需要做出全面解答。

我们知道，中国经济进入新常态①后面临着经济增长速度适度下调、发展方式转变、增长动力转换、资源配置方式转型、产业结构调整转型、资源配置提质增效和社会福祉包容共享等多重目标和多种诉求[1]，这些变化都对劳动关系产生了重大影响。在这一多重转型叠加期，无论是对于公有经济还是非公经济，企业内部潜藏的各种矛盾日益凸显，其中劳动关系问题尤为突出。具体而言，在经济新常态下，用工主体对劳动者权益的忽视和劳动者维权意识的增强使得劳动关系愈发紧张；同时，劳动力市场供需错位，劳资双方的力量对比越发失衡。[2]因此，笼统地提出某些构建和谐劳动关系的主张或者单纯依靠企业建立劳动冲突管理系统，不能满足理论和现实的需要。我们尝试按照马克思主义劳资关系理论的分析图式，通过进一步的拓展和探索，主张建构一种新型的基于公有资本和“劳动平等”理论的和谐劳动关系，以期为中国现阶段劳动关系问题研究做出贡献。

## 一、国内有关劳动关系问题的梳理：现状与启示

伴随中国加入 WTO 的进程和国内经济社会的快速发展，劳动关系②问题（包括一系列的理论与现实问题）始终作为国内学术界的前沿或热点话题。理论研究方面，国内学界主要按照改制企业、民营企业劳资关系与构建和谐劳动关系体制机制等若干线索展开研究。

改革开放 40 年来，中国始终坚持市场化的改革方向，政府和社会对发展包括民营经济在内的非公有制经济释放出很大的空间和包容度。与此同时，非公有制经济中劳资纠纷甚至劳动关系群体性冲突事件不时发生。在私营企业

---

① 2014 年 12 月，国家主席习近平在 APEC 工商领导人峰会开幕式上首次全面阐释了经济新常态，即“经济由高速增长转变为中高速；经济结构不断优化升级，第三产业、消费需求逐步成为主体，城乡区域差距逐步缩小，居民收入占比上升，发展成果惠及更广大民众；从要素驱动、投资驱动转向创新驱动”。

② 关于“劳动关系”和“劳资关系”的区别，董保华（2007）做过较为详尽的论述。他认为使用“劳动关系”这一概念强调的是双方平等的法律地位，用人单位与劳动者处于相互依存的状态。而使用“劳资关系”则较多倾向强调劳动关系中的“强资本、弱劳动”情况。（详见董保华．和谐劳动关系的思辨［J］．上海师范大学学报，2007（2）：22－29.）本文认为，在社会主义初级阶段的中国，我们不应该强调这种劳资的对立关系。采用“劳动关系”一词更有利于构建和谐劳动关系的理论体系。不过，作为以马克思主义为指导的文章，文中经常用到“劳资关系”的论述。对此，本文不做更严格的区分。

中，由于企业主处于买方市场地位，存在着较为突出的“强资本、弱劳动”的情况。不过尽管有了几十年的发展，中国大多数民营企业仍然受到很多“规制”。姚先国（2005）根据对江浙一带私营企业劳资问题的考察得出结论：私营企业中实际存在的劳资关系情况是“相对较弱的资本和绝对弱的劳动”。[3]循着这个思路，我们做出进一步的思考。首先，无论是“强”还是“相对的强”，必须承认的一个基本事实是，私营经济规模体量越大，劳资之间发生冲突的可能性也就越大。那么，如果继续坚持市场化改革，就必须尽早尽快建立起一种既有利于经济发展又有利于劳资关系和谐稳定的体制机制，因为归根到底，经济的发展是为了让每一位劳动者能够获得更多的利益和福祉。其次，既然私营资本是“相对较弱的”，那么“相对较强的”的资本是什么呢？我们认为只能是公有资本，由此，作为公有资本所有者的国家（政府）在经济发展中的重要作用就会得以凸显。

把国家（政府）考虑到劳动关系治理体系中来，不仅是理论逻辑上的必然，而且符合中国特色社会主义的实际情况，具有更强的实践性和可行性。经济新常态下，中国的劳动关系呈现农民工就业“短工化”、劳资矛盾“显性化”、诉求表达“合理化”、冲突治理主体“多元化”等诸多特点（陈仁涛，2018）[4]，非有政府、工会和雇员、企业和雇主的三方协调努力不能妥善解决。这种“三方合作机制”的重要作用在于它能够借助于一些“合作因素”来平衡社会各主体之间的利益关系，使劳资关系从“零和冲突”转向“正和交换”（吕景春，2007）[5]。而在中国的经济实践中，国家或政府无疑处在三方合作的主导地位。单靠工人或工人组织与雇主或雇主组织的协商谈判是不现实的，离开了政府的介入和参与，协商的有效性会大打折扣。当然，政府、工会和雇员、企业和雇主三方主体的行为和目标不尽相同（夏小林，2006）[6]，如何使行为目标趋于一致或尽量减少冲突，是制度建设者构筑和完善三方关系协调机制所需要解决的“技术性”问题。

我们必须充分认识到民营企业对我国现阶段经济发展的重要作用；同时，我们还要知道，中国现阶段民营企业发展过程中的劳资关系虽然具有雇佣劳动的属性，但也具有生产关系的从属性和依附性、政治法律地位平等和非对抗属性、共存共赢共享的属性（李玲娥，2018）。[7]总的来说，民营经济在现阶段是属于中国特色社会主义经济发展的良性因素。因此，对非公有制企业的劳资关系，还是应该以规制为主，以协调好劳资双方的利益为基本目标，形成发展和谐劳动关系的体制机制，绝不能一味地加以限制或取缔。

关于劳资关系问题，学者们的研究多集中于民营企业，但这并不意味着民营企业（私企）之外的劳动关系或劳资关系就是令人满意的。公有制经济中特别是那些改制后的企业，曾经较为和谐稳定的劳动关系也开始变得复杂起来。理论上讲，社会主义初级阶段的劳资矛盾存在必然性；具体而言，在转型期的中国社会场景中的劳资矛盾同时具有现实性。现阶段中国改制后的国有企业中，政府、劳动者和企业管理层存在着三方博弈的情况。正如有的学者通过对新常态下国有企业研究得出的结论那样，政府引导、劳资力量均衡和集体协商都是构建和谐劳动关系必不可少的因素（韩喜平，周颖，2016）。[8] 姚先国（2004）给出了完善改制企业劳动关系问题的思路：构建一种职工持股共同治理模式下的分享制，即职工凭借其长期人力资本投入所形成的人力资本与股权资本结合起来，参与企业治理、分配企业剩余的一种制度安排。[9] 这是相当有启发性的。但如前所述，若没有国家的主导规划和公有资本的广泛参与，职工持股制度只能是空中楼阁。总之，中国经济在逐步融入世界经济发展大潮的过程中，不断的开放让民营企业和国有企业焕发了活力，从而极大地促进了宏观经济增长的同时，也带来了劳资矛盾的日趋凸显，以及对社会公平正义追求的日益困扰。

跳出改制企业和民营企业的阈限，学者们将劳动关系的研究拓宽至整个社会，并上升到“和谐”的高度。将“和谐”作为定语放置于“劳动关系”之前，是在2002年党的十六大之后逐步推广开来的。① 和谐劳动关系是构建社会主义和谐社会的基础，对和谐劳动关系的研究，正是力图形成一种劳资关系健康良性发展的局面，也是构建社会主义和谐社会的内在要求。作为一种“主动合作”的劳动关系，和谐劳动关系具有“规范有序、公平合理、合作互利”的特征（刘铁明，罗友花，2007）[10]；更具体地，和谐劳动关系应该是建立在法治基础上的、民主化的、体现了公平正义的、能有效化解矛盾冲突并处于良性运行之中的一种劳动关系（周春梅，2011）[11]。

关于构建和谐劳动关系，除了立足于政府、企业和工人三方角度的研究，学

---

① 宋士云将中国改革开放以来的劳动关系变迁划分为三个阶段，他认为1979—1991年是劳动关系从行政隶属式转向市场契约式的起步阶段；1992—2001年是加快推进市场化劳动关系建立的阶段；而2002年以来，是建立与发展和谐稳定的劳动关系阶段。（详见宋士云．改革开放以来中国企业劳动关系变迁的历史考察［J］．当代中国史研究，2018（1）：19－29.）

术界探讨较多的是一种集体协商的思路。① 我们认为集体协商谈判本质上是劳资双方进行博弈并组织力量制定规则的一种制度。有学者在分析产业民主时加入了工人参与的概念，认为集体谈判是工人参与企业管理的一种核心形式，是产业民主的核心过程，也是工会活动的中心过程。② 不同于海外学者集中于工会、集体谈判制度转变等问题的研究，国内学者更关注集体合同和集体争议与转型的关系。常凯（2013）认为，我国劳动关系的市场化建构正处于一个相当关键的历史时期，即劳动关系由个别向集体转变的时期。由从属性的个别劳动关系逐步转向对等性的集体劳动关系，是市场经济国家劳动关系调整发展的一般轨迹。[12] 但是我们必须认识到，与发达市场经济国家不同，中国市场化的劳动关系不是在经济发展过程中自然形成的，个别劳动关系的集体化转型主要是由政府推动来完成的。中国企业特别是非公企业的劳动关系，仍然处于原子化和碎片化的状态，即一个雇主面对一群工人的这种个别劳动关系的状态。中国工人要在市场化转型的过程中，逐步形成自己的集体意识，集体化转型要具备社会基础力量的参与和支撑，政府积极引导的作用不可或缺。

还有从法律的角度探讨中国和谐劳动关系构建的文章。董保华（2016）、唐烈英等（2018）认为，由于拖欠工资和集体停工事件的发生，我国应该转变长期以来处理劳动关系所采用的“劳资不成熟，公权需介入”的静态和谐法律思维，而采取一种在国家必要干预的前提下，推动“劳资成熟”，为劳动关系的内部协商创造前提条件的动态劳资关系和谐法律思维，追求一种正和的而非零和的劳资博弈。[13][14] 中国劳动关系治理的思路由静态转向动态，以动态的劳资内部协商替代静态的法律强制，以此来平衡劳资双方的力量，实现劳动关系的和谐发展。在这里，立法主体当然是国家（政府）。

## 二、马克思主义劳资关系理论的拓展：从国家理论到公有资本

学界的研究较为真实地反映了转型期中国劳动关系的现状和诉求，不过在相

① 吕景春认为：“新常态下，在劳动关系由个别向集体转化的过程中，集体协商是用人单位和劳动者走向合作之路的理性选择。”他指出，雇主与劳动者基于“共同利益”推进集体协商，能够实现合作共赢；同时，雇主与劳动者的“共同责任”倒逼集体协商，使企业内部自主协商与调解成为现实。（详见吕景春，王羡．合作型劳动关系：和谐劳动关系的前提［N］．光明日报，2015－12－23.）

② 可以看出，在欧美国家，集体谈判是劳资双方的博弈行为；而中国实施的却是一种“国家主导”的集体协商。中国政府在集体协商中不仅仅是“第三方”的角色，而是直接参与到整个协商过程中，并成为整个协商过程的主导。中国工会不仅有“社团属性”，更有“国家属性”。（详见吴清军．集体协商与“国家主导”下的劳动关系治理［J］．社会学研究，2012（3）：66－89.）

关文献中，可以清楚地看到，马克思主义劳动关系理论的应用和发展仍然不尽如人意。有研究者认为，马克思主义的劳资关系理论虽然深刻地分析了资本主义社会中劳资双方的对立冲突，但在探讨两者的“合作”因素进而在构建和谐的劳动关系上显得“力不从心”。不得不指出，这应当是一种误解或“偏见”，个中原因，部分可能源于对马克思劳资关系及其相关理论的了解还不够全面，部分可归结为一段时间马克思主义经济学话语权的式微。本文接下来从马克思主义国家观的逻辑出发，重新阐释马克思主义劳资关系的有关论述，力图进一步拓展和完善马克思主义的劳资关系理论。

在马克思的理论中，劳资关系根植于劳动技术与生产组织形式中，并对生产的效率和成本产生重要的影响，直接影响着经济增长（骆祯，张衔，2018）。[15]在积累的最低限度（工资的最大限度）与工资的最低限度（利润的最大限度）之间，存在着劳资双方为争取各自最大分配份额而展开的博弈。进而言之，基于《资本论》的劳资关系理论，在生产领域，劳资关系是对立统一的，资本主义生产过程的两重性表明了资本对劳动的强制与剥削；在交换领域，劳资关系存在着形式上的平等和实质上的不平等，劳动者非出卖自己的劳动力不能生存；在消费领域，资本将劳动力价值挤压到最低限度，以至于劳动者沦为赤贫的境地；在再生产领域，资本主义的再生产过程造成资本的积累从而导致劳资双方的两极分化、不平等的加剧（何爱萍，徐艳，2018）。[16]应该指出的是，马克思《资本论》中的这一劳资关系的逻辑体系仅仅适用于对典型资本主义社会的分析，任何对它的解读和应用必须是在这一范围内进行的。①

非议更多的是来自理论的抽象性。非马克思主义学者对马克思的“两极模型”大都不以为然。赖特（Wright，1997）在两极模型中引入了“中间阶级”，认为社会不再只是有赤贫的工人阶级和贪婪的资本家阶级针锋相对，而是存在着缓和地带（吕梁山，2007）。[17]波兰尼（Polanyi，1944）更是认为，由于国家干预的存在，劳动力彻底的商品化是不存在的。在“波兰尼象限”中，国家的福利政策会给予劳动者最基本的保障。② 国家不再简单地作为资产阶级的代言人，而是作为有自己目标和行动的第三方主体，它在一定程度上限制了资本的力量并

---

① 马克思在《资本论》第一卷序言中强调：“我在本书中研究的，是资本主义生产方式以及和它相适应的生产关系和交换关系。”（详见马克思．资本论（第一卷）[M]．北京：人民出版社，2004：8.）

② 孟捷等较早提出“波兰尼象限”的概念，用以说明工人的“半无产阶级化”。（详见孟捷，李怡乐．改革以来劳动力商品化和雇佣关系的发展——波兰尼和马克思的视角 [J]．开放时代，2013（10）：74－106.）

保障劳动者的权益。尽管如此，那些认为马克思的劳资关系理论只是两极模型（即认为整个社会被抽象成工人阶级和资本家阶级），其过于“简单”而无法应用于现实、有损于其内在价值的看法，要么是没弄明白马克思劳资关系理论的适用范围，要么是对资产阶级政府和国家抱有太大的信心。不过，还是应当承认，从这一角度出发的相关研究，确实为我们自身的理论阐述提供了相当的便利。虽然问题并没有从根本上得到解决，只是为劳资冲突找到了一块“灰色空间”以“容纳”劳资双方的尖锐矛盾，在一些特殊的背景下劳资矛盾仍然可能会被激化，但这确实在某种程度上补充了马克思主义的劳资关系理论。因为虽然资本主义国家本质上还是“剥削被压迫阶级的工具”，但是对于我们这样处于社会主义初级阶段的国家，国家的存在非但不是“剥削被压迫阶级的工具”，而是走向“共产主义更高级阶段”的必由之路。这些研究表明，国家（政府）干预是劳资矛盾处理的一个途径，虽然在资本主义背景下的作用不甚明显，但是在社会主义初级阶段中国特色和谐劳动关系的构建中却有着十分重要的意义。

在工人、资本和国家三方中，国家力量最为强大，国家采取什么态度或行动应对工业革命以来工人与资本的关系问题，在很大程度上决定了政治结构和社会结构，并且会相应塑造工人的政治心理与行为取向（毛丹，张洪，2017）。[18]伍旭中（2018）提出，我国现阶段劳资关系冲突突出表现的领域在“分配环节”，核心领域在“生产环节”，显著特点是“非完整阶级的对抗”，解决冲突的重要一环是“更好地发挥政府的作用”。[19]可以说，学者们基本认识到国家在和谐劳动关系构建或劳资冲突处理中的重要作用，那么在马克思主义的劳资关系理论体系中，国家这一主体的地位和作用是怎样的呢？我们需要梳理一下马克思主义经典作家是怎样认识和看待国家的。

马克思在《资本论》中写道：“如果说通过一项项条文使对剩余劳动的贪欲合法化的多瑙河两公国‘组织规程’是这种贪欲的积极表现，那么，英国的工厂法是这种贪欲的消极表现。英国的工厂法是通过国家，而且是通过资本家和地主统治的国家所实行的对工作日的强制的限制，来节制资本无限度地榨取劳动力的渴望。”① 在这里，虽然仅仅表现在立法这一较为狭隘的层面，而且立法的最终目的不过是维持资产阶级的长久统治，但马克思还是明确地指出了国家在劳资关系中的积极作用。即使存在着这样或那样的附加条件，不断强化的立法还是使

① 在《资本论》的“工作日”“机器和大工业”等章节，马克思曾多次谈到英国工厂法对劳资关系的影响。（详见马克思．资本论（第一卷）［M］．北京：人民出版社，2004：276－277.）

得资本主义工厂中的工作日不断地缩减：先是15个小时、12个小时，最终是10个小时、8个小时。总之，“作为工人阶级的身体和精神的保护手段的工厂立法的普遍化已经不可避免”①。可以说，“工厂视察员”为劳工条件的改善做了许多努力，而马克思也看到了国家在劳资关系处理中的这种积极的发展趋势。

列宁1917年撰写的《国家与革命》中对国家的性质和地位进行了更为深刻的论述。他认为“国家是阶级矛盾不可协调的产物和表现。在阶级矛盾客观上不能调和的地方、时间和条件下，便产生国家。反过来说，国家的存在证明阶级矛盾不可调和”②。这里必须澄清的是，此处的“国家”仅是指“资产阶级的国家”；“无产阶级将取得国家政权，‘这样一来也消灭了作为国家的国家’”——资产阶级国家不能是“自行消灭的”，要由无产阶级在革命中来消灭；自行消灭的只能是无产阶级的国家或者“半国家”③。列宁在分析马克思理论中关于国家消亡的经济基础时讲到，在马克思共产主义社会的第一阶段或者低级阶段中，“生产资料已经不是个人的私有财产。它们已归全社会所有”。在这一阶段，“资产阶级权利没有完全消失，只是部分地取消，只是在已经实现的经济变革的限度内取消，即只是在同生产资料的关系上取消”；“资产阶级权利承认生产资料是个人的私有财产。而社会主义则把生产资料变为公有财产。在这个范围内，也只是在这个范围内，资产阶级权利才不存在了”。④

我们认为，列宁的以上论述对于中国当前社会主义初级阶段的实践具有非常重要的指导意义。首先，社会主义初级阶段的国家和资本主义国家存在着本质的区别，后者是在无产阶级的革命中消失的，而前者则是在自身的发展和变革中“消失”的。其次，在社会主义初级阶段的国家或“半国家”中，生产资料逐步归全社会所有，这是达到更高目标的必由之路。当然，我们秉持的观点是，“逐步”归全社会所有不是要再进行一次所谓的“分配革命”，而是现阶段通过在市场的检验下不断壮大公有资本，增强公有资本的影响力和控制力，直到“半国家”消亡即共产主义社会的到来。一直以来的观点是，我国处于并将长期处于社会主义初级阶段，这是相当准确和明智的一个判断。因而我们不应该对社会主义初级阶段的定位有所怀疑和动摇，而首要的任务是寻找实现或加速实现共产主义

① 马克思.资本论（第一卷）[M].北京：人民出版社，2004：576.

② 列宁.国家与革命[M].中央编译局，编译.北京：人民出版社，2015：8.

③ 列宁形象地给出“半国家”这个词，深刻地指出了资产阶级国家和无产阶级国家的区别，是一个十分值得注意的提法。（详见列宁.国家与革命[M].中央编译局，编译.北京：人民出版社，2015：18.）

④ 列宁.国家与革命[M].中央编译局，编译.北京：人民出版社，2015：94-96.

更高阶段的途径。无论是马克思还是恩格斯，都没有也不可能给出“实际的措施”，具体到微观层面的劳动关系问题及其相关协调机制的建立就更没有直接可以拿来作为参考的现成“模式”了。列宁就直言不讳地讲，“至于人类会经过哪些阶段，通过哪些实际措施达到这个最高目的，那我们还不知道，也不可能知道”①。对于本文而言，我们认为不断壮大公有资本就是这样一条康庄大道，而“劳动平等”就是这个道路上的一个阶段性的奋斗目标。

必须明确，马克思主义劳资关系理论是研究当代中国劳资关系的基本遵循，但若过分强调劳资对立而忽视其合作方面的探讨，便很容易超越我国现阶段的基本国情，从而得出片面的或带有某些误解性的研究结论。一个明智的思路和选择就是要求我们必须契合中国特色社会主义理论的要求和现实的变化，进一步拓展马克思主义劳资关系理论，着眼于发挥国家（政府）和公有资本的作用，这对改变目前我国劳动关系的治理格局，特别是在社会主义初级阶段基本经济制度的框架下，发展中国特色社会主义和谐劳动关系，将会产生重要的甚至巨大的影响。

## 三、“劳动平等”的作用机制与和谐劳动关系的建构机理

无论从学界近年来的研究进路，还是从发展马克思劳资关系理论的内在要求上来看，国家和公有资本在构建中国特色和谐劳动关系过程中的地位和作用都不容忽视，同时得到了认知与肯定。本文认为，以公有资本为基础探索并展开的劳动平等作用机制的构建，是从根本上发展和谐劳动关系的一条现实途径。

### （一）马克思本人的劳动平等思想及其扩展

一般来讲，马克思主义经典作家把劳动者平等的实现分为两个阶段：由于生产力的不同，分配的原则也不同，在共产主义的第一阶段首先要施行按劳分配，之后在更高阶段施行按需分配。② 马克思在《哥达批判纲领》中指出，在共产主义第一阶段平等的权利是被“限制在一个资产阶级的框框里”。由于劳动者不同等的个人天赋和子女个数的多寡不同等原因，“要避免这些弊病，权利就不应当

① 列宁．国家与革命［M］．中央编译局，编译．北京：人民出版社，2015：102.

② 按照马克思和列宁的观点，按劳分配消费品仍然是一种不公平现象，只有按需分配才是最终的目标。但在现实中，“这个社会最初只能消灭私人占有生产资料这一不公平现象”，这正是马克思主义区别于空想社会主义的地方。“各尽所能，按需分配”终极目标的实现要经过很长的一段路程，我们目前要做的当然是现实的阶段的工作。

是平等的，而且是不平等的"，但是这些弊病，"在经过长期阵痛刚刚从资本主义社会产生出来的共产主义社会的第一阶段，是不可避免的。权利绝不能超出社会的经济结构以及由经济结构制约的社会的文化发展"。只有在共产主义的高级阶段，"在迫使个人奴隶般地服从分工的情形已经消失，从而脑力劳动和体力劳动的对立也随之消失之后；在劳动已经不仅仅是谋生的手段，而且本身成了生活的第一需要之后；在随着个人的全面发展，他们的生产力也增长起来，而集体财富的一切源泉都充分涌流之后，——只有在这个时候，才能完全超出资产阶级权利的狭隘眼界，社会才能在自己的旗帜上写上：各尽所能，按需分配!"① 然而，资产阶级经济学家往往不分青红皂白地攻击马克思，因为从他们的角度来看，很容易"主观"地把这样的社会制度说成"纯粹的乌托邦"，从而得出无法实施的结论。实际上，这些资产阶级经济学家并没有真正理解或者根本上就不想去弄清楚社会主义和共产主义在科学上的差别。"通常所说的社会主义，马克思把它称作共产主义社会的'第一'阶段或低级阶段。既然生产资料已成为公有财产，那么'共产主义'这个名词在这里也是可以用的，只要不忘记这还不是完全的共产主义。马克思这些解释的伟大意义，就在于他在这里也彻底地运用了唯物主义辩证法，即发展学说，把共产主义看成从资本主义中发展出来的。"② 总之，不同于通常的资产阶级的观念，即把社会主义看成一种僵死的、凝固的、一成不变的东西，马克思始终认为社会主义是前进运动的。

抛开对"共产主义高级阶段"这一问题的表述，如果我们立足于中国社会主义的初级阶段理论，应该如何站在马克思主义的立场看待这一问题呢？答案是显而易见的。在这一阶段，"生产者的权利是同他们提供的劳动成比例的；平等就在于以同一尺度——劳动——来计量"，就是我们通常所说的"按劳分配"。"每一个生产者，在做了各项扣除以后，从社会领回的，正好是他给予社会的。他给予社会的，就是他个人的劳动量。"我们为什么应该这样做呢？因为"劳动只有作为社会的劳动"，或者说"只有在社会中和通过社会"，"才能成为财富和文化的源泉"。③

虽然"按劳分配"是社会主义初级阶段分配的本质要求，但是"在分配问题上大做文章并把重点放在它上面，那也是根本错误的"；"庸俗的社会主义仿效资产阶级经济学家把分配看成并解释成一种不依赖于生产方式的东西，从而把

① 马克思. 哥达批判纲领 [M]. 中央编译局，编译. 北京：人民出版社，2015：15-16.
② 列宁. 国家与革命 [M]. 中央编译局，编译. 北京：人民出版社，2015：99-100.
③ 马克思. 哥达批判纲领 [M]. 中央编译局，编译. 北京：人民出版社，2015：10-15.

社会主义描写为主要是围绕着分配兜圈子"。① 首要的问题是发展生产力，是破除资产阶级生产资料的垄断。马克思曾说："劳动者在经济上受劳动资料即生活源泉的垄断者的支配，是一切形式的奴役即一切社会贫困、精神沉沦和政治依附的基础。"② 在这里，"劳动资料即生活源泉的垄断"中的"劳动资料"为资本家和土地劳动者所共同垄断。在我国，土地所有权属于国家，公有资本在社会总资本中占有优势地位，这自然是实现劳动平等最为坚实的物质保障和经济基础。

总之，于马克思主义经典作家而言，他们把对平等的认识提高到生产力的高度，并从生产力的角度出发来把握平等的本质，即人类的不平等和统治关系是生产力发展到一定阶段之后，剩余产品出现、私有制和社会分工的结果。因此，资本主义的平等与公正只是形式上的，而取代资本主义社会的共产主义社会的平等应该是事实上的平等，而这中间有一个社会主义社会平等的过渡阶段。平等或公平的分配要以劳动为同一尺度，当然，前提必须是社会主义国家劳动资料的公有制。其实，这就已经成为"劳动平等"概念的肇始。正如国内学者姜涌（2009）认为的那样："马克思的劳动平等思想不但要求政治生活的平等，还要求经济上的平等；不但要求生产资料占有上的平等，还要求生活资料占有上的平等。"[20] 我们提倡并主张构建在劳动平等基础上的和谐劳动关系，肯定按劳分配的极端重要性，同时认为在公有资本主导全体人民共享的情况下，按要素（资本等）分配并不必然与按劳分配背离，甚至两者具有统一和谐的内在关系。

### （二）马克思主义劳动平等理论的发展

在分析马克思主义的代表人物约翰·罗默（John Roemer，1997）看来，平等是社会主义的终极目标，而所有制形式和市场体制都是实现这个终极目标的手段。因此，社会主义应该有一种促进每个人机会平等的财产权制度，它能促进每个人的机会平等。同时，社会主义的平等目标还要经历短期的市场社会主义目标，要依靠市场配置资源和组织生产，并对企业利润进行平等分配。为此，他设计了一种采取股权平等财产形式的证券市场社会主义，在这个制度里，每个成年人都平等地拥有可交换但不可被继承和赠予的股权。可以明确，股权的背后应当是劳动，劳动者能凭借自己的努力和能力实现自己的价值而不会产生冲突。③

---

① 马克思．哥达批判纲领［M］．中央编译局，编译．北京：人民出版社，2015：16－17.

② 马克思．哥达批判纲领［M］．中央编译局，编译．北京：人民出版社，2015：11.

③ 罗默只是给出一种制度设计的思路，并没有明确指出劳动的问题。（参见余文烈，等．市场社会主义：历史、理论与模式［M］．北京：经济日报出版社，2008：236－241.）

姚洋（2007）在总结程序平等、结果与禀赋平等和阿玛蒂亚·森式的能力平等的基础上，提出了一种“能力指向的平等”理论。应当指出，“能力指向的平等”理论，是对阿玛蒂亚·森“能力平等理论”的一种中国化的务实的解读，极具现实意义和参考价值。不过，对于他提出的“目标能力供给水平”，无论是“下界”还是“上界”，都脱离劳动谈平等，不得不诉诸“帕累托改进”以阐明一个“向未来开放”的原则。同时，姚洋并没有说明“能力供给物”的来源，因而也就没有指出“能力供给物”背后的公有资本的重要作用。最后，现实的情况下资源的有限性就决定着如果我们不区分“能力维度”而追求进步与增长，这本来就是不可能的乌托邦观念。① 我们认为在初级阶段的按劳分配仍然是标准和尺度，“能力指向的平等”可以理解为一种最低级的“按需分配”，那么既然是“低级的”，我们何不首先建立一种高级的按劳分配呢？问题的关键不在于按劳分配还是按照“目标能力供给水平”分配，而在于如何壮大、增强公有资本的力量并确定一种计量劳动价值的方法。实现一种公有资本支持下的“劳动平等”也许是更为现实的选择。

荣兆梓（2013）认为社会主义根植于平等主义，其贯穿运动始终的核心理念就是劳动平等，即劳动者的经济平等。“平等表现为以劳动为同一尺度，而劳动的数量和质量则完全取决于个人的能力与努力”，即“当代社会主义提倡的劳动平等原则，其实就是在承认个人天赋能力差异的前提下，鼓励所有的劳动者在学习和工作中靠自身努力提升自己的能力、创造自己的生活”。不过，他也承认，“以劳动平等为起点，资本主义经济制度演化形成了资本权利主导的经济关系体系，在这个复杂的权利意志关系体制中，劳动平等从最初的核心关系逐步退居为从属的、次要的关系”。② 适应这种变化，荣兆梓提出“市场平等”的概念。他认为劳动平等与收入分配均等化并不是一回事，“目标明确、措施得当的社会主义经济体制改革，完全有可能建立一种比高度集权的计划经济体制下劳动平等实现程度更高的市场经济，不仅是单个企业内部的更高程度的劳动平等，而且是全社会范围的更高程度的劳动平等”。③ 显然，该“劳动平等”在社会主义市场经济条件下具有两个突出特点：第一，劳动平等与市场经济条件下的其他公平原则

---

① 姚洋的观点极具启发性，我们可以从中看到一位“改良主义者”对“激励相容”的平等的不懈追求。（参见姚洋．论能力指向的平等［D］．北京：北京大学，2007：12－19.）

② 荣兆梓．劳动平等论：完善社会主义基本经济制度研究［M］．北京：社会科学文献出版社，2013：398－400.

③ 荣兆梓．劳动平等论：完善社会主义基本经济制度研究［M］．北京：社会科学文献出版社，2013：407.

并存，形成双重公平叠加的特殊现象；第二，企业内部的劳动平等与社会范围内的劳动平等是互动的两个层次。市场经济条件下的劳动平等，既不应以缩小收入差距为目标，更不应以扩大收入差距为目标，而是要实现公平与效率之统一。[21]在另一篇文章中，荣兆梓（2014）明确指出，社会主义市场经济的公平观是市场平等与劳动平等的叠加，市场平等是基础，劳动平等是主线。要实现更高程度的社会公平，必须深化市场改革，注意收入再分配并坚持以公有经济为主体；要依靠公有资本保障劳动平等在经济过程中的主导性。[22]

## （三）劳动平等理论与公有资本的作用机理

可以这样理解，“劳动平等”基本是通过壮大公有资本，在维护现阶段市场经济的前提下，实现劳动和资本的平等或者“对等”，从而实现较为和谐的劳动关系（荣兆梓，2018）。[23]“公有资本”，一个区别于资本主义私有制并被广泛应用的概念，是指属于社会主义国家全民共同所有的资本，主要包括国有资本和集体资本。其中，国有资本是属于国家或全民所有的资本，集体资本是属于劳动集体所有的资本。我们的论述将围绕着公有资本在劳动关系的进步意义上展开，以期构建劳动平等的理论体系。

按照《资本论》的逻辑，马克思认为资本是由商品货币等转化而来的，它的产生有两个条件：首先，存在交换；其次，雇佣劳动力。① 可以这样理解，在一定的历史阶段，经济越发达，交换越频繁，雇佣越盛行，资本也就越具有存在的合理性。在社会主义初级阶段，只要有商品生产、商品流通及货币流通一定程度的发展，就会存在资本。同时，社会主义市场经济中存在多种所有制，因此也就存在多种类型的资本；公有资本的背后是公有制的范畴。当然，我们在坚持马克思资本范畴科学性的同时，还要区分出资本范畴的一般性和特殊性问题。公有资本作为资本，自然具有资本的一般属性：在价值方面，它同私有资本一样追求增值的资本；在运动方面，公有资本同样具有不断地循环与周转和向外扩展的内在诉求；最后，公有资本的发展仍然遵循市场经济发展的规律，只有在竞争中它才能生存壮大。

本质上讲，公有资本是一种没有资本家的资本关系，因此也就不再是阶级对抗和剥削的关系，而成为劳动者阶级内部经济权利与利益的对立统一关系。荣兆

① 关于这一点，马克思在《资本论》的“货币转化为资本”和“所谓原始积累”两章中进行过详细的说明。（参见马克思．资本论（第一卷）［M］．北京：人民出版社，2004：193－195，821.）

梓（2004）认为，公有资本本质上代表着劳动者整体利益与个人利益、长期利益与短期利益的矛盾，因此，对大多数劳动者个人来说，它仍然是一种外在的强制。虽然公有资本克服了资本关系中两大阶级的对立，消灭了资本对劳动的阶级剥削，但是不可能同时消灭由现代生产力特征所决定的个人利益与社会利益的矛盾，不可能避免社会利益以外在强制的方式迫使劳动者个人把劳动时间延长到必要劳动时间之外。恰恰相反，公有资本是这种强制性剩余价值生产的特殊方式。当然，相对于资本主义私有经济中建立在阶级对立基础上的强制劳动和剥削关系，公有资本无疑是一种历史进步。[24]

马克思曾经提出以"工人联合体"解决私有资本逻辑的矛盾，这是一种资本的联合和劳动的联合相结合的生产方式。在这里，联合的劳动代替了雇佣劳动，联合的资本成为工人自己劳动增殖的手段。"工人自己的合作工厂，是在旧形式内对旧形式打开的第一个缺口，虽然它在自己的实际组织中，当然到处都在生产出并且必然会再生产出现存制度的一切缺点。但是，资本和劳动之间的对立在这种工厂内已经被扬弃，虽然起初只是在下述形式上被扬弃，即工人作为联合体是他们自己的资本家，也就是说，他们利用生产资料来使他们自己的劳动增殖。"① 可以说，公有资本正是这种资本联合在社会主义初级阶段中国的特殊表现形式。私有资本逻辑是资本主导劳动，而公有资本逻辑应该是劳动主导资本。在社会主义市场经济中，公有资本扬弃了资本和劳动的对立，这是社会主义生产方式赋予公有资本的特殊内涵。

我们知道，在社会主义公有制条件下的劳动者具有分离的双重人格：他既是生产资料的公共所有者，又是劳动力的个人所有者。劳动力个人所有者集合与生产资料公共所有者集合在现实中的错位与分离是形成公有资本的前提条件。当代社会主义者基本都主张的劳动平等建立在生产资料公有制的基础上，"公有制的确是实现劳动者机会平等的手段……只有消除了生产资料占有上的差异，以劳动的自我所有制为前提的机会平等才能真正实现"②。在公有资本中，资本表现为对劳动的从属，"作为劳动平等内在矛盾的展开"③，公有资本有利于我们发展或构建和谐劳动关系。由于国家是公有资本的直接所有者，公有资本作为一种"资

① 马克思．资本论（第三卷）［M］．北京：人民出版社，2004：499.

② 荣兆梓．劳动平等论：完善社会主义基本经济制度研究［M］．北京：社会科学文献出版社，2013：396.

③ 荣兆梓．劳动平等论：完善社会主义基本经济制度研究［M］．北京：社会科学文献出版社，2013：413.

本”产生的经济剩余[①]并不属于私人资本家。如果国家能够做到公平公正合理地分配，那么社会主义全民所有就会落到实处，真正在劳动平等基础上形成的和谐劳动关系（体制机制）就会建构起来，可以说资本对劳动形式上的隶属就变成了实质上的隶属。

在社会主义初级阶段的中国，我们不能够也不需要超越资本。公有资本可以兼顾公平与效率的统一：作为一种资本，它完全可以充分发挥资本的进取性，从而取得经济上的利益，作为一种劳动平等关系，它属于全民所有的公有资本，旨在为全民谋福利，即代表了社会主义的公平与正义。在国际背景日益复杂、劳资矛盾日益加剧的今天，我们必须立足马克思的劳资关系理论，立足基本国情，发展并构建出一种基于劳动平等的和谐劳动关系形成机制。通过上述分析，我们就会发现，公有资本的不断壮大，正是这种“劳动平等”相关机制得以发挥作用并借此形成和谐劳动关系的丰厚土壤。

## 四、关于构建中国特色社会主义和谐劳动关系的若干问题

基于上述分析讨论，我们得出的基本结论是我国学术界对劳动关系问题的研究应该从僵化生硬的劳资冲突观和稍显含混笼统的劳动和谐观中突破出来，准确理解、把握马克思主义的劳动关系理论的精髓，在劳动关系的“三方机制”建设中，进一步强调国家或政府的作用，充分壮大和强化公有资本的力量，强调公有资本利润的共享性，在社会主义中国构建一种全新的基于劳动平等基础上的和谐劳动关系作用机制。然而，作为严谨的学术讨论，有一些问题需要进行进一步澄清。

第一，关于公有资本的效率问题。国有企业改革一直是中国经济体制改革的中心环节，围绕着国有企业改革方方面面的文章可谓汗牛充栋，学界达成了诸多共识，很多政策建议也得到了国家和政府层面的认可和支持。在这里，我们要强调的是，作为资本，公有资本并不必然比民营资本的效率低。只是由于行为目标和评价标准的不同，公有资本长期以来一直是低效率、体制化的代名词，这是极大的误读、误解和误判。不仅如此，单就资本性质而言，在一些需要大规模投入和长期建设的项目中，公有资本还有着私有资本不可比拟的优势。总之，如果有

① 这里的“经济剩余”采用的是斯威齐和巴兰《垄断资本》一书中的概念，我们认为“经济剩余”的内涵要比“剩余价值”的更为丰富一些。（详见保罗·斯威齐，保罗·巴兰. 垄断资本［M］. 北京：商务印书馆，1977：15.）

合理的制度安排，公有资本将会成为巨大的推动经济发展、提高人民生活水平的引擎。

第二，关于民营企业的定位问题。实质上，这是对上一个问题的延伸，既然公有资本必须不断壮大，那么私人资本和民营企业是否就一定要被消灭，它们该何去何从。本文主体部分已经论述过，我们支持民营企业的发展壮大，这不仅是国家的政策，更符合经济社会发展的潮流，没有民营企业和私人资本的壮大，我国社会主义经济建设就会缺失一个重要的有生力量。我们并不认为民营资本和公有资本必然存在“一进一退”的零和博弈，在中国经济腾飞的现阶段，完全有可能实现“国民共进”的“正和”局面。当然，两者的矛盾和冲突是存在的，但是积极进取的企业家精神不但不是造成社会收入差距的因素，反而是促进社会经济发展从而带来公平正义的积极因素。我们要消除的是不平等，而不是作为其中一种表现形式的所有制。①

第三，关于可能性与现实性的问题。必须承认，和谐劳动关系的构建和发展是一个过程，即目前经济社会不平等现实的存在和一些实际操作上的困难，可能会使基于劳动平等而建构起来的和谐劳动关系打些“折扣”。但是，我们相信，这些不平等的现实会随着改革的不断深入和经济结构的调整优化而逐渐消除，实际操作上的困难也会随着技术的进步得以克服。例如在当前社会，构建和谐劳动关系首先面临着城乡二元劳动市场差异的不平等现实，孟捷（2019）称之为由户籍制度、土地制度等造成的“农民工制度”[25]。同时，劳动力价值或者劳动的计量，抑或如何分配公有资本带来的“经济剩余”也是一个十分重大的理论问题。这不但要求我们在财税制度改革、社会保障体系建设、转移支付制度完善等诸方面入手，还要从实践和理论两个维度来做进一步研究、探索。总之，构建基于劳动平等基础上的和谐劳动关系应该是社会主义劳动关系的本质要求。有关这方面的理论研究和实践探索还需要各界的共同努力。

**参考文献：**

[1] 张占斌．中国经济新常态的趋势性特征及政策取向［J］．国家行政学院学报，2015（1）：15－20.

[2] 吕景春，王美．合作型劳动关系：和谐劳动关系的前提［N］．光明日

① 马克思在《资本论》第一卷中曾经指出，要“重新建立个人所有制”。（详见马克思．资本论（第一卷）［M］．北京：人民出版社，2004：874.）

报，2015 - 12 - 23.

［3］姚先国．民营经济发展与劳资关系调整［J］．浙江社会科学，2005（2）：78 - 85.

［4］陈仁涛．经济新常态对非公有制企业劳资关系的影响与对策［J］．甘肃社会科学，2018（3）：123 - 129.

［5］吕景春．和谐劳动关系的“合作因素”及其实现机制——基于“合作主义”的视角［J］．南京社会科学，2007（9）：31 - 41.

［6］夏小林．私营部门：劳资关系及协调机制［J］．管理世界，2004（6）：33 - 52.

［7］李玲娥．中国现阶段私营企业劳动关系的属性及特点——马克思主义政治经济学的解释［J］．政治经济学评论，2018（5）：101 - 119.

［8］韩喜平，周颖．新常态下国有企业和谐劳动关系的构建［J］．理论探索，2016（1）：75 - 79.

［9］姚先国，郭东杰．改制企业劳动关系的实证分析［J］．管理世界，2004（5）：97 - 107.

［10］刘铁明，罗友花．中国和谐劳动关系研究综述［J］．马克思主义与现实，2007（6）：139 - 142.

［11］周春梅．构建和谐劳动关系的困境与对策［J］．南京社会科学，2011（6）：85 - 91.

［12］常凯．劳动关系的集体化转型与政府劳工政策的完善［J］．中国社会科学，2013（6）：91 - 108.

［13］董保华，李干．构建和谐劳动关系的新定位［J］．南京师范大学学报，2016（2）：67 - 76.

［14］唐烈英，陈永福．从静态到动态：劳动关系智力思维的变革［J］．西南民族大学学报，2018（10）：87 - 93.

［15］骆祯，张衔．劳动关系对经济增长可持续性的影响分析［J］．政治经济学评论，2018（6）：120 - 138.

［16］何爱萍，徐艳．《资本论》视角下中国劳动关系的现实反思与建设路径［J］．教学与研究，2018（10）：71 - 79.

［17］吕梁山．赖特的中间阶级理论及其基础——多种剥削论评析［J］．马克思主义研究，2007（3）：112 - 116.

［18］毛丹，张洪．工人、资本与国家：理解工人阶级研究的关系视角［J］.

社会，2017（1）：94－126.

［19］伍旭中．马克思劳资关系理论时代化研究——基于我国私营经济劳资关系现实的考察［J］．河北经贸大学学报，2018（2）：1－6.

［20］姜涌．马克思劳动平等是人类平等的诉求［J］．山东社会科学，2009（6）：33－39.

［21］荣兆梓．劳动平等及其在社会主义市场经济下的实现［J］．教学与研究，2013（2）：14－21.

［22］荣兆梓．论市场平等与劳动平等之关系［J］．马克思主义研究，2014（8）：75－83.

［23］荣兆梓．公有资本与平等劳动——中国特色社会主义经济学的主线［J］．上海经济研究，2018（12）：5－15.

［24］荣兆梓．资本一般与公有资本［J］．教学与研究，2004（10）：65－69.

［25］孟捷．农民工、竞争性地方政府和社会主义政党—国家——改革开放以来中国的经济制度和经济话语权［J］．东方学刊，2019（1）：45－62.

# “和谐劳动关系”理念

徐小洪[①]

**摘　要**：“和谐劳动关系”的理念有三种：“庸俗和谐论”（“资本性劳资和谐”“父权家长性劳资和谐”）、“革命、劳资非和谐论”“劳资协调和谐论”。“庸俗和谐论”与“劳资协调和谐论”的基本区别有两点：第一，是否承认劳资双方存在着利益冲突，是否承认这种利益冲突是劳动关系内生的、正常的；第二，是否承认劳动者集体权利，并认为劳资利益冲突只能通过劳动者集体组织、集体权利的行使才能得到有效解决，从而使劳资关系正常运行。

**关键词**：和谐劳动关系　庸俗和谐论　“革命、劳资非和谐论”　劳资协调和谐论　劳动者集体权利

党政主导产业关系[②]有效、成功的体现就是党政主导的“和谐劳动关系”[③]。

中国共产党第十六届中央委员会第六次全体会议通过的《中共中央关于构建社会主义和谐社会若干重大问题的决定》中提出“发展和谐劳动关系”。

习近平同志作出批示，构建和谐的劳动关系，是建设和谐社会的重要方面，特别是在当前有些企业劳资纠纷频发的情况下显得尤为重要。

在全国构建和谐劳动关系先进表彰暨经验交流会上，习近平同志指出，各级党委和政府要进一步提高认识、强化责任，把构建和谐劳动关系作为一项重要而

---

① 徐小洪（1953—　），男，汉族，浙江杭州人，任职于浙江省总工会干部学校，主要从事劳动关系研究。

② 党政主导产业关系就是党政主导直接强化、完善个别劳动关系，党政直接强化、完善对劳动者集体劳动权利的管控。“主导”是对社会主体控制程度的一个指标性术语，“主导”的主要体现是主体的管控、规则的制订等。

③ 本文作者在2004年4月出版的《冲突与协调——当代中国私营企业劳资关系研究》一书中提出了“劳资关系和谐运行”“家族式和谐劳资关系”等概念并对其进行了详尽的分析。（详见徐小洪．冲突与协调——当代中国私营企业劳资关系研究［M］．北京：中国劳动社会保障出版社，2004.）

紧迫的政治任务抓实抓好。

胡锦涛同志在党的十八大报告中提出，“健全劳动标准体系和劳动关系协调机制，加强劳动保障监察和争议调解仲裁，构建和谐劳动关系”。

中共中央、国务院下发《关于构建和谐劳动关系的意见》，提出要“统筹处理好促进企业发展和维护职工权益的关系，调动劳动关系主体双方的积极性、主动性，推动企业和职工协商共事、机制共建、效益共创、利益共享”。“建立规范有序、公正合理、互利共赢、和谐稳定的劳动关系”。

习近平同志在中国共产党第十九次全国代表大会上作报告，提出“完善政府、工会、企业共同参与的协商协调机制，构建和谐劳动关系”。

## 一、三种劳资和谐理念

以对劳动关系或劳资关系性质的理解为基础，以不同的意识形态，以企业管理、劳资关系发展的不同阶段为基础，有关劳资和谐的理论体系主要有三种：

### （一）“庸俗和谐论”① 或称“雇主统合和谐论”“企业共同体和谐论”

以“劳资一体论”或“劳资伙伴论”（一体论）为基础形成的“庸俗劳资和谐论”有两种形式：“巴斯夏的资本性劳资和谐”和“父权家长制的劳资和谐”。“庸俗和谐论”认为，劳资双方是在对等利益基础上的服务交换，劳资双方各自的所得是各自提供的服务的代价。生产资料所有者与劳动力所有者的分布是市场经济自由竞争的结果，由这两者形成的劳资关系，是一种昨日的劳动者（资本家）与今日的劳动者（工薪者）彼此结成的伙伴关系。企业组织中，不应将其中的成员划分为资本家、劳动者、管理者、被管理者，他们都是同一团队中的一分子，他们之间无根本利益冲突，是亲密的伙伴，共同致力于追求高效的生产、高利润的效益、高薪资的报酬。只是团队生产需要管理，而这种管理职能就由企业高层管理者担任。所以，团队精神和管理人员权威是企业有效运行的基础。如果企业内存在冲突，那么仅仅是非理性的摩擦。由此，“劳资一体”论者主张，企业组织的结构和目的必须单一化，通过以企业为中心的企业人力资源管理，建立有效激励员工的薪资制度、完善的福利制度等增强员工的认同感，提高效率。企业管理是单一的管理和忠诚的关系。企业主在获得一家之主地位的同时，必须

---

① 此概念借用了马克思的庸俗经济学概念。

承担相应的义务，即“负责追随者的福祉”；同样，工人作为追随者，要对企业主忠诚和听从。“关怀义务”和“忠诚义务”是企业共同体关系的基础。因此，他们大多排斥工会等独立的工人组织，认为不仅没有必要，而且会增加矛盾、摩擦，如果从外部强加工会组织进入企业，那么就将工会纳入企业组织结构，将其一体化，控制其运行。计划经济劳动关系理论也是“一体论”，认为都是革命的同志，只是分工的不同。“父权家长制的劳资和谐”是封建宗法关系与资本性劳资关系的结合，其和谐运行的典型是计划经济中的“父爱式”劳动关系，或者“家族式”劳动关系，是利益共同体式劳资关系。

## （二）“革命、劳资非和谐论”

以“劳资对立、冲突论”为基础形成“革命、劳资非和谐论”。它以马克思的劳动价值论、剩余价值论为基本理论，认为劳动关系的实质是阶级与阶级间的剥削与被剥削关系，“是一种利益不同者之间的支配与被支配关系或对立关系”①。资本家购买了劳动力，劳动力就隶属于资本，劳动过程就隶属于资本，劳动结果就隶属于资本。资本家通过支配隶属于他的劳动者的劳动，获取绝对剩余价值和相对剩余价值，工人仅仅获得劳动力价值。在劳动过程中，管理的改善、工资福利待遇的提高等仅仅是工人“身上锁链的放松”，并不会带来任何实质性变化。劳动关系中的法律规范，比如工厂法仅仅是社会“对资本的剥削权利的干涉”，“一方面，统治阶级的议会不得不在原则上采取非常的和广泛的措施，来防止资本主义剥削的过火现象；另一方面，议会在真正实现这些措施时又很不彻底，很不自愿，很少诚意”。所以，并不能改变劳动受资本剥削的基本状态，只不过促进了“现代工场手工业和家庭劳动向大工业过渡”②，进一步确立资本、雇佣劳动者实质隶属的地位。工会仅仅是无产阶级斗争初级阶段进行经济斗争的组织，仅仅是工人实现经济利益得到微小改善的工人自我组织，并不是最后解放无产阶级的组织，并不能真正解放无产阶级。无产阶级只有在共产党的领导下，进行阶级斗争，进行无产阶级革命，夺取政权，推翻资本主义制度，剥夺“剥夺者”，才能取得解放。

## （三）“劳资协调和谐论”

以“劳资互利论”（多元论）为基础形成的“劳资协调和谐论”认为，劳动

---

① ［日］万成博，杉政孝．产业社会学［M］．杨杜，包政，译．杭州：浙江人民出版社，1986：121.

② 马克思．资本论（第一卷）［M］．北京：人民出版社，2004：515－550.

关系主体双方，一方是生产资料的所有者、管理者，另一方是劳动力所有者，所以，在同一关系中各自有着各自的权力和利益，各自追求各自的权力和利益，有着不可避免的理性的矛盾，有时甚至是根本的矛盾。但在劳动关系这一统一体中，大家有着共同的利益——生产效率，而且各自权力利益的有效实现要以生产效率为基础；同时，只有当主体双方意识、承认各自不同的权力利益，并在此基础上，进行合作、协商、协调，才能极大地提高生产率，才能真正全面实现各自的权力利益。如此，资方必须承认及不侵犯劳方的权力利益，劳动者是独立的劳动力产权主体，具有独立人格，是独立、自主、自由的人，劳动者有权追求自己的利益，比如工资、福利、剩余价值、良好的工作环境等，并通过工人代表或工会等集体组织，通过集体谈判、协商、对话等制度性方式来表达、反映自己的要求、不同的意见，与企业进行正常沟通。同时，劳方也必须承认资方的权力利益，并承担自己的劳动义务，服从管理，遵守纪律，积极劳动。总之，在劳资关系内，对劳方有直接影响的事务，劳方有相当发言权，劳资双方沟通渠道保持通畅，在正常组织制度内进行矛盾的妥协、冲突的化解，劳资双方彼此之间相互尊重、忍让、协商、协调、合作，营造和谐的劳资关系、企业文化，双方相辅相成、相得益彰。“劳资协调和谐论”也就是劳资双方权利平等、力量均衡的动态和谐劳动关系。

## 二、恩格斯对“父权家长制劳资和谐”的批判

恩格斯认为“大城市清除了工人和雇主之间的宗法关系的最后残迹，在这方面，大工业也助了一臂之力，因为它使依附于一个资产者的工人的数目大为增加了”。“资产者随心所欲地剥削自己的工人，支配他们，而且如果他在工资以外，还对他们表现一点不花一文钱的和蔼可亲的态度，或者给他们一些小恩小惠（这一切似乎纯粹是出于一种不平常的好意，虽然加起来还不到他所应当做的事情的十分之一），那么还可以获得这些傻子的服从、感激和爱戴。”“在伪善地掩饰着工人的奴隶地位的宗法关系下，工人不能不仍然是一个精神上已经死亡的、完全不了解自己的利益的十足的庸人。只有当他和自己的雇主疏远了的时候，当他明显地看出了雇主仅仅是由于私人利益、仅仅由于追求利润才和他发生联系的时候，当那种连最小的考验也经不起的虚伪的善意完全消失了的时候，也只是在这个时候，工人才开始认清自己的地位和利益，开始独立地发展起来，只是在这个时候，他才不再在思想上、感情上和要求上像奴隶一样地跟着资产阶级走。而在

这方面起主要作用的就是大工业和大城市。”①

“父权家长制劳资和谐”的“企业共同体”。在德国，出现过两种“父权家长制劳资和谐”的“企业共同体”，一种是企业主的“企业共同体”，另一种是纳粹党的“企业共同体”。有着宗法关系的劳资关系，在德国魏玛共和国后期得到了不少学者和企业主的认同，他们提出了自认为更加德国化的劳资关系模式——“企业共同体”来解决劳资矛盾，即企业主成为“一家之主”，企业决定工资和劳动条件，企业通过各种企业福利政策唤醒工人的企业归属感，取缔工会。在纳粹党上台后，企业主倡导的“企业共同体”思想的主要精神在纳粹劳动法中得到了体现。“劳资关系”成为“领袖和追随者关系”。德国劳动法专家曼弗雷德·魏斯、马琳·施米特认为“1933 年纳粹党上台后，取缔了工会和雇主协会，取而代之建立了一个将雇主和工人联合起来的组织，称作‘德意志劳动阵线’，这个联合组织的理念是在工业舞台上的所有参与者，不管是雇主还是工人都要完全和谐。他们应当有共同的利益，那就是促进纳粹政府的发展”。无须赘言，在这种观念下，集体谈判和劳资活动被完全禁止。集体谈判的功能转由一个名为劳动托管的政府机构行使，魏玛共和国时期发展起来的集体劳动法的基本架构被破坏，取而代之的是 1934 年纳粹政府出台的调整劳资关系的基本法律——《劳动秩序法》，企业委员会被保密委员会取代，它的主要功能是增进工人和企业“领导”之间已经存在的和谐关系。就个别劳动法而言，纳粹党保留了魏玛共和国时期的法律结构，但是通过法律解释又将它颠倒了。“企业领导与职工和睦相处，工人对雇主负有‘忠诚义务’以及雇主对工人负有‘帮助义务’等观念，成为法律解释的决定性标准，由此纳粹党可以获得他们想要的结果。必须指出的是，这些观念并不是纳粹党首创，它们早就作为劳动法概念被人们讨论。然而，纳粹党使它们成为法律制度中的核心概念，并利用它们来达到自己的目的。”② 当时“克虏伯公司是个‘父权式的企业’，阿尔弗雷德·克虏伯的名言是‘在我家和我的地盘上，我是主人而且一直是主人。’他拒绝让工人参与盈利分红，但通过各种企业福利政策建立员工与企业的紧密关系，如退休的‘老克虏伯人’定期聚会、对年轻职工进行培训、经常召开部门庆祝会和郊游、办企业报、成立企业体育协会、建立企业医院、建住房等。1907 年，公司已经建立

① 恩格斯. 英国工人阶级状况［M］//马克思恩格斯全集（第二卷）. 北京：人民出版社，2005：407－409.

② 曼弗雷德·魏斯，琳·施米特. 德国劳动法与劳资关系［M］. 倪斐，译. 北京：商务印书馆，2012：20－21.

4560套住房，1925年‘每10个埃森人中就有一个住在克虏伯的住房内’。一旦职工参加罢工，就无法享受企业福利。由于害怕失去企业福利待遇，很多克虏伯的职工不敢参加共产党组织的游行示威。‘克虏伯式的企业共同体’常常受到纳粹报纸的吹捧。其他在企业中实行福利政策的企业家如曼内斯曼、西门子、蒂森恩斯特·阿贝等也受到纳粹党的褒扬”。

企业主的“企业共同体”与纳粹党“民族共同体”中的“企业共同体”二者的区别在于企业主的“企业共同体”希望把国家对经济的干预降低到最低限度，而纳粹党的企业共同体则是在党和国家控制监督下的“企业共同体”。“在纳粹党看来，民族利益是国家利益，理应置于企业主和职工的私利之上，由此，国家必须对经济保留制约权。而在纳粹极权统治下，纳粹党的利益与国家利益是重合的，因此，企业主可以在企业中贯彻‘企业共同体’思想，但前提必须是在纳粹党的监督和控制之下。”①也就是说，一种父权家长是企业主，另一种父权家长是纳粹党国。

余论：“庸俗和谐论”“父权家长制劳资和谐”与“协调和谐论”的基本区别有两点：第一，是否承认劳资双方存在着利益冲突，是否承认这种利益冲突是劳动关系内生的、正常的；第二，是否承认劳动者集体权利，并认为劳资利益冲突只有通过劳动者集体组织、集体权利的行使才能得到有效解决，从而使劳资关系正常运行。也就是说，“协调和谐论”的理论基础是认为劳资关系本质上是“冲突—合作”关系，是以合作为基础的冲突和以冲突为基础的合作。同时，劳动者方的冲突和合作均是以劳动者方的集体化为基础的。这种冲突并不是导致革命的冲突，这种合作并不是谁依附于谁的合作。

**参考文献：**

[1] 邓白桦．纳粹德国“企业共同体”劳资关系模式研究［M］．上海：同济大学出版社，2012：36.

[2] 陈信行．工人开基祖［M］．台北：台湾社会研究杂志社，2010.

[3] 鲁道夫·冯·耶林．为权利而斗争［M］．北京：中国法制出版社，2004.

[4] 理查德·波斯纳．法律的经济分析［M］．北京：中国大百科全书出版社，1997.

[5] 黄越钦．劳动法新论［M］．北京：中国政法大学出版社，2003.

① 邓白桦．纳粹德国“企业共同体”劳资关系模式研究［M］．上海：同济大学出版社，2012：36.

[6] 罗伯特·高尔曼．劳动法基本教程——劳工联合与集体谈判［M］．马静，王增森，李妍，等译．北京：中国政法大学出版社，2003.

[7] 徐小洪．冲突与协调——中国私营企业劳资关系研究［M］．北京：中国劳动社会保障出版社，2004.

# 超时加班强制劳动体制与工时执法革新

甘满堂[①]

**摘　要：**在改革开放后兴起的中国工业化进程中，农民工“用脚投票”的方式初步解决了工资低的问题，但劳动时间长、超时加班问题仍没有解决，且固化为一种强制劳动体制，其表现为“长白班”与“两班倒”工时制，这与国际工时制度的发展趋势背道而驰。当前超时加班强制劳动体制已给农民工群体带来诸多伤害，也不利于中国制造业健康发展。鉴于劳动者与工会部门干预效果甚微，中国需要一场“工时执法革新”，强化政府部门行政干预，禁止一切形式的超时加班。

**关键词：**工时制度　超时加班强制劳动体制　用脚投票　行政干预

## 一、研究背景与文献评论

2019年4月，马云公开说，“能（在大型互联网公司）做996（指的是早上9点上班、晚上9点下班，中午和傍晚休息1小时或不到，一周工作6天的工作制度）是一种巨大的福气，很多公司、很多人想996都没有机会”，倡导超时加班企业文化，一时引起巨大的社会反弹。在此之前，有位互联网公司程序员在网络空间贴出996ICU（即工作996，生病ICU），呼吁员工抵制超时加班，引发跟帖无数。两个事件叠加，全面揭开了互联网公司普遍存在的超时加班问题。马云关于996的发言，遭到社会普遍批评，很多地方政府劳动部门表态要坚决制止互联网公司超时加班现象。中国互联网公司超时加班也只是最近几年的事，但中国

① 甘满堂（1969—　），男，安徽庐江人，福州大学社会学系主任、教授，主要从事劳工社会学与文化社会学研究。

制造业的超时加班问题早已存在30多年，而且丝毫没有减少的趋势，一直到现在也没有得到纠正。这种超时加班强制劳动体制已给底层劳工群体造成巨大的社会伤害，加剧社会底层的代际固化，既不利于中国社会公平发展，也不利于中国制造业转型升级。本文在此探讨制造业超时加班问题，以及当代中国是否需要严格落实8小时标准工时制度，拯救中国底层劳工群体，拯救中国制造业。

工资低、福利待遇差、劳动时间长，是中国农民工长期以来面临的普遍问题。2004年以来的“工荒”与企业招工难也是农民工“用脚投票”的结果。农民工“用脚投票”寻找工资增长已基本实现[①]，但劳动时间长、超时加班问题却没有得到解决。《中国劳动力动态调查·2015年报告》发现，60%的劳动者每周或者上周工作时间超过50小时，70%左右的劳动力每个月的工作时间或上个月的工作时间超过28天以上。[②] 主持中国劳动力动态调查的蔡禾教授认为，近十多年以来，农民工工资增长是不争的事实，但是加班工资增长和政府最低工资标准提高是影响农民工工资增长最主要的因素。工资结构呈现出基本工资占比下降、加班工资占比上升的趋势，这意味着农民工只有付出更多的劳动时间才能维持工资总量的增长水平。调查发现，规模越大的企业，基本工资越低，加班工资越高。农民工的工资增长反映出农民工分享了发展的机会，但他们可能没有直接分享发展的效益，而是以增加劳动和延长劳动时间作为代价间接分享了发展的效益[③]。刘林平、张春泥等认为大部分农民工都是自愿加班的，增加收入是其主要原因，影响农民工加班意愿和加班目的的变量主要是代表现代规训机制的教育和工龄，以及代表传统机制的家庭及经济责任，它们更深层地表现了中国农民不同于现代工人的效益观和剥削观。对于加班调查，中国农民有着不同于现代职业工人的效益观及行动逻辑，对长期超时加班忍受度较高。[④]

关于加班的意愿，已婚员工希望多加班，未婚员工希望少加班，前者家庭财务压力大，后者家庭财务压力小，且希望有时间从事社交活动，如解决婚恋问题等。已婚员工且有子女随迁的农民工不希望多加班，希望有时间陪伴家人，已婚但没有携带子女在身边的农民工希望多加班。也有研究发现，是否愿意加班与文

---

① 甘满堂．工荒：高离职率与无声的抗争——对当前农民工群体阶级意识的考察工作［J］．中国农业大学学报，2010（4）．

② 蔡禾．中国劳动力动态调查：2015年报告［M］．北京：社会科学文献出版社，2016.

③ 蔡禾，李超海．农民工工资增长背后的不平等现象研究［J］．武汉大学学报（哲学社会科学版），2015（3）．

④ 刘林平，张春泥，陈小娟．农民的效益观与农民工的行动逻辑——对农民工超时加班的意愿与目的分析［J］．中国农村经济，2010（9）．

化程度有关系，文化程度高的人更不愿意加班。①

缩短工时、让劳动者充分享受生活的工时革命运动，一直与工业化进程相伴始终。8小时工作制最早由社会主义者罗伯特·欧文于1817年8月提出。英国在工业革命兴起前后，劳动时间特别长，工人每天需要工作14～18小时，当时的工人运动主要围绕缩短工时展开。1802年英国政府通过首部关于工时的立法《学徒健康与道德法》，该法律规定，禁止工厂使用9岁以下学徒，并且规定18岁以下的学徒每日工作不得超过12小时，禁止学徒在晚9时至次日凌晨5时之间从事夜间工作。1847年英国颁布的《十小时工作制法》规定，工厂每天劳动时间一律不超过10小时，这已是很大的社会进步。

1866年，第一国际日内瓦代表大会提出了“8小时工作，8小时自己支配，8小时休息”的口号，要求各国制定法律予以确认。1886年5月1日，美国芝加哥21万余名工人为争取实行8小时工作制而举行大罢工，经过艰苦的流血斗争，终于获得了胜利，政府同意8小时工作制，但这项法规后来很长时间里没有得到普遍执行。1889年7月第二国际在巴黎召开国际工人代表大会，把争取以8小时工作制为中心的国际劳工保护立法列为议程，并作为相应的决议，宣布5月1日为国际劳动节。

国际劳工组织1919年通过的第一个国际劳工公约就是《工业的工作时间每日限为8小时及每周限为48小时公约》，要求各个国家制定法律予以确认。1922年后，全欧洲以及澳大利亚和新西兰都把每周48小时工作制作为标准的工时制度，这是工时制度在世界范围内的重大突破。因此，从历史上看，8小时工作制实际上是工人阶级同资产阶级长期斗争而争取来的一项劳动制度，是工人与资本家长期谈判的结果，是工人劳动休息权利得到保障的体现。反过来看，超过8小时的工时制度，则侵犯了工人的劳动权益。

20世纪30年代，资本主义国家在严重经济危机的影响下，失业现象加剧，于是工会组织借机发起了以缩短工作周来解决失业问题的运动，并提出每周工时减至40小时。第二次世界大战结束后，西方国家普遍通过立法确定每天工作8小时、每周工作5天的工时制度。当代西方发达国家尝试推行每周35小时工时制度，劳动时间减少已是普遍趋势。

1923年北洋政府颁布了《暂行工厂规则》，这是中国政府颁布的第一部调整

① 蔡禾，史宇婷．劳动过程的去技术化、空间生产政治与超时加班——基于2012年中国劳动力动态调查数据的分析［J］．西北师范大学学报（社会科学版），2016（1）．

劳动关系的法律，其中涉及最高工时的规定。1927 年南京国民政府颁布了一系列劳动单行法，如《工会法》《工厂法》《劳资争议处理法》《最低工资法》等，总体遵照国际劳工公约有关规定。①

1949 年新中国成立，确定了每天工作 8 小时、每周休息 1 天、每月工作时间为 204 个小时的工时制度。这种工时制度在“大跃进”与“文革”期间没有得到认真执行，但计划经济时代，超时加班现象总体还是比较少见的。改革开放后，为与国际工时制度接轨，1995 年 3 月国务院发文正式实施 5 天 8 小时、每周工作 40 小时的工时制度。自此，5 天工作制（又称标准工时制）得以正式确立。目前每年加上节日放假时间 11 天，总休息时间增至 115 天，每月工作时间标准为 168 个小时。

当前，我国劳动法关于限制加班的规定不够严密，导致不良企业有空可钻。关于休息日的规定，《中华人民共和国劳动法》（以下简称《劳动法》）第三十八条规定：“用人单位应当保证劳动者每周至少休息一日”；《关于职工工作时间的规定》第七条规定：“国家机关、事业单位实行统一的工作时间，星期六和星期日为周休息日。企业和不能实行前款规定的统一工作时间的事业单位，可以根据实际情况灵活安排周休息日”。以上两项规定变项允许用人单位每周工作 6 天。关于工时与加班的规定，《劳动法》第四十一条规定：“用人单位由于生产经营需要，经与工会和劳动者协商后可以延长工作时间，一般每日不得超过 1 小时；因特殊原因需要延长工作时间的，在保障劳动者身体健康的条件下延长工作时间每日不得超过 3 小时，但是每月不得超过 36 小时。”这项规定让用人单位可以要求劳动者每天加班 3 小时，至于每月加班时间不超过 36 小时，用人单位则视而不见。劳动法规中有关工休时间保护制度存在缺陷，对用人单位可以延长劳动者工时的条件存在争议，对延长工时的补偿制度和违反工时规定时的惩罚制度规定不合理等，这些都导致超时加班有制度依据。②

## 二、当前超时加班的两种工时制度

鉴于当前超时加班现象的普遍存在，如果从理想类型来分析，当前企业的工时制度可分两种：“长白班”与“两班倒”。前者每个工作日主要在白天上班，

---

① 常凯．劳动法［M］．北京：高等教育出版社，2011：53－82.

② 陈蔼婧，廉思．法律均衡视野下的青年产业工人超时加班［J］．中国青年研究，2015（10）．

每天加班2～3小时，全天工作10～11小时，工人俗称其为“长白班”；后者“两班倒”是每个工作日有白班与晚班之分，生产线24小时运转，工人每天工作12小时（包括吃饭时间），重工业制造行业企业大都如此。

**表1 关于当下制造业加班情况表** （单位：小时）

| | 每天工作时间 | 月工休日 | 月工作时间 | 加班时间 | 超法定加班时间 |
|---|---|---|---|---|---|
| 长白班 | 10小时，其中加班2小时 | 2或4天 | 260～280 | 84～104 | 56～76 |
| | | | 法定168 | 法定36 | |
| 两班倒 | 12小时，含工作餐时间 | 2或4天 | 286～308 | 110～132 | 82～104 |
| | | | 法定168 | 法定36 | |

长白班工作制，生产线只是白天开启，每天标准工作时间8小时，加班2～3小时。工人通常早晨8点前进厂上班，至夜间9点或10点整下班回家休息，中午与傍晚休息2～3小时，用于吃中晚与晚饭。工人每月工作时长26～28天，可以休息2～4天。若工人每月工作26天，实际工作时间为260小时，加班92小时。如果工作28天，工作时间为280小时，则加班时间为104小时。法定每月可加班36小时，长白班工作制每月超时加班数为56～76小时。

白夜两班倒工作制，生产线24小时运转，工人分两个班次参加劳动。白班通常是早晨8点进厂上班，晚上8点下班离开车间；夜班则是晚8点前进厂，早晨8点后离开车间下班。如果是白班，工人有停工1小时吃饭的工休时间，每餐半小时解决吃饭问题，实际休息时间约1个小时。如果晚班，晚上8点上班，早晨8点下班，工人只有30分钟的吃夜宵的时间，这餐夜宵通常由企业免费提供，但比较简单。若工人每月工作26天，则为286小时；如果工作28天，则为308小时。前者超时加班82小时，后者超时加班104小时。

长白班、两班倒工时制已是中国企业普遍的制度安排，这种明显违反《劳动法》的超时加班制度，也并非在市场经济发展的初期就有，它有一个渐进发展的过程。笔者认为2004年工荒的发生强化了超时加班制度，逐步形成“长白班”与“两班倒”工时制。20世纪90年代，城市外来工以单身流动为多，闲暇时间较多，比较容易接受通过加班来增加工资收入。农民工的流动多以个人单身为主，劳动力再生产存在时空分割现象。已婚成年的，多是一人外出，即使夫妻二人一起出来打工，也没有携带未成年子女外出。早期香港和台湾地区的投资企业多以订单方式生产，有交货期限，存在普遍的赶工现象，超时加班就普遍存在。

由于加班可以增加劳动收入，当时工人还普遍愿意加班。有夜晚班的民营企业，普遍向国有企业看齐，实施“三班倒”工时制，工人每周可以休息一天。但到2004年出现招工难后，为解决企业招工难，同时提高工人工资，很多企业将工时制度由“三班倒”调整到“两班倒”，既解决了缺工问题，也解决了工人工资收入增加的问题。这是一种工时制度的倒退，但当时并没有工会组织与工人反对，从而延续下来。

2015年2月2日，时任全国总工会书记处书记、法律工作部部长郭军在全国总工会（以下简称全总）召开的新闻发布会上点名批评富士康等一些企业“长期违法安排劳动者长期加班，致使部分劳动者出现各种心理障碍问题，导致过劳死和自杀现象时有发生”。富士康管理层马上做出回应，称富士康和所有制造企业一样，都面临如何协调员工通过加班来提高收入的需求和遵守国家关于工作时间相关法律规定之间的矛盾，目前“严格执行‘六休一’（即每工作六天休息一天）政策”。[①] 富士康声称严格执行每周休息一天，但截至目前，超时加班问题仍然一直存在，员工仍然要每天加班2~3小时，每月休息4天，每月超时加班达80~100小时。超时加班说是员工自愿参加，实际上没有自愿可能，普遍带有强制性，试以富士康山西晋城公司2017年年初招聘广告为例来分析。

### 工资待遇与福利[②]

基本工资，试用期1900元/月，3个月转正2100元/月；综合收入：3000~3800元/月。

合同保障：依法签订3年劳动合同。

工作时间：标准工时制（每周五天，每天8小时），执行白晚班两班，平时每日加班不超过3小时，每工作2小时休息10分钟（计薪），公司确保合理加班并保障每周至少休息1天。

加班费：平时加班为标准薪资的1.5倍，周六/日加班为标准薪资的2倍；法定节假日为标准薪资的3倍。

激励津贴：试用期过后为员工申请200~600元岗位技术津贴。

发薪时间：每月7日准时发放薪资（遇周六/日提前发放）。

多重保障：为员工缴纳五险一金并享有集团自有保险相关待遇。

多元培训：公司为员工提供免费岗前、技能、管理培训，并与多所高校合作

① 刘然．富士康回应全总“点名批评”：请关注我们的进步［EB/OL］．人民网，2015-02-03.

② 资料来源：2017年3月富士康山西晋城公司招聘广告。

开办在职学历教育。

食宿无忧：公司提供8人标准宿舍，并免费提供洗衣服务，宿舍生活区配有饮水机、电视房与澡堂、健身室等供员工使用。餐饮：公司目前建有3座万人餐厅，汇集各地美食，并为员工每月预充值400元进行消费，月底依消费金额从薪资中扣除。

丰富娱乐：公司建有现代化活动中心一座，室内建有篮球场、羽毛球场及健身室等区域，每周免费为员工提供健身指导，同时各单位举办相亲相爱活动，丰富员工业余生活。

从以上招工启事来看，富士康公司的标准工时所获得的基本工资是比较低的，每周工作5天，每天8小时，月工资为2100元，仅高于当地最低工资标准。由于基本工资低，工人必须通过加班方式来获得较高的工资收入，达到招工广告所说的“综合工资”。企业将基本工资压低，一方面获得超额利润，另一方面在于诱导工人接受超时加班。

富士康超时加班问题是普遍存在的，且是长期存在的。公司规定入职3个月转正后工资为3000~3800元，但前提是必然加班，付出劳动时间为每天工作10~11小时，周末加班1天，每月加班80~104小时，其中工作日加班40~60小时，周末加班40~44小时。超时加班是一种制度性安排，工人在公司制度面前，没有可选择的余地。因此，超时加班是一种强制劳动体制。

超时加班工资计算是以基本工资为标准基数并乘以倍数。压低基本工资，既可以诱导员工加班，还可以直接压低加班工资标准，一举而多得。

在福利方面，企业提供五险一金，提供集体宿舍。当下农民工家庭化流动越来越多，但企业没有为员工提供家庭公寓，员工如果选择在厂外住宿也没有任何补贴。对于企业提供的娱乐设备，他们很少有时间去休闲体验（富士康晋城公司员工访谈，调查人：甘满堂，2019年8月）。

尽管富士康的超时加班工时制度受到了普遍的批评，但富士康认为自己的超时加班严格遵守中国《劳动法》等法规，并没有违法。细究中国《劳动法》相关规定，富士康并没有违规，却钻了《劳动法》的空子，说明中国《劳动法》有关超时加班的规定存在问题，亟须修改。富士康的超时加班问题在中国不是个案，只不过由于富士康企业规模大，用工管理较透明，得以被媒体屡屡曝光。

## 三、长期超时加班的社会危害

超时加班其实是一把双刃剑，从短期角度来看，超时加班既对劳动者本身造成伤害，也会对企业生产带来不利影响；从长远来看，超时加班会损害社会公平，造成劳工阶层代际固化，同时影响制造业的健康发展。当前企业主只想获取超额利润，只考虑自己眼前现实利益，却没有长远眼光与全局眼光。

## （一）超时加班对员工的伤害

### 1. 精神疲惫与职业倦怠

长期超时加班，严重损害工人身心健康。员工生活被固定在工厂与宿舍两点一线间，劳动时间占去 10～12 小时，若加上工作时间内吃饭、通勤等时间，则要占去 12～14 小时，留给工人休息的时间也只有 10～12 小时。工厂通常是流水线作业，每天超时劳动，造成员工精神疲惫，下班之后只想休息睡觉。长期固定从事单一的劳动，也容易形成职业倦怠，对本职工作缺乏热情，缺乏事业心与进取心，容易造成员工离职率提高。马克思在《资本论》（1867）中讨论绝对剩余价值时，引证当时的工厂调查材料，认为超长工时制度已给工人身心健康造成极大的危害："资本主义生产……通过延长工作日，不仅使人的劳动力由于被夺取了道德上和身体上的正常发展和条件而处于萎缩状态，而且使劳动力未老先衰和死亡。它靠缩短工人的寿命，在一定期限内延长工人的生产时间。"① 马克思在《资本论》"工作日"章节中，特别关注劳工团体争取正常工作日的斗争行动。毫无疑问，在当代中国，长期超时劳动也会导致农民工免疫机能的下降、工伤事故概率的提高等。这对其身心健康的危害是巨大的，最极端的表现形式就是"过劳死"。据有关方面统计，近年我国每年过劳死达 60 万人，过度加班成首要原因，"过劳死"对象已从体力劳动者转向脑力劳动者，呈年轻化趋势。②

### 2. 影响劳动力再生产，造成农民工家庭代际关系恶化

超时加班对于年轻人的影响就是没有时间谈恋爱；对中年家长来说，就是没有时间陪伴子女，没有时间陪伴与照顾父母，伤害家庭亲情，恶化底层社会关系网络。

男员工没有时间恋爱，找对象越来越困难，春节假期成为一年之中唯一可以休假的时间，外出的青年男女都要回乡过春节，这时也是他们集中找对象的时间，导致当前农村闪婚现象突出，因为平时根本没有时间相亲，若办婚宴，也难

---

① 马克思．资本论（第一卷）[M]．北京：人民出版社，1984：295.

② 李伊宁．每年过劳死 60 万人，过度加班成首要原因 [J]．安全与健康，2017（1）.

请到亲友参加。① 春节前男女双方与家长亲友会面，如果觉得可以，正月就结婚办喜酒，中间相距不会超过半个月。如果不抓紧春节前后时间，那就要再等一年。在这一年时间内，双方都怕有变故发生。

年轻父母没有时间陪伴未成年子女，如没有时间送子女上学，也没有时间辅导孩子功课。城市外来工子弟多就读于民办外来工小学，本身这些学校教学水平就相对较差，再加上没有家庭辅导，学习成绩也就更差。另外，由于没有家长陪伴，外来工子弟也很容易形成一些不良习惯，容易越轨，甚至违法犯罪。在农村的留守儿童成长情况也不容乐观。

农民工缺少时间孝敬老人。农民工所工作的单位不允许请长假，请假不仅意味着没有工资收入，而且可能被企业倒扣工资。父母生病住院，需要子女看护，但子女无法请长假看护，这是工厂制度传导的结果。

#### 3. 超时加班造成农民工生活封闭化，职业地位低

超时加班占用了农民工绝大部分劳动闲暇时间，而进一步将其固定在工作场所和生活场所两点一线的空间中。在台资企业里，这种状况已经严重到同住一个宿舍的工友，因上班时间错开，以及没有共同的休息时间，以致他们彼此都不熟悉。与工友之间的交流尚且如此，与城市居民的交流自然更差。有调查表明，农民工很少参加所在社区的活动，与当地社区居民也缺乏交流，交往对象 80% 以上都是外地户籍的农民工。

计划经济时代工人职业为何受欢迎，受社会尊敬，享有中国“社会中间层”之称？其中原因不仅仅是工资收入水平相对较高，而且拥有 8 小时工作制，每周一休，有较充足的闲暇时间。改革开放后，制造业企业工人成为不受社会欢迎的职业，也并不完全是因为工资收入低，而是劳动时间太长，自己能支配的时间太少。

### （二）超时加班对于企业影响

超时加班对企业有影响，一是企业员工离职率过高，企业出现招工难，影响生产任务完成；二是高离职率也导致企业招聘、培训等人力资源管理成本提高；三是对企业产品质量、安全生产等方面也产生负面影响。②

---

① 王会，欧阳静．“闪婚闪离”：打工经济背景下的农村婚姻变革——基于多省农村调研的讨论［J］．中国青年研究，2012（1）．

② 甘满堂．低成本劳动力时代的终结［M］．北京：社会科学文献出版社，2018：135－136．

2004年以来企业招工难问题一直没有缓解，当前超时加班也是企业离职率高的主要原因之一。富士康将工厂开到劳动力资源相对丰富的中西部地区，仍不同程度上存在缺工问题，一年四季都在招工，反映企业员工流动率较高。招工难、缺工也影响企业生产任务的完成。

员工流动率高，会带来人力资源管理成本居高不下。根据国外相关研究成果，员工的流动使企业增加了五大类成本：分离成本、招聘成本、选拔成本、雇佣成本以及生产损失成本。同时，员工流动率高也影响企业团队精神，进而影响企业市场竞争力的提升。

员工流动率高，企业新员工过多，培训不够，容易导致产品质量事故；次品率上升，生产安全事故增多，也容易造成生产物耗成本上升、能源消耗上升等问题。由于员工的流失率比较高，在新老员工之间难以建立有效的沟通渠道，特别是老员工的流失，使得公司先进的生产技术和丰富的生产经验不能及时有效地传递给新员工，这样，公司的整体生产技术就会不断下降，带来的后果就是产品质量差、生产成本高等问题。

员工流动率高，容易降低企业的凝聚力，严重影响企业文化建设，影响企业规章制度的执行力。当员工的满意度和敬业精神降到很低水平的时候，公司的日常生产经营就会受到很大的影响，成本上升、效率低下、质量下降等问题就会接踵而来。

超时加班与员工流动率高，也会导致企业生产安全事故突出，原因有两点：一是超时加班导致员工疲惫，上班注意力集中度不够，容易引发生产事故；二是新员工过多，员工安全生产培训不够，培训不及时。岗位新员工过多，无法将良好的班组生产文化进行传递。生产安全事故，对企业造成经济损失，也会给员工带来人身与经济损失。中国生产安全事故总数与死亡人数一直很高，这或许与长期超时加班、员工培训不够有关系。2012年全国发生各类事故336988起，死亡71983人，平均每天仍在发生各类事故950起，约200人在事故中丧生。2017年死亡3.8万人，发生事故5.3万起，事故起数和死亡人数连续15年保持下降。2018年中国发生了5.1万起生产安全事故，有3.4万多人失去了生命。①

## 四、农民工对于超时加班的反应

面对长期超时加班的生产体制，农民工没有工会组织可为其代言，也不能像

① 资料来源：国家安全生产管理总局关于2012年、2017年、2018年全国生产安全事故通报。

互联网程序员那样通过网络行动来集体抵制超时加班，只好以分散的个体行动来表达不满，主要手段依旧是“用脚投票”，频繁跳槽，短工化明显；破坏生产设备，消极怠工等。面对超时加班强制劳动体制，以上抗争效果是非常有限的。

## （一）频繁跳槽，短工化明显

根据清华大学社会学系联合公众网发布的《农民工“短工化”就业趋势研究报告》，短工化成为当前农民工就业的普遍趋势，主要体现为高流动和水平化两个特征。报告显示，2004 年开始上份工作的农民工，工作平均持续时间约 4.3 年；2008 年开始上份工作的农民工仅持续 2.2 年，缩短了近一半。所以，短工化趋势逐年递增。该调查显示，70 后农民工每份工作的平均时间是 4 年，然而 90 后新一代农民工则不到 1 年，更换工作后有 42% 农民工的薪酬有所提高。①

如果说以前农民工跳槽的目的在于寻求一个工资较高的新单位，但现在越来越多的员工跳槽时对于工资能增长并不抱奢望，目标主要在于换一个新的劳动环境，以改变工作单调乏味问题。笔者在以往的员工访谈中了解到，他们跳槽的目标是换一家工资待遇更高的工厂，但现在更多的员工向笔者反映，每家工厂的工资待遇都差不多，都需要加班。之所以不到半年或一年就跳槽，那是因为加班工作时间太长，工作内容也很单调，容易感到疲倦，所以想借换一个工作环境，寻找点新鲜感。

福州市金山工业区 G 厂主要生产电子秤，经常加班赶货，一般持续将近两个月的时间，流水线作业。工人每天的工作就是按照流水线运转的节奏不停地放零件、上螺丝钉、组装、检修成品等，每天产量超过 3000 台。流水线上每个人只负责其中一个工作环节，一个动作不断地重复上千次、上万次。“做久了就不想做了，做久了一件事就无聊啦；在一个工厂待久了就待腻了、烦了呗，就不想干了嘛。”“我每天都这样装好几千个这样的零件！有时候真的太无聊了，我就玩一玩手机……做得太累的时候，实在忍不了，我就再换一份工作，然后就有了新的朋友，新的工作环境，还可以换换手里的活。”②

面对现有工作乏味单调的工作内容，不少普工都有离职的想法。当他们认为自己的身体或者精神再也经受不住的时候，就会毅然离开，选择下一个工厂更换手里的活。这部分农民工平均每份工作坚持不到 1 年，甚至更短，有的工作坚持

---

① 清华大学社会学系课题组．农民工“短工化”就业趋势研究报告［J］．中国社会科学文摘，2012（9）．

② 赵丹．无效的抗争——农民工就业“短工化”现象研究［D］．福州：福州大学，2017．

1～2 个月就离职了。一位主管告诉笔者，“我们招工很难，基本上来一个人应聘我们就要了，但是他（她）们又都干不长，有的干几个月、几天就走了，给我们也带来了不少损失，人员流动性太大。”①

离职只为回家休息。泉州 LP 食品厂，有员工提出平时工作太累，希望请假回家休息一两个月，但企业不同意请长假，员工只好辞职回家休息。由于辞职员工都是熟练工，且企业招工困难，企业对于这些离职休息的员工，若再回厂上班，仍持欢迎态度，没有试用期，直接按老员工待遇。也有些员工想离职找工资待遇更好的单位，但在外面闯荡一段时间后并不如意，于是又想回原来的工厂继续工作。针对这些离职后又回厂的员工，企业也持欢迎态度，富士康公司也是如此，甚至厂龄还可以累积（晋江 LP 公司调查，2017 年 12 月；山西晋城富士康调查，2019 年 8 月，调查人：甘满堂）。

## （二）破坏生产设备，消极怠工

MF 公司规定满勤奖就是 30 天，挤压车间经常机器到月底就坏了，需要停修。经过幕后深入访谈，得知有时候挤压机损坏，是工人故意操作不当的结果，因为月底，班组劳动定额已满，又不能请假休息，请假还要倒扣工资，但如果机器坏了，休息就可以不扣工资。于是有些班组月底挤压机总是出问题，需要停工修理。后来在笔者的建议下，公司每月满勤标准调整为 28 天（MF 公司调查，2011 年 5 月，收集者：甘满堂）。

MF 公司员工在上 12 小时夜班时，常发生在生产线上睡觉的事。在生产线上睡觉，不是整个班组都去睡，而是轮流睡觉，特别是夜里 12 点至凌晨 2 点。班组长与组员搭成默契，轮流小睡半小时左右，醒来的员工及时把工作进度补上去即可。生产线上有监控，一般躲开监控去偷睡，但生产线上较长时间内少一名员工，还是可以发现的。不过，即使被发现，公司管理层也是睁一只眼闭一只眼，担心员工因处罚而离职（MF 公司调查，2011 年 5 月，调查人：甘满堂）。

## （三）超时加班企业难以培养技术工人

现在越来越多的年轻人，宁愿送外卖，当快递小哥，也不当流水线工人。②当前制造业工厂除了工资低之外，还有令年轻人无法忍受的超时加班，送快递、

① 赵丹．无效的抗争——农民工就业“短工化”现象研究［D］．福州：福州大学，2017.

② 为什么越来越多的年轻人，宁愿送外卖也不进厂打工？原因很现实［EB/OL］．腾讯网，2019－02－22.

外卖至少在劳动时间上享有自由度。制造业企业总是喊“缺工”“缺少高级技术工人”，却从来没有反思为何“缺工”，为何不培养高级技工？

超时加班企业难以培养高级技术工人。一家在香港上市的晋江服装企业，每年春季都到中西部地区招收技校毕业生50名左右，但这些年轻员工在入职3个月内基本全部离职。为何离职？企业工时制度为每天加班2小时，每月休息4天，工资为4500元左右。每天加班2小时，每天7点起床准备上班，晚上9点才下班回宿舍，对于刚出校门的技校生来说，非常难以适应。每周休息一天，也只能是恢复体力（QPL公司生产经理访谈，2017年6月，访谈人：甘满堂）。

MF是生产铝型材的重工业企业，2009年春季从江西招聘大专生50多名，但一年时间内除3个抽调到后勤岗位之外，其余全部离职。生产车间实施两班倒工作制，每天12小时工作制，每10天一倒班，白转夜，或夜转白。很多年轻人不习惯上夜班，经常白天休息不好，导致夜班工作注意力不集中，容易出工伤事故。青年员工认为工资待遇还可以，但就是不适应超长夜班。现在工厂里面一线员工基本都是三四十岁、文化程度较低、家庭负担较重的员工（MF公司调查，2011年5月，调查人：甘满堂）。

## 五、严格执行标准工时制度何时能到来

中国制造业长期存在超时加班问题，既给广大工人带来诸多苦难，不利于社会公平发展，也影响中国制造业健康发展。当前，中国制造业正面临着转型发展，一方面企业急需技能工人，另一方面企业又招不到工人。这个矛盾的问题，当然出在企业本身，“既想马儿跑得快，又想马儿不吃草”。对于农民工来说，他们早已想扎根城市，享受城市生活，已从单纯追求工资收入，转而追求工资收入与休闲福利待遇同步提升，即从底线型利益追求，上升到发展型利益追求，这就需要告别超时加班强制劳动体制。严格执行标准工时制度何时能到来？

在市场经济体制下，劳动者权益保护取决于两个因素：一是政府，二是劳动者群体力量，包括劳动者市场与岗位讨价还价的能力、工会组织能力等。在成熟的市场经济国家，工会组织力量在劳动者权益保障中占主导地位。但在当前中国社会政治环境中，工会组织能力是非常有限的。面对超时加班强制劳动体制，劳动者个体所拥有的市场与岗位讨价还价的力量还是微不足道的。超时加班强制劳动体制形成也是政府不作为的结果，“解铃还须系铃人”，解决问题的办法还是需要政府通过行政干预的手段来解决，如立法禁止任何形式的长期超时加班，落

实带薪休假制度，严格执行相关法律法规，维护劳动者的合法权益。

也许有人会说，中国劳动力成本会不断上升，引起制造业向海外转移。中国制造业与发达国家相比，中国劳动力成本仍是比较低的，但能源、土地与税收等成本相对较高。与发展中国家相比，中国劳动力成本虽然高，但中国工人具有吃苦耐劳的品格，且工会组织力量有限，劳动力成本上升总体比较缓慢，而发展中国家因工会力量干预度高，劳动力成本上升较快，且工人素质不如中国工人，产业链配套体系也不如国内，中国制造业仍有竞争力。

# 当前劳动关系协调面临的挑战及应对

王仁富　李　军　李　梅①

**摘　要：**为更好地适应新技术、新产业、新业态给劳动关系带来的新变化，针对当前职工队伍对维权机制的新要求、科技革命和产业调整对就业的影响、新型用工形态下劳动关系确认难、群体性劳资纠纷预防与协调机制不完善等方面的新问题，通过对域外国家和地区协调劳动关系方面的分析和借鉴，结合实际，提出了构建劳动关系公共服务体系、建立劳资纠纷预防预警机制、健全三方机制、完善集体协商机制、发挥社会组织的作用、强化非制度化方式等策略以应对当前劳动关系协调面临的新挑战。

**关键词：**劳动关系　协调　创新

随着社会进步和科技发展，我国劳动用工一方面呈现出高学历、年轻化、国际化的特点，另一方面网约从业人员规模不断扩大。同时，智能化生产的推广对用工结构也产生了重要影响。尤其是随着中美贸易摩擦升级，在美国对中国众多行业产品加征关税的影响下，部分外向型企业劳动关系紧张，成为裁员减员现象的多发区。这些新特点给当前劳动关系协调带来新挑战。

## 一、当前我国劳动关系协调面临的新挑战

### （一）职工队伍的新变化对维权机制提出新要求

当前职工队伍呈现出的新特点对工会的维权内容、维权方式和维权途径提出

① 本文系上海工会管理职业学院课题“上海网约工群体状况调查”（ghyjyb201907）阶段性研究成果。王仁富（1971—　），上海工会管理职业学院教授，主要从事工会理论、劳动法及劳动关系方面的教学研究；李军（1975—　），上海工会管理职业学院讲师，主要从事劳动关系方面的教学研究；李梅（1980—　），上海工会管理职业学院讲师，主要从事工会理论方面的教学研究。

新要求。一是高学历职工过度维权现象逐渐增多。随着职工学历水平的提高、技能素质的提升，维权意识也大大增强。二是新生代职工对工作条件和环境提出了更高的要求。相比老一代职工，新生代职工具有更强烈的自我意识与自我实现的愿望。一方面新生代职工群体在劳动力市场内部的流动速度更快，他们更有可能为了更高的薪资收入、更好的工作环境、更大的职业晋升空间或更舒适的生活条件而更换工作；另一方面，在未来的劳工事件中，以工作环境、社会保障为代表的发展型需求，可能超越传统的生存需求，成为新生代职工群体的主要关切。

### （二）科技革命和产业结构调整对就业带来影响

首先，新一轮科技革命带来智能化生产的推广，导致劳动岗位日益减少。智能化生产线的逐步普及，使得现代化企业对普通生产工人的需求量大量缩减，仅需要少量的高技能工人在后台进行操作控制。此趋势对劳动关系领域产生的直接影响是造成大量工人转岗分流甚至失业，同时对留下的工人的技术技能水平也提出了更高的要求。其次，产业结构调整和环境整治力度的加大对就业岗位产生较大影响。低端制造加工、高能耗、重污染企业受制于产业政策、环保等因素影响纷纷搬离，使关闭、停产、合并或者搬迁的企业数量明显上升，影响职工的工作岗位与就业稳定性，由此引发的群体性劳动关系事件屡见不鲜。

### （三）新型用工形态下的劳动关系难以确认

随着互联网的普及，网约从业者通过平台与客户建立联系并提供劳动服务，从而获得劳动报酬。互联网平台与网约从业者之间的关系比工业化时代的劳动关系更加自由和弹性，但不少互联网平台不与网约从业者签订劳动合同、不缴纳社会保险。他们的工作时长、服务频次、主要收入来源、对平台的依赖程度都不一样，这种灵活就业形态与传统业态存在较大差异，在产业、行业监管方面带来难题；尤其是在劳动关系的评判认定方面更是存在制度性盲区，由此带来与劳动关系相关的其他劳动保障的缺失。

### （四）群体性劳资纠纷的预警与协调机制有待健全

由于新型用工形态下组织方式平台化、全职就业兼职化、雇佣关系多重化、劳动关系虚拟化、工作地点灵活化、工作时间碎片化，以及劳动行政部门的监管力量相对不足、监管水平有待提高，因此部分群体性劳资纠纷往往是在爆发以后才被外界知晓。同时，在群体性劳资纠纷的处理方面，还缺乏集体劳动关系的立法规制。并且集体协商流于形式、企业调解委员会受企业方影响较大，导致化解纠纷的作用有限。新型用工形态下发生群体性劳资纠纷涉及的规模更大、影响的范围更广、扩散的速度更快。在传统的群体性劳资纠纷处理机制尚不完善的情况下，亟须建立和完善针对新型用工形态的群体性劳资纠纷有效协调机制。

### （五）国际经济形势变化影响劳动关系的和谐稳定

首先，中美贸易摩擦对劳动关系造成了一定程度的负面影响。在中美贸易摩擦的影响下，由于企业成本上升、利润减少，一些企业直接缩减职工的工资收入和福利待遇，还有一些企业甚至搬迁到东南亚等劳动力成本比较低廉的地区，直接影响职工就业的稳定性。其次，经济下行压力大，产业结构面临转型升级，一些产业特别是以出口为主的劳动密集型中小企业出现经营困难，部分企业停产关闭。这使得企业用工需求减少，规模裁员和职工待岗歇业现象逐步增多，劳动关系的不稳定性增加。此外，随着扩大开放进程的不断加快，国内经济与世界经济发展深度融合的趋势日益明显，必然面临着国际劳工标准的影响，一些境外机构渗透到劳动关系领域，对劳动关系的和谐稳定带来较大挑战。

## 二、市场经济条件下域外劳动关系协调的新动向

随着改革开放的不断深化，大量外企云集国内，必然会涉及劳动关系、劳工标准的国际比较问题。尤其随着“一带一路”倡议的实施，沿线的中资企业具有劳动用工国际化、薪酬制度多样化的特点，这些企业的劳动关系要突出自身特点，突出劳资合作优势，建立跨文化管理模式，构建和谐劳动关系。因此，在扩大开放的背景下，要创新劳动关系协调机制，既要结合本国国情，也要吸收和借鉴国际劳工标准以及域外国家和地区的成功经验。

### （一）企业社会责任承担的国际标准约束

社会责任国际标准 SA8000 是社会责任国际组织发起并联合其他国际组织和欧美跨国公司根据《国际劳工组织宪章》《联合国儿童权利公约》《世界人权宣言》制定的，是全球首个企业道德规范的国际标准，是最具代表性的企业社会责任国际标准之一，旨在关注劳工身心健康和劳工权益，促使企业承担社会责任。企业社会责任具有多样性，企业除了增进股东利益之外，在经济全球化的进程中，更加强调对职工利益、社会弱者利益、消费者利益、竞争对手利益及公共利

益等利益相关者的人文关怀。随着企业竞争日益激烈，许多跨国公司认识到承担社会责任，是一种保持企业长期效益、提高竞争力的战略思维，能够在社会中树立良好的企业信誉，出于商业利益和竞争力的考虑，已实施SA8000标准，提升了其在全球范围的影响力。在当前经济全球化程度不断加深的背景下，获得SA8000认证的跨国公司普遍采用以保障劳动者基本人权为核心内容的国际劳工标准处理劳动关系，承担着企业社会责任，带来了平衡劳资利益的客观效果，促进了企业的稳定发展，这已成为国际通行劳动关系协调的新常态。

### （二）走出去企业的劳动关系受“软硬规则”的双重约束

随着资本国际化、市场化程度不断加深，企业走出国门的意愿较强。如何协调劳动关系以促进其在所在国更好的发展，国际通行做法是跨国企业要接受“软性规则”与“硬性规则”的双重约束。所谓“软性规则”一般是指企业自愿遵守的国际契约，如《全球契约》。《全球契约》是国际公认的企业合规准则，该契约包含了劳工、社会责任、人权等领域的十项原则。加入的公司通过参加政策对话、学习论坛和伙伴关系，最大限度地获得参与的利益。走出去的企业加入该契约不失为妥善处理劳动关系的一种理性选择，当然，是否加入由企业自行选择。无论是否加入，都要尊重所在国风俗习惯，履行社会责任，做好环境、劳工保护、企业文化建设等工作，促进与当地的融合。所谓“硬性规则”是就企业母国与所在国的法律规则而言的，走出去的企业受母国法律与所在国法律的双重约束。我国《境外投资管理办法》《民营企业境外投资经营行为规范》《中央企业境外投资监督管理办法》等法律规则对不同所有制企业在协调劳动关系上做出了相似规定。① 充分认识并主动接受劳动关系领域“软硬规则”的双重约束，是走出去企业避免出现劳动争议的合理做法。

### （三）劳动关系协调中的潜在风险防范

防范劳动冲突肆意发展，引导其步入合法合规处置轨道，是劳动争议处置的国际通行做法，为跨国企业普遍接受。然而，法律规则、企业规章制度本身不周延的特性与适用上的不到位，决定了应受“法”与“规”调整规范的地方没有能够完全被其调整规范，导致对象行为的野蛮生长与行为处置上的无序无效。以2018年深圳佳士公司工人“维权”事件为例，境外势力以金钱、实物、信息等

---

① 苑生龙．我国走出去企业风险防控面临的问题与对策研究［J］．中国物价，2018（10）．

资源支助扶持代理人，打着维权的幌子，行扰乱社会秩序之实，利用网络舆情，蛊惑不明真相的人们发布导向偏差的言论。对劳动关系协调引发的潜在风险必须给予高度警惕，认识到由于境外势力的介入，存在着引发社会问题甚至政治问题的潜在风险，及时发现并有效处置类似佳士维权这样的诉求不纯粹、手段不合法的事件给维权维稳带来的隐患。

### （四）非正规就业中劳资关系协调方式的合理选择

在新一轮科技革命和产业变革中，新技术在劳动市场的运用推广，带来了区别于传统正规就业的以企业网络平台为纽带连接劳资双方的新型就业形态，即所谓非正规就业。随着平台经济的迅猛发展，通过企业的网络平台接受工作任务、提供服务、获取报酬的就业人员大量涌现。与传统正规就业下的劳动关系不同的是，非正规就业下的劳动提供者与接受者之间的关系是劳动关系还是劳务关系，既没有法律上的确认，也没有统一的实务判定。鉴于实务判定的不一致，国外一些平台企业与劳动提供者通过平等对话，展开良性互动，运用一种更为良性、平和的方式来解决争议，[①] 如 2016 年 Uber 与其司机以和解的方式解决双方争议。

### （五）国际劳工运动的发展趋势——合作型劳资关系的深度发展

在国家整体制度框架下，为谋求社会多元主体之间的利益平衡，政府、工会、雇主组织三方开展合作，形成主要利益集团之间的制度化合作。这体现在主要资本主义国家劳动关系建构中，如瑞典战略工联主义下的劳资合作关系、新加坡“劳资政”三方共生合作关系、德国劳资共决制、日本合作式劳资关系等，表明建立合作型劳资关系代表着国际劳工运动的发展趋势。瑞典是合作型劳资关系的典范，瑞典社会经济发展的成功得益于三方制度化合作下建立的和谐劳动关系所促发的稳定的社会局面。瑞典工人阶级与长期执政的社会民主党是一种伙伴合作关系，这种关系被称作战略工联主义，这一联盟有着共同的成员、财政支持、领导关系。战略工联主义下，执政的社会民主党在决策中保护和发展劳方用以平衡资方，通过立法在劳动环境、就业保障、休假、劳动争议、职工参与企业管理等方面给予劳工倾斜保障，致力于改善劳资关系，缓解社会矛盾。劳资双方在现有劳工法律、劳工政策规制下，开展中央集权式的集体谈判，达成集体协

---

① 陆胤，李盛楠．分享经济模式对传统劳动关系的挑战［J］．中国劳动，2016（16）．

议，推动社会经济进步，实现国内长期的工业和平。①

## 三、当前创新我国劳动关系协调的新策略

### （一）构建劳动关系公共服务体系

当前要进一步提高对劳动关系领域公共服务重要性的认识，对劳动关系公共服务进行系统布局。通过信息发布、咨询指导、媒体宣传、小微企业劳动关系托管等手段，为劳动关系当事人提供公共服务。同时，要把实施劳动关系公共服务供给改革纳入政府重点改革项目，更好地对传统的就业促进、社会保障、职业培训、人才服务、调解仲裁、协商协调等分散的公共服务职能、事项和资源进行有效的整合和创新，更加专业精准、灵活高效地对接企业和职工需求，更好地服务新经济、新业态、服务产业平稳转型和经济社会健康发展，形成更多、更好的制度成果和理论创新成果。尤其是当下社会高度关注的灵活就业者的劳动就业、社保及职业培训等问题，亟须完善相关制度机制给予切实保障。作为以维护职工合法权益与服务职工群众为基本职责的工会组织，要主动参与相关制度的建立和完善，积极推动就业、社保和职业培训的社会监督体系的有效运行，发挥工会自身优势。

### （二）建立劳资纠纷预防预警机制

随着供给侧改革的深化，一些非公企业经营困难，因裁员、欠薪等引发的群体性劳资纠纷将持续增加，劳动者就业、收入等方面的维权问题更加突出。对此，有关部门要密切关注劳资纠纷易发多发的区域和行业，尤其要关注新型就业群体的劳资纠纷不断增长的态势，跟踪了解产业调整等对企业经营和职工就业的直接影响，准确研判劳资纠纷总体发展态势，建立健全关停并转迁企业职工补偿方案会审把关机制，确保劳资纠纷处于有序可控状态。针对一些企业欠薪问题往往具有隐蔽性、普遍性、恶意性与延续性的特点，有必要建立“欠薪逃匿预警机制”，发现苗头就要对相关企业采取措施，以防患未然。尤其对于租赁型的外资企业和管理混乱的建筑行业，更需要建立有效的欠薪预警机制。② 劳动监察部门可以设立欠薪“警戒线”制度，当企业出现欠薪前兆时，将该企业列为重点观

---

① 闻效仪．瑞典劳动关系中的合作主义［J］．中国人力资源开发，2010（4）．

② 苑生龙．我国走出去企业风险防控面临的问题与对策研究［J］．中国物价，2018（10）：67－69.

察对象，上门予以指导和帮助。当企业工会发现企业经营不善等问题时，要积极向有关部门反映，将争议的苗头消灭在萌芽状态。否则，一旦逃匿，追回欠薪困难重重。

## （三）建立健全劳动关系三方机制

调查显示，建立劳动关系三方机制，对于协调集体劳动关系、化解群体性劳资争议，具有不可替代的作用。尽管国家和地方立法对此均有相关规定，但仍有完善的必要和空间。一是针对基层三方机制的实体化建设较薄弱的问题，要完善街镇、园区三方联席会议制度、重大信息互通制度，以及三方责任目标、运行程序及工作内容等相关制度。二是针对行业性三方机制存在的问题，要进一步加强行业性三方机制对本行业集体协商工作开展、行业劳动标准和行业定额的确定等方面的功能，充分发挥行业性三方机制在协调本行业劳动关系尤其是群体性争议的处置方面的作用。三是针对三方机制的组织形式较为单一的问题，除了现有常设性的三方机制的组织形式，对于关涉职工切身利益的专门问题要设立专门的委员会。① 作为三方机制中的重要成员，代表劳动者的工会要主动参与劳动关系的协调，形成合力，提升参与度。为此，工会要积极参与劳动立法和相关政策的制定，从源头上维护劳动者的权益。

## （四）促进集体协商机制提质增效

集体协商和集体谈判作为市场经济国家（地区）调节集体劳动关系的基本手段和重要机制，是协调集体劳动关系的重要途径。随着非公企业劳动关系市场化的增强，集体协商和集体谈判将更加凸显对非公企业劳动关系的调节作用和劳动者权益的维护功能。针对现行集体协商制度的不足与缺陷，要完善协商程序的启动、协商依据信息的披露、协商期间禁止的行为以及协商争议化解等方面的强制性规则，增强集体协商的制度支撑力度。尤其要避免协商形式化、代表能力弱的现象，在必要时可以赋予非公企业工会集体行动权、增强工会在集体协商中的地位和作用，以保证集体协商质量。随着对外开放的深化，营商环境的国际化、法治化标准日益凸显，集体协商和谈判对调解劳动关系和维护劳动者权益的作用将会越发重要，工会要积极推动集体协商相关立法，不断加强集体协商专业人才

---

① 苪荣华，杨伟良，秦利佳．国际劳工标准核心条款及对我国工会工作的影响［J］．工会理论研究，2014（4）：4－7.

队伍的培养，充分发挥行业工会的协商效应，彰显行业性协商的效能。

### （五）充分发挥社会组织的作用

首先，政府应加大对社会组织参与劳动关系协调的支持力度，与社会组织建立互利合作的伙伴关系。通过提高认识，适当降低准入门槛，重点孵化和积极培育一批在劳动关系协调领域具有号召力的社会组织，鼓励他们在劳动关系矛盾预防、利益争议调处、政策民意沟通、社会公共服务等方面发挥作用。[①] 其次，工会组织应当充分发挥政治优势和组织优势，做好对劳动关系领域社会组织，尤其是尚未依法登记社会组织的政治引领工作。再次，各级工会应当把开展购买社会组织服务作为工作的切入点和抓手，加强对劳动关系领域社会组织的联系和引导，探索建立以职工服务类社会组织联合会为平台的多领域、广覆盖工作网络，引导社会组织坚持正确政治方向，在劳动关系领域依法开展服务职工工作。此外，还要探索通过财政税收方面的优惠政策，吸引更多的社会组织更加积极有效地参与和谐劳动关系的构建。

### （六）加强劳动立法和执法力度

互联网的普及和发展带来了劳动用工的新变化和新发展，需要劳动立法也能够适应这一变化，确认企业灵活用工及劳动者弹性就业的需求，准确定位“非全日制用工”“不定时用工”“双重劳动关系”“非标准劳动关系”等用工方式在劳动法律制度中的定性与位置，本着“淡化劳动关系认定的法律意义、弱化社会保险与劳动基准对劳动关系的依附性、重在解决劳动者权益保护问题”的设计思路，探索多方沟通协商机制和互联网用工关系纠纷解决机制等技术性手段的完善之道。要开展劳动基准、民主协商、集体协商、企业民主管理等方面法律的研究论证，进一步完善劳动法律体系，为构建中国特色和谐劳动关系提供法制保障；要将劳动关系的建立、运行、监督、调处的全过程纳入法治化轨道，发挥法治在构建和谐劳动关系中的引领和规范作用。同时，加大劳动执法监督的力度，避免执法的随意性。

### （七）强化非制度化方式的协调功能

面临日益增多的利益争议，在制度方式缺位的情况下，非制度方式（如传统

---

① 李文静，王文珍．中国特色协调劳动关系体制机制研究［J］．中国劳动，2018（1）．

文化、价值观念等）对协调劳资关系就显得尤为重要。调查显示，注重企业文化建设、注重社会责任承担的单位，劳动争议长期处于低发状态。随着劳动领域法治化进程的推进，劳资纠纷的制度化方式将日趋完善，非制度化方式则易被忽视。鉴于外资企业多种文化交织的客观现实，处置劳动争议（尤其是群体性劳资争议）不仅要注重制度方式的采用，还要充分发挥企业自身非制度因素的优势，二者相互协调配合，才能更好地解决劳动问题。尤其是随着劳动关系国际化的凸显，柔性的文化融合和刚性的标准融合才是有效处理外向型企业劳动争议的两翼。① 此外，调查显示，一些企业职工的权利意识和法律意识尚需提高，尤其对法定权利和行使程序的认识还不到位，从而滋生暴力维权和非法授权的现象，人为增加了处置纠纷的复杂性。新形势下，工会要结合小微企业众多的特点，聚焦主业主责，把构建和谐劳动关系作为主线，引导企业树立以职工为本的理念，用先进的企业文化、职工文化培育和谐劳动关系，探索新时代构建和谐劳动关系新篇章。

① 王仁富．新常态下非公企业劳动关系协调的思考［J］．山东工会论坛，2017（1）．

# 新生代员工需求与社会工作介入劳动关系治理的逻辑路径[①]

## ——珠三角劳动关系治理创新探索

曾秀兰　华姝姝[②]

**摘　要：**新生代员工已成为企业员工的主体并发挥越来越重要的作用，他们更加看重工作的整体氛围，渴望丰富的精神生活，有更强烈的自我实现需求。劳动关系治理需考虑新生代员工的需求特点，劳动关系治理需要社会力量协同共治。社会工作参与劳动关系可以弥补政府“裁判员”“执法者”角色的不足，充当事前的“服务者”、事中的“调解者”、事后的“倡导者”角色，推动劳动关系治理走向现代化和社会和谐稳定。

**关键词：**新生代员工　劳动关系　社会工作

当今，国家治理问题已提升到国家发展战略的高度。劳动关系治理是国家治理的重要领域，是实现国家治理体系和治理能力现代化的重要组成部分。随着劳动法律制度的逐步健全、劳动保障监察执法力度的不断加强、劳动关系协调工作的不断提升，我国的劳动关系总体和谐稳定，但仍蕴含风险和挑战。一是受国内外格局变革和经济社会环境变化影响。目前，外部环境复杂严峻，经济保持中高速增长难度增大，中美贸易摩擦与产业结构调整等因素使企业经营压力不断增大，企业注销或搬迁现象带来劳动关系不稳定因素增多，这给防范劳资风险带来

① 本文已刊于《探求》2020年第1期。基金项目：2016年教育部人文社会科学规划课题“新常态下社会工作介入劳资关系治理研究——以珠三角地区为例”（课题编号：16YJAZH002）。

② 曾秀兰（1965—　），女，汉族，广东梅州人，仲恺农业工程学院人文与社会科学学院教授、院长，主要从事劳资关系、乡村治理等研究。华姝姝（1988—　），女，汉族，安徽阜阳人，仲恺农业工程学院人文与社会科学学院讲师，主要从事企业社会工作、员工关系等研究。

挑战。二是新生代员工已成为企业员工主体并成为较具影响力的成员。新生代员工流动性大且有区别于老一代员工的明显特点和诉求，这对企业传统管理模式带来较大的冲击，并给劳动关系治理增加不稳定因素。在这些背景下，一方面需进一步加强法律规制和劳动监管，形成“硬约束”，另一方面也需动员社会力量共同参与提供“软服务”，从而形成劳动关系治理的合力，提升治理效果。基于此，本文从新生代员工需求及特点出发，探讨社会工作参与劳动关系治理的逻辑及路径。

## 一、新生代员工需求特点及影响

### （一）新生代员工已成为企业员工的主体

新生代员工问题已被学界所关注。但对新生代员工的定义、内涵和特征等没有统一的认识。新生代员工如何界定？德国社会学家卡尔·曼海姆提出的代际差异理论认为，代际差异是指因出生年代与成长背景的不同而导致的各代群之间在价值观、偏好、态度与行为等方面呈现出的具有差异性的群体特征 。Strauss 等（1991）认为，“代”是指所有在 20 年间出生的人群总和，并将“代”定义为特定的组群，其时间长度大约以 22 年为基础；Pilcherj（1994）认为，“代”是指共同经历相同的、完整的历史事件的群体；Eyermanr 等（1998）认为，“代”是指在相同时期出生成长、拥有相似的习惯和文化以及共同记忆的一代人；Kupperschmidtbr（2000）认为，“代”是指由具有共同的出生年代、年龄阶段并且共同经历关键成长阶段重大人生事件的个体构成的可识别群体。张光磊、周金帆（2015）认为，科学的代际理论是界定新生代员工的基础，提出从代际划分的三个维度出发，即共同的出生年代、共同成长的社会背景与关键历史事件以及共同群体特征与行为方式给新生代员工进行定义。① 在借鉴国外代际差异理论及代际划分研究成果的基础上，我国代际的划分亦多以年龄为基础。就目前来看，新生代与非新生代的划分方式是受到广泛认同的代群划分方式 。新生代员工如何划分？大多学者把新生代员工界定为于 20 世纪 80 年代和 90 年代出生的企业员工，即“80 后”“90 后”员工；有些学者则把新生代员工界定为 1990 年后出生的员工。笔者认为，新生代员工是相对非新生代员工而言的，是一个具有相对性的概

① 张光磊，周金帆．新生代员工的定义与特征研究述评［J］．武汉科技大学学报（社会科学版），2015（4）．

念。针对目前95后员工已大量步入职场及调研的对象大多是企业的一线员工，90后已占员工总人数的90%等情况，本文所分析的新生代员工主要是指相对95前而言的95后员工（即1995年以后出生的员工）。

目前，新生代员工已成为当代产业工人的主力军并成为当前企业中最受关注的员工群体。围绕本项目，项目组先后到深圳、中山等珠三角地区进行实地调研，在实地调研的基础上再通过电子问卷形式发放问卷进行调查，被调查者主要来自深圳、中山、佛山、东莞的8家企业，企业涉及行业包括食品、五金、电子、高新科技、汽车等，共回收有效问卷440份。在本次调查的440份数据中，1990年以后出生的员工占了87.27%，其中1995年以后出生的员工占50.91%，超过一半（见图1、图2）。

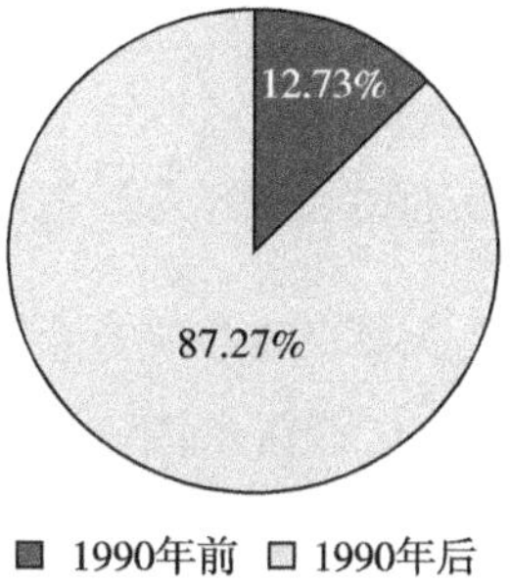


**图1　1990年后员工数目**

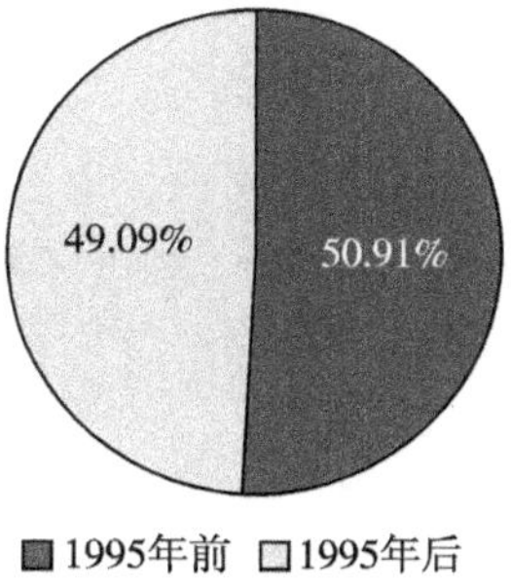


**图2　1995年后员工数目**

在近90%的90后员工中，超过15%的90后员工目前处于企业中层管理岗位，而95后的这些新生代员工中也有超过7%的员工处于企业中层管理岗位，由此可见，新生代员工已经成为企业员工的主体并发挥着主力军作用（见表1、表2）。

**表1　1990 年后出生员工职务**

| 名称 | 选项 | 频数（个） | 百分比（%） | 累积百分比（%） |
|---|---|---|---|---|
| 您的职务： | 一线员工 | 325 | 84.64 | 64.64 |
| | 中层管理 | 59 | 15.36 | 100 |
| 合计 | | 384 | 100 | 100 |

**表2　1995 年后出生员工职务**

| 名称 | 选项 | 频数（个） | 百分比（%） | 累积百分比（%） |
|---|---|---|---|---|
| 您的职务： | 一线员工 | 200 | 92.59 | 92.59 |
| | 中层管理 | 16 | 7.41 | 100 |
| 合计 | | 216 | 100 | 100 |

## （二）注重精神生活和自我实现构成新生代员工需求的主要特点

近年来，新生代员工已大量步入职场并成为企业较具影响力的成员。由于受时代和社会环境等各种因素的影响，这些新生代员工具备不同于老一代员工的特点。

### 1. 新生代员工更加看重工作的整体氛围

新生代员工虽然也与其他员工一样希望有更高的收入、更完善的社保，希望通过加薪改善生活并体现自己的劳动价值。但由于所处的时代和家庭环境、家庭结构的不同，他们不像老一辈员工一样面临“养家糊口”的压力，他们大多没有生存的压力。他们对待工作不再是只看钱，他们更看重的、更在意的是在工作中“干得开不开心”。有学者研究后认为，新生代员工的工作价值观包括工作氛围、自我实现、薪酬福利三个维度，这三个维度对员工留职意愿的影响力依次降低。[①] 在新生代看来，工作“最重要的是开心”“如果让我不开心，说再多也没用，除非报酬达到可以让我忘掉不开心”。可以说，“干得开不开心”是新生代员工对工作整体氛围的最直接感受。

也正因此，他们对工作氛围的感知度更高，要求也更高，并影响到他们对劳动关系的氛围的评价显著低于非新生代员工（见表3）。

① 姚辉，梁嘉祺．新生代员工的工作价值观构成及对留职意愿的影响研究［J］．中国人力资源开发，2017（4）．

**表3 新生代员工与非新生代员工感知到的劳动关系氛围差异**

| | 出生年月：年 月（平均值±标准差） | | $t$ | $p$ |
|---|---|---|---|---|
| | 非新生代（$N=224$） | 新生代（$N=216$） | | |
| 劳动关系氛围 | 3.69±0.75 | 3.38±0.79 | 4.296 | 0.000** |
| * $p<0.05$ ** $p<0.01$ | | | | |

由表3可知，新生代员工与非新生代员工感受到的劳动关系氛围存在显著差异，非新生代员工感受到的劳动关系氛围优于新生代员工。这一方面是因为新生代员工大多处于企业的一线岗位，尚未拥有一定的权力，感受到的劳动关系氛围会差于处于中层的员工；另一方面，也是因为新生代员工自身对工作氛围的要求更高。

**2. 新生代员工更加渴望丰富的精神生活**

相对于非新生代员工，新生代员工更加渴望丰富的精神生活，一是新生代员工自身的成长环境所致。新生代员工出生于改革开放后的黄金时期，他们是网络时代的"原住民"，经历了市场化、全球化、信息化、网络时代等一系列的重大社会变革和社会的飞速发展。他们生活在物质生活水平不断提高的时代，不必为生计而工作，他们吃喝仍可靠家里供养，甚至可以开着豪车挣几千元的工资。在对薪酬、工资、奖金等数量多少及与他人的收入差距问题上，新生代员工更加看重的是规范的薪酬制度。此外，他们喜欢其他良好的福利待遇、休假制度及工作之余的精神生活。

但从已有的一些数据看，一半以上的员工对业余文化生活不满意。被访者中，有2376人对自己的业余生活状况表示"不满意"，占44%；选择"非常满意""满意"和"比较满意"的占56%。① 伴随着社会的发展，员工在企业工作的环境条件逐渐改善，员工物质生活上的基本问题已经能够得到满足，在优先满足了生理需求之后，他们便渴望丰富的精神生活。在对员工的服务需求的调查中，新生代员工和非新生代员工在改善工作时长和提升压力管理的技巧这两个服务的需求上存在显著差异。新生代员工更看重工作时长的改善而非新生代员工更注重自我能力的提升（见表4）。

① 汤庭芬．深圳劳动关系发展报告（2017）［M］．北京：社会科学文献出版社，2017：97.

**表4　新生代员工与非新生代员工服务需求上的差异**

| | 出生年月：（平均值±标准差） | | $t$ | $p$ |
|---|---|---|---|---|
| | 非新生代（$N=224$） | 新生代（$N=216$） | | |
| 改善工作硬件环境 | 3.97±0.90 | 3.89±0.88 | 0.993 | 0.321 |
| 职位转换和调岗适应 | 3.51±0.95 | 3.63±1.06 | -1.257 | 0.209 |
| 改善工作时长 | 3.53±0.97 | 3.93±0.94 | -4.387 | 0.000** |
| 提升工作报酬及相关福利 | 4.26±0.84 | 4.41±0.73 | -1.965 | 0.05 |
| 提升与人沟通的技能 | 4.33±0.74 | 4.19±0.82 | 1.953 | 0.051 |
| 职业生涯规划指导 | 4.20±0.73 | 4.07±0.77 | 1.711 | 0.088 |
| 休闲娱乐活动安排 | 3.88±0.84 | 3.96±0.79 | -1.01 | 0.313 |
| 提升压力管理的技巧 | 4.24±0.84 | 3.89±0.96 | 4.106 | 0.000** |
| 提升控制情绪的能力 | 4.18±0.86 | 4.07±0.77 | 1.343 | 0.18 |
| 婚姻家庭相关服务 | 3.72±1.07 | 3.59±0.87 | 1.402 | 0.162 |
| * $p<0.05$　** $p<0.01$ | | | | |

新生代员工更加渴望丰富的精神生活，另一个原因是由于当今企业员工工作时间长，面临更大的工作压力。在当今企业，加班是一种常态。据调查和一些资料获悉，一半以上的员工工作时间为8~10小时。关于“您每天的工作时间”这一问题中，选择8小时以内的309人，占6%；选择8~10小时的4032人，占75%；选择10~12小时的832人，占15%；选择12小时以上的227人，占4%。工作时间8~10小时的人数如此之多，说明深圳市企业超时加班的情况十分突出。① 有些企业界人士认为，当今世界已进入VUCA时代。所谓VUCA时代，是指volatility（易变性），uncertainty（不确定性），complexity（复杂性），ambiguity（模糊性）。工作时间长令越来越多的人尤其是新生代员工感到焦虑和迷茫。因此，在服务需求上，新生代员工更希望能改善工作时长和更丰富的精神生活，而非新生代员工则希望可以有一些提升压力管理技巧的服务。

### 3. 新生代员工自我实现的需求更加强烈

新生代员工文化水平总体上明显提高，价值取向更加多元化，对自身利益更加关注。他们要求民主参与、利润分享和被尊重。他们不仅关注经济利益，而且

① 汤庭芬．深圳劳动关系发展报告（2017）［M］．北京：社会科学文献出版社，2017：295.

要求体面而有尊严的劳动，追求自身价值的体现，追求职业生涯的发展。他们在工作中获得成长并实现自我价值的诉求越来越强烈。新生代员工不太看重工作的稳定性，他们不求生存，求发展。新生代员工与非新生代员工的主要幸福感差异在于外在理想重要性对于心理需求满足和幸福感的调节作用。① 新生代员工不再只为生计工作，他们还有实现自我价值的愿望。

从电子问卷调查中也发现，新生代员工的自我实现的需要较非新生代员工有所提升（见图3、图4）。与非新生代员工相同的是新生代员工仍然把安全需要的满足放在首位。与非新生代员工不同的是比起归属与爱的需要，他们更需要体验自我实现的快乐。

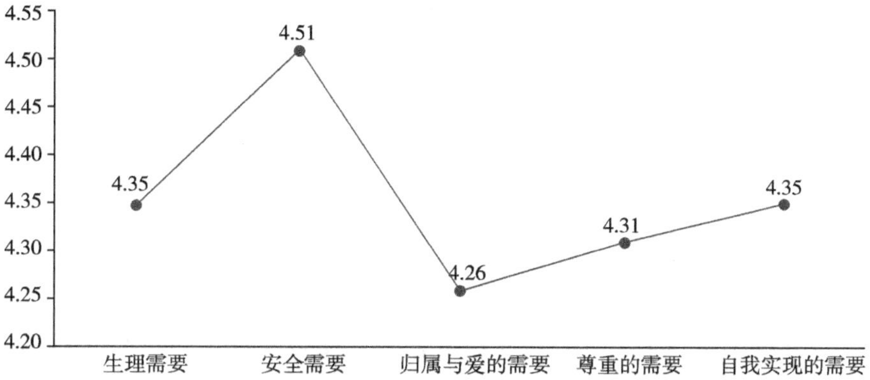


**图3　新生代员工的需求情况**

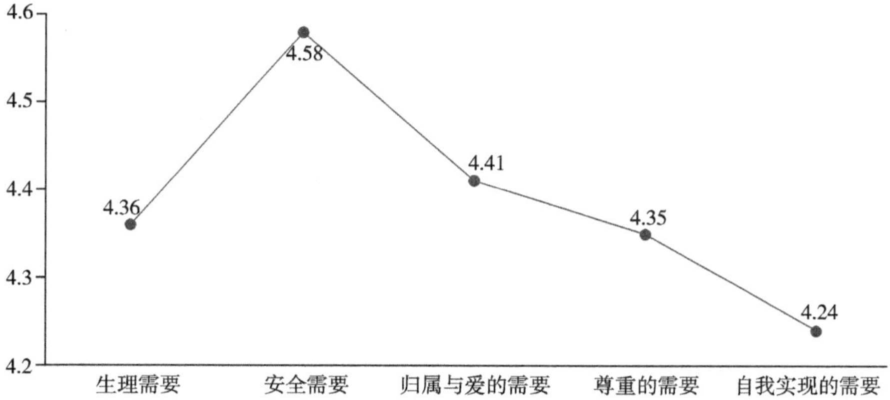


**图4　非新生代员工的需求情况**

---

① 赵宜萱，徐云飞．新生代员工与非新生代员工的幸福感差异研究——基于工作特征与员工幸福感模型的比较［J］．管理世界，2016（6）．

### (三)新生代员工需求特点是劳动关系治理的重要参考要素

在新生代员工成为员工主体并发挥越来越重要作用的情况下，新生代员工需求及特点对企业劳动关系的影响不可小觑。劳动者是劳动关系的当事人（主体）之一。随着新生代员工逐渐成为劳动者主力，如果企业面对新生代员工与老一代员工，没有针对性去了解分析其心理和需求特点从而制定相应的管理对策，而是进行粗放的用工管理。如果忽略新生代员工的需求特点或处理不当，劳资双方往往可能会因一件小事或一个小误会解除劳动关系，继而演变为劳动者向劳动部门提出多项诉求，要求查处企业和赔偿，甚至演变成群体性劳资纠纷。具体来说，若忽略新生代员工需求特点而进行较粗放的管理，一是容易导致员工流失；二是影响企业生产经营效率；三是容易引发劳资纠纷，影响社会和谐稳定。劳动争议一旦发生，既损害劳资双方利益，又导致劳动关系紧张，甚至可能导致群体性劳资纠纷事件，带来社会不稳定因素。由此，新生代员工需求特点为新时代劳动关系治理提供了不可忽视的重要参考要素。

### (四)社会工作介入劳动关系治理切实有效

社会工作在企业员工服务中已经得到了广泛的应用，特别是珠三角地区，政府以多种政策支持企业社会工作服务，已促使多种模式的企业社会工作服务的产生。笔者在对新生代员工的调查中特意对社会工作参与企业员工服务的成效进行了解。受访的440名被试中有250人回答企业有专业的社工服务，有专业社工服务的企业员工劳动关系氛围的感知与没有专业社工服务的差异显著，有专业社工服务的企业员工感知到的劳动关系氛围较没有专业社工服务的更为和谐（见表5）。

**表5　社工参与对劳动关系氛围的影响**

| | 是否有专业的社工：(平均值 ± 标准差) | | $t$ | $p$ |
|---|---|---|---|---|
| | 有（$N=250$） | 无（$N=190$） | | |
| 劳动关系氛围 | 3.71 ±0.71 | 3.31 ±0.82 | 5.547 | 0.000 ** |
| * $p<0.05$ ** $p<0.01$ | | | | |

## 二、社会工作介入劳动关系治理的逻辑路径

珠三角由于地处改革开放前沿，经济发达，外来务工人员多，劳动关系复杂，劳动争议案件发生率常年居高不下，劳动争议情况从全国来看具有先发性和前瞻性。劳动关系的治理既要发挥企业、劳动者、政府这些劳动关系三方主体的作用，也要发挥社会力量的作用。由此，深圳等地也随之提出“加快健全党委领导、政府负责、社会协同、企业和职工参与、法治保障”的工作机制。

### （一）劳动关系治理需要社会力量参与协同共治

为什么劳动关系治理需要社会力量参与协同共治？首先，这是国家治理转型的要求。党的十八届三中全会通过了《中共中央关于全面深化改革若干重大问题的决定》，提出国家治理体系和治理能力的现代化要求。国家治理体系和治理能力的现代化强调要“改进社会治理方式，激发社会组织活力，创新有效预防和化解社会矛盾体制”。社会治理定义的另一个重要解释维度就是治理主体的多元化，它的基本精神可以简化为“政府管理 + 社会自理 = 协同治理”。[①] 构建和谐劳动关系需要协同共治，社会组织参与构建和谐劳动关系是民主协商协调理念的重要体现。社会共治的主体是多元主体；社会共治的机制是协商民主；社会共治的目标是社会共享。[②] 其次，这是当今劳动关系治理面临困难的现实要求。近年来，在新常态大背景和经济下行压力下，劳动关系呈现纠纷诉求多元化、维权手段信息化、法治意识强化等新特点，劳动关系面临的问题更加复杂多变，劳资纠纷有居高不下的态势。有时由于“黑律师”甚至一些境外势力的介入，劳资纠纷处理难度加大，单靠以往政府主导的劳资纠纷事件“事中救火”式办法往往带来被动局面。而且，面对劳动关系治理工作，政府人手不足、管理粗放，末梢管理服务不足，无法全力应对。这就需要社会力量和规范的社会组织参与劳动关系的治理。

协同共治主要是要吸纳社会力量参与，实现治理主体的多元共治。多元共治不是政府退出，也并不意味着“小政府、弱政府”，而是“小政府、强政

① 燕继荣．社会变迁与社会治理——社会治理的理论解释［J］．北京大学学报（哲学社会科学版），2017（5）．

② 王名，李健．社会共治制度初探［J］．行政论坛，2014（5）．

府、大社会”的模式。①社会力量如何参与协同共治？目前，珠三角社会力量参与劳动关系治理，主要表现为社会组织的参与，而参与劳动关系治理的社会组织有多种类别，发挥的作用也各不相同。珠三角参与劳动关系治理的主要有枢纽型、行业型、专业型、帮扶型四类社会组织，它们各自的定位和作用也有所侧重（见表6）。

**表6　社会组织参与劳动关系治理的类型及作用**

| 类别 | 代表性组织 | 工作重点或领域 | 主要职能 | 主要作用 |
| --- | --- | --- | --- | --- |
| 枢纽型社会组织 | 社会组织总会 | 社会组织群体本身的生存发展、培育引导、自我完善方面 | 承担培育社会组织、制定服务标准、培养专业人才等职能 | 指导其他各类社会组织自我管理、自我完善、自主发展，实现社会组织群体有序化、专业化、持续性发展 |
| 行业型社会组织 | 行业协会 | 对下辖不同类型的企业，完善规范化 | 集体协商、承担制定行业标准、指导各行业企业规范用工、调处行业矛盾纠纷等职能 | 发挥服务行业功能，推动行业规范自律 |
| 专业型社会组织 | 和谐劳动关系促进会 | 深耕工作场所 | 着眼企业，提供专业且专门的人力资源、法律咨询、劳动关系管理等服务 | 推动形成劳资沟通协商机制 |
| 帮扶型社会组织 | 社工机构 | 面向员工生活 | 举办员工关爱、扶危救困、文化引领、营造和谐氛围等 | 发挥“助人自助”功能，帮助企业、员工协调关系 |

社会组织是构建和谐劳动关系的一种有益的补充力量和协助力量，是政府、企业、职工、工会群团等多方面的合作者。上面的四类社会组织具有各自的优势，可以从不同侧面在各自领域参与和谐劳动关系建设。

① 王名，蔡志鸿，王春婷．社会共治：多元主体共同治理的实践探索与制度创新［J］．中国行政管理，2014（12）．

## （二）社会工作介入劳动关系治理的路径

社会工作介入劳动关系治理是社会力量参与劳动关系治理的具体表现，主要体现为服务型、帮扶型参与劳动关系治理。在劳动关系领域，政府部门主要承担劳动标准制定执行、劳动监察、仲裁等职责。基于劳动关系内在的对抗性，政府部门更多地担当“裁判员”“执法者”角色。社会组织作为民间非盈利性、非政治性组织，能为劳资冲突双方提供更充分的缓冲空间，拓宽利益表达、利益协调和利益均衡等重要渠道，在深入了解劳资双方诉求、引导双方主动化解矛盾方面具有更高的灵活性、更强的有效性、更优的服务性等优势。社会工作介入劳动关系治理，将“软服务”与“硬管制”结合起来，对有效预防和化解劳资纠纷具有不可替代的作用。社会工作如何介入劳动关系治理，其介入内容、方式等路径如何，具体见表7。

**表7　社会工作介入劳动关系治理路径：内容、模式、方法、作用**

| 介入路径 | 事前 | 事中 | 事后 |
|---|---|---|---|
| 主要内容 | ①员工帮助计划（EAP）<br>②员工关系管理<br>③社区融入等 | ①劳资纠纷调解<br>②离职面谈<br>③工伤慰问等 | ①政策倡导<br>②企业社会责任建设等 |
| 主要模式 | ①“企业内置模式”（企业内自主设岗）<br>②“嵌入企业模式”（政府、企业或慈善组织全额或部分购买岗位或项目，嵌入企业开展服务）<br>③“工业园区内置模式”（社工派驻到工业园区，开展企业、员工服务） | ①“嵌入企业模式”<br>②“工会内置模式”（市、区、街道总工会内自主设岗）<br>③“嵌入工会模式”（市、区、街道总工会购买岗位或项目，嵌入工会开展服务） | ①“嵌入企业模式”<br>②“工业园区内置模式”<br>③“嵌入工会模式” |
| 主要方法 | ①个案工作法<br>②小组工作手法<br>③社区工作手法 | ①个案工作手法<br>②小组工作手法 | 社会工作行政手法 |

续表

| 介入路径 | 事前 | 事中 | 事后 |
| --- | --- | --- | --- |
| 主要角色 | “服务者” | “调解者” | “倡导者” |
| 主要作用 | 发挥“减压阀”“提振器”作用，即增进员工福利，减轻员工压力；增强企业凝聚力和向心力，提振企业精神，提升工作绩效，预防劳资矛盾 | 发挥“润滑剂”“缓冲层”作用，即纾解矛盾、减少震动，预防矛盾激化，防止事态恶化 | 发挥“助推器”“稳定器”作用，即推动相关政策法规的完善，推动履行企业社会责任，实现社会和谐稳定 |

具体而言，社会工作介入劳动关系治理贯串事前、事中、事后全过程。

**1. 事前——融入企业和社区开展服务，预防矛盾发生**

事前，指劳资矛盾发生之前，通过“企业内置模式”“嵌入企业模式”“工业园区内置模式”等模式，企业社工在企业和社区或工业园区开展服务。社会工作奉行“助人自助”的专业价值观，帮助个人和社会解决问题，增进福祉。在此，社会工作理论和方法在员工能力建设和心理调适、社会支持等方面具有较特别的作用。事前开展服务的内容主要有以下几点：一是开展企业 EAP 计划（Employee Assistance Program，即员工帮助计划）。新生代员工大多数是本科以下学历，文化层次总体不高，导致社会竞争力缺乏、心理素质和抗压能力较差，情绪容易波动，遇到困难时甚至以“跳楼”轻生等极端方式进行抗争。在企业 EAP 计划中，社工以社会支持理论为取向，帮助员工搭建沟通交流的平台，在互动过程中学习如何运用社会支持网络资源解决问题，帮助新生代员工获得网络支持资源，提高其获得各种社会资源的能力。通过 EAP 计划，改善员工心理状况，减轻员工压力，提升员工生活质量。二是员工关系管理。劳动关系包括员工与企业主的关系，也包括员工之间的内部关系。社会工作者可以运用专业的方法化解员工之间的冲突和矛盾，帮助员工学习处理员工关系的技巧，增强企业的凝聚力。三是开展园区或社区服务，以帮助新生代农民工融入城市，使其更好地适应城市生活。比如，开展“幸福园区”社工项目，在劳动法律咨询、职业规划、心理减压等方面为园区企业、员工提供服务。在新生代员工集中居住的社区可以设置社工岗位，以社区为依托建立社会工作服务站，社工根据社区内员工的不同需求开展对应的专业服务，帮助员工融入社区生活。建立自信成长小组、学习交往小组等，为外来务工人员提供情感关怀、心理和法律咨询、紧急救助、个案救助、文化学习、文娱活动等多元服务。通过事前开展服务，既提高企业团队的凝聚力和工作绩效，也帮助员工应对工作压力，提升获得社会资源的能力，预防和减少企业各种矛盾的发生，实现劳资关系治理由过去“救火”到如今“防火”与“救火”并重转变。

笔者通过问卷调查发现，新生代员工各个层次的需求均与其所感知到的劳动关系氛围呈正相关，这就代表着员工的需求越高，可以感知到的劳动关系氛围会越和谐。相反，如果员工没有需求，感知到的劳动关系氛围反而越差（见表8）。

**表8　劳动关系氛围感知与个体需求的相关分析**

| 个体需求 | 劳动关系氛围 |
|---|---|
| 自我实现的需要 | 0.287 ** |
| 尊重的需要 | 0.165 ** |
| 归属与爱的需要 | 0.227 ** |
| 安全需要 | 0.273 ** |
| 生理需要 | 0.277 ** |
| * $p<0.05$ ** $p<0.01$ | |

因此，企业社会工作者应该时刻提醒自己，企业劳资关系的事前服务应将新生代员工的需求放在首要位置。帮助新生代员工了解自身的需求，并正确表达自身需求，是企业社会工作者重要任务之一。

**2. 事中——介入劳资纠纷调解及善后工作，预防矛盾激化**

事中，指劳资纠纷发生时，社工参与劳资纠纷调解及善后处理工作。事中介入主要有两种方式：一是参与劳资纠纷调解。近年来，随着珠三角产业政策调整步伐加快和产业结构优化政策效果日益凸显，大量劳动力密集型、低附加值、高污染企业主动通过减少加班或者放假等方式收缩经营规模、寻求转型升级和搬迁予以应对，或者停产停业、宣布提前解散、结业。这些主要因素，导致诉求超法律基准类劳资纠纷高发且处置难度较大。如深圳市2016—2018年上半年员工诉求超法律基准类劳资纠纷中，此类原因引发的超过80%。2016年和2017年的员工诉求超法律基准类劳资纠纷中，员工诉求涉及无法律依据或者超出现行法律标准要求支付经济补偿金的均超过80%，而2018年上半年该数据超过90%。[①] 这说明无法律依据或者超出现行法律标准要求支付经济补偿金是当前超法律基准类劳资纠纷中员工诉求的最主要内容。面对此类诉求的劳资纠纷，各级政府面临的维稳工作压力也越来越大。广州、深圳、东莞、中山等地经济体量较大，市场经济较为活跃，劳动关系也更为复杂，劳资纠纷较其他地区更加早发多发。广东在五个和谐劳动关系试验区建设中推进以“区—街道—社区—企业”四级调解网络为基础，以行政、人民、仲裁、司法调解“四位一体”和政府、企业、员工、社会“多方共建”为路径的劳动争议大调解体系建设。深圳市坪山区自2014年以来，就开展劳动争议案件仲裁立案后委托调解工作。截至2018年，社会组织共成功调解劳动争议案件954件，涉案金额2500余万元，调解成功率90%以上。[②] 社工以劳动关系调解员身份或以第三方身份参与劳资纠纷调解。在行政、司法、企业内部解决之外，社工介入劳资纠纷调解，拓展了解决劳资纠纷的多元化解方式。这既节约国家治理成本，又缓解了弱势劳动者的不平衡心理，有助于缓和社会矛盾，避免过激行为或群体性事件的发生，促进了社会和谐稳定。二是参与工伤探视专项工作。深圳市龙岗区开展这一活动效果良好。深圳市龙岗区是产业大区，劳动密集型企业聚集，仅外来务工人员就达200多万人，工伤事件发生率较高。工伤在给员工带来生理、心理、经济等多重伤害的同时，也引发了诸多劳资纠纷和矛盾冲突，给企业生产经营以及社会稳定带来了不安定因素。2013年7月开始，深圳至诚社会工作服务中心项目组探索“工会+社工”的服务模式，开展针对受伤住院员工的慰问探视工作。项目组工作人员进驻龙岗中心医院、龙岗骨科医院、龙岗龙城医院、龙岗第二人民医院、龙岗第三人民医院、平湖人民医院等6家社保定点医疗机构，以“探访”为切入口，为工伤职工提供探访慰问、情绪疏导、工伤劳资纠纷调解、工伤维权、危机介入、安全生产和普法增能等服务。至2016年12月底，项目组的6名社工已累计登记、探访住院员工12000多人次，整合发放工伤慰问金约90万元。通过项目服务，为工伤员工送去了温暖，维护了他们的合法权益，同时起了“缓冲层、润滑剂、连心桥”的作用，有效缓解了企业和员工的矛盾。

---

① 汤庭芬. 深圳劳动关系发展报告（2019）[M]. 北京：社会科学文献出版社，2019：20.

② 同上：193.

企业社工在劳资矛盾发生之时应牢记，呼应员工需求，才是劳资矛盾调处的有效保障，特别是关注新生代员工的需求。新生代员工除了与非新生代员工在需求上的差异如新生代员工自我实现需求更高、对精神生活和生活品质的要求更高之外，在社会工作介入过程中，社工还应关注新生代员工自身的需求差异，因人而异地开展劳资矛盾过程中的员工工作，包括了解不同年龄层、不同工作年限、不同职位、不同性别、不同学历的新生代员工的需求，都是企业社工应积极去完成的工作。

**3. 事后——进行政策倡导并推动企业社会责任建设，助推实现社会和谐稳定**

事后，指在参与前期企业、社区服务和介入劳资纠纷调解的基础上，向政府提出政策倡导和推动企业社会责任建设。主要体现在两方面：一是进行政策倡导。政策倡导是社会工作的职能之一，对于推动社会政策的制定与完善，促进社会公平公正，具有重大的现实意义。社工通过“事前”服务和“事中”调解，会对劳动关系领域制度、政策中存在的问题有更多的了解和认识。在此基础上，社工可将员工的心声、遇到的困难及时报告给有关部门；同时，社会工作者也可以抓住一定的时机，作为社会政策的建议者和参与者，提出相应的解决策略，帮助有关部门修改和完善各种规章制度。通过政府外的力量自下而上地进行政策倡导，并引起社会关注，推进政策的有益演进，进而推动政府将其纳入政策议程。当然，在劳动关系领域，社会工作要实现由服务到政策倡导需要个人、机构和外在环境等诸多条件。二是推动企业社会责任建设。在经济新常态、产业结构转型升级及中美贸易摩擦等诸多因素背景下，劳资纠纷有频发态势。此时，企业社会责任更成为人们关注的焦点，企业社会责任建设刻不容缓。社会工作在推动企业社会责任建设方面有其独特的优势。在理论上，企业社会责任所倡导的人文关怀思想，与企业社会工作以人为本的思想有着本质的联系。在工作内容上，作为社会工作分支的企业社会工作，为员工这个群体所面临的问题和需求提供服务工作，以保障员工权益，实现员工福祉与企业利益的共同发展，这正是企业在内部履行社会责任的核心。社工推动企业社会责任建设还表现在推动建立企业主与员工之间相对平等的关系。新生代员工重视自我、渴望认可、淡化权威；他们更注重自我感受，对雇主老板也有更高的要求，有人甚至提出新雇主经济主义的概念。对新生代员工来说，老的管理方式已经过时，刻板、居高临下的企业主形象不会受到欢迎。新生代员工喜欢有温度、能认可和激励自己的领导。为此，社工可在新生代员工和企业主之间搭建“桥梁”，主张和呼吁企业主和管理层针对新生代员工的不同特点，“因材施教”地进行管理和软服务，充分调动员工的工作积极性，激发他们的创新热情和责任感。由此推进企业更好地履行社会责任，实现企业和社会和谐稳定。

## 结　语

劳资关系问题是社会的核心问题之一，和谐稳定的劳动关系是经济社会健康发展的重要基础。在新生代员工成为当今企业员工主体的背景下，企业的发展越来越依赖于新生代员工。珠三角是劳动争议高发多发地区，探索符合新生代员工需求特点的管理方法成为企业不得不面临的新课题。社会工作介入劳动关系治理具有特殊的、不可替代的作用。社会工作介入劳动关系治理在珠三角地区大约经历了十年的发展，在规模上逐步由“独木”发展为“盆景”。在“共治、共建、共享”已成为治理普遍共识的今天和未来，希望社会工作参与劳动关系治理能实现由“盆景”到“森林”的发展，推动劳动关系治理走向现代化，实现劳动关系和谐与社会稳定。

# 外资非正常撤离引发劳动纠纷的解决机制研究

## ——以中美贸易摩擦为背景

徐吉平　左亚洛[①]

**摘　要：**中美贸易摩擦使得外国资本非正常撤离中国并引发劳动纠纷的事例越来越多。无论是劳动法体系内的纠纷解决机制，还是《工作指引》所赋予的额外方式或权利，目前都不足以有效化解外资非正常撤离所引发的劳动者权益保护问题。我国当前宜借鉴域外相关经验，通过建立适度严格的外商直接投资准入与审查制度、建立多主体参与的外资非正常撤离防控机制以及建立统一的欠薪保障基金制度等手段，逐步优化我国的外商投资企业劳动关系治理体系。

**关键词：**外资非正常撤离　劳动纠纷解决机制　外商直接投资准入制度　欠薪保障基金制度

近年来，随着我国经济发展与改革开放的不断深化，企业的人力成本，尤其是一线城市的人力成本不断上升，外企在中国获得“超国民待遇”的时代逐步走向终结，部分境外投资资本已经或开始酝酿撤离中国。在中美贸易摩擦逐步升级的背景下，外国资本，尤其是美国资本撤离中国的压力越来越大，撤离的步伐也可能会逐步加快。[②] 当然，无论是在国际多边层面、双边层面还是在国内法层面，我国都明确保障外资正常退出的自由。但问题是，实践中许多已经撤离中国的境外投资资本都不属于“正常”退出，给国家、集体和个人造成了或大或小

① 徐吉平（1974—　），男，汉族，江西宁都人，上海工程技术大学副教授，主要从事公司法、民商法和劳动法研究；左亚洛（1980—　），男，汉族，上海人，北京明树数据科技有限公司法务总监，主要从事 PPP 和劳动法研究。

② 在中美贸易摩擦过程中，美国总统特朗普不断要求该国海外投资资本（主要是制造业）回归美国本土发展。

的利益损失。因此，如何妥善处理好外资退出事宜，尤其是从制度上为境外资方与境内员工方之间利益关系的规制奠定基础，显得尤为重要。本文基于劳动者利益保护视角，主要研究我国外资非正常撤离引发劳动纠纷的解决机制建设问题，希望通过对相关问题的分析探讨，为我国外商投资企业劳动关系治理体系建设提供一些有益的启发。

## 一、我国外资非正常撤离引发劳动纠纷的现状

### （一）外资非正常撤离的内涵

外资非正常撤离是与外资正常撤离相对应的概念。关于外资非正常撤离的定义，学界尚未形成统一和权威的表述。但根据商务部等四部委2008年联合发布的《外资非正常撤离中国相关利益方跨国追究与诉讼工作指引》（以下简称《工作指引》）的规定，所谓外资非正常撤离，应当仅仅是指以外资企业为主要形式的境外投资资本在撤离中国时不按合法程序撤出的投资行为，那些经由合法程序撤出的投资行为不属于外资非正常撤离。从外在表现形式来看，没有清算债务和申请破产而突然撤离投资地区，只留下厂房、设备和拖欠的工资、债务的外商投资撤离行为，是外资非正常撤离的典型形态。

如前所述，外资非正常撤离行为不仅会给国家和相关利益主体造成或轻或重的利益损失，严重者还会给社会留下诸多的不稳定因素。就劳动关系而言，一旦发生外资撤离行为，涉事企业的劳动者将普遍处于非常不利的地位：一方面，相关劳动者骤然间全部失去工作，生活将陷于困顿；另一方面，由于涉事企业的涉外因素，相关劳动者很难获得劳动维权所需要的信息和资源，即使在援助律师的帮助下获得了司法层面的胜诉，也往往很难及时、充分地获得赔偿。

### （二）外资非正常撤离引发劳动纠纷的实例分析

2008年全球性金融危机爆发以来，外资非正常撤离中国引发劳动纠纷的事例经常见诸报端。如《南方工报》报道，2015年5月1日，广州某家私装饰有限公司的部分员工发现公司管理人员私自出货，随后又发现公司的法定代表人已离境出逃到加拿大，公司生产经营全部停止，公司200名员工2015年1—4月的工资共计353万元被拖欠。员工随即向辖区劳动所、镇政府等有关部门投诉。广州市番禺区总工会指派的援助律师介入后，受理了190余件法律援助案件，并及时向法院申请采取了诉讼保全措施。案件最终获得胜诉，但由于该公司并没有留

下足够多的可分配财产，律师不得已只好按照《工作指引》的规定，请求法院依法追究作为控股股东、董事和实际控制人的外国企业或个人的责任。后经多方介入协调，案件以和解方式结案，职工们获得一定数额的经济补偿。[①]

从案件处理过程及结果来看，虽然律师介入及时并提供了专业的法律援助服务，《工作指引》也赋予了劳动者一定的维权渠道，但总体来看，维权手段仍明显不足，很难充分维护劳动者的合法权益。案涉劳动者虽然通过协调得到了一定的补偿金，但与法定赔偿数额相距甚远，和解实属无奈之举。

之所以会出现此种尴尬局面，除了前面提到的案件的突发性和信息的不对称性使得劳动者维权成本普遍较纯内资企业高之外，外资非正常撤离中国时外方基本已完成资产转移动作、几无财产可供执行也是重要原因。当然，最根本的原因可能还是我国现行法律体系的不健全、不完善。

## 二、我国外资非正常撤离引发劳动纠纷解决机制的现状与不足

在我国现行法律体系下，解决外资非正常撤离引发的劳动纠纷，除了适用《中华人民共和国劳动合同法》（以下简称《劳动合同法》）及相关法律法规外，勉强能用的就是《工作指引》了。然而，从前文分析的情况来看，这些机制和制度显然还不足以应对外资非正常撤离所引发的相关劳动法律问题。

### （一）外资非正常撤离引发劳动纠纷的常规应对方式

不同于长期以来我国企业设立与管理上的“双轨制”（即《中华人民共和国公司法》适用于国内公司，“三资”企业法适用于外商投资企业），在劳动法领域，内资企业和外商投资企业适用相同的标准，共享同一的维权（程序与实体）规定。虽然这样的做法符合“国民待遇”原则，但一旦出现外资非正常撤离的情况，其弊端就显而易见了，因为几乎没有办法有效维护涉事劳动者的合法权益。

具体来说，我国现行的劳动纠纷解决机制采用的是劳动仲裁[②]前置与民事诉讼相结合的“先裁后审”模式。该模式虽然可以较好地发挥劳动行政机关的监督职能，但对于广大劳动者来说，此种模式下的维权时间成本无疑会增大许多。

---

① 佚名．外资非正常撤离 工会律师及时协助维权［EB/OL］．搜狐网，2015－11－03.

② 劳动仲裁之外，劳动者也可将问题诉诸劳动监察，但我国劳动监察体系的实效性非常有限，因此这里不做展开。

加之劳动行政机关本身对于外商投资企业的管理并无特别的职权，故其对于欲非正常撤离的境外投资资本而言威慑力并不足，多数情况下反而会因仲裁程序的固有时间成本过高而使其成为劳动者及时维权的障碍。

在法院审判阶段，虽然我国民事诉讼法允许实行诉前财产保全和先予执行，但前者需要提供相当的担保，后者适用条件又特别苛刻①，普通劳动者一般都需要等到法律文书生效之后方可获得实体救济。对于广大劳动者来说，即使费尽心机最后获得了生效法律文书，若企业方拒绝执行，也只能通过法院的执行程序获得赔偿。而一旦被执行人属于非正常撤离中国的外商投资企业，则中国法院强制执行成功的概率几乎为零。因为即便将这些企业纳入失信人“黑名单”，也难以对其外籍实际控制人产生有效的威慑。

### （二）《工作指引》提供的额外救助方式分析

由于外资非正常撤离给中方相关利益方造成了严重的经济损失，也对中国的双边经贸往来和地方社会稳定造成一定的消极影响，为了寻求法律保障或纠纷解决机制上的某种突破，在全球性金融危机的大背景下，2008 年 11 月 19 日，商务部、外交部、公安部、司法部联合发布了《工作指引》，界定了外资非正常撤离中国的含义，并指出，一旦外资非正常撤离中国，中方将跨国追究并进行诉讼。毫无疑问，《工作指引》首次打通了外商投资管理部门、外交部门、公安部门与司法部门在处理外资非正常撤离中国问题时的行政壁垒，就这一点而言，极具里程碑式的意义。但是，该文件发布至今已近 11 年，收效甚微。以下略做分析。

第一，总体上讲，该文件内容非常单薄，全文总计才 6 个条文，第一条还是纯序言性的规定，无可适用的规则内容，加之文件发布方并不包含检察院和法院，并没有通过规则的制定确立特殊的司法审判和处置规范，因此文件本身的可操作性不强。

第二，文件第二条规定了中方当事人的报告（立案）义务，并且有通过相关司法国际条约获取国际协助的权利，但这样的规定并不实用。因为，如果仅仅是欠薪一般属于民事纠纷的范畴，对于诉讼当事人来说，立案本身是权利而不是义务，这样的规定不仅没有赋予劳动者更多的权利，反而在形式上加重了当事人

① 财产保全一般需要提供担保，对于普通劳动者来说，这种担保一般不可行，先予执行则需要提供生活困难的证明，且一般需要由基层组织开具，劳动者如果不在户籍地，且还不具备惯常居住地的条件，开具此类证明就极为困难。

的义务。此外，该条款虽然强调了当事人具有申请国际司法协助的权利，但按照我国民事诉讼法的规定，涉外民事方面的司法协助需要法院逐级上报到最高人民法院，然后按照条约进行处理。这就意味着，即使这样的通路存在，也过于费时费力，对非正常撤离中国的外商投资企业来说威慑力并不足。更何况我国在民事领域可以获得的域外司法协助资源并不多，我国的民事诉讼判决、裁定在许多国家目前并不能够得到有效承认，强制执行更是困难重重。[①]

第三，文件第三条规定的“不履行正常清算义务给债权人造成损失的，根据最高人民法院《关于适用〈中华人民共和国公司法〉若干问题的规定（二）》的最新规定，作为有限责任公司的股东、股份有限公司的控股股东和董事以及公司实际控制人的外国企业或个人仍应承担相应民事责任，对公司债务承担连带清偿责任”，是文件中为数不多的为权利方提供法律武器的内容。根据该规定，即使企业没有可执行财产，仍可以适用公司法“刺破公司面纱”规则追究实际控制人的责任。若该外商投资企业的实际控制人是中国人，则该条款的威慑力是足够的，但若实际控制人是外籍人士，且其在中国境内没有可执行财产，则该规则的适用要依赖该人士所在国或者其财产所在国的法律对该规则的认可，若其仍坚持公司的有限责任，或者对实际控制人的认定标准不同于我国，则我国的司法裁判本身就不会被承认，本条的威力毫无疑问将被“虚置”。

第四，文件第四条规定中方胜诉当事人有申请域外法院执行的权利，但这仅仅是对我国民事诉讼法相关规定的重述，并没有赋予当事人更多的权利。而第五条虽然赋予了中方当事人域外申请司法援助的权利，但该规定完全不具备可操作性，因为中国公民在域外是否有权获得司法救助完全取决于该法域的具体法律规定。目前我国的法律、法规尚且不能顺利得到外国法域的有效承认和适用，更何况《工作指引》这种由政府部门颁发的行政规章了。退一步来说，即使该中方当事人是在国内申请司法援助，然后将该援助用于域外，也很不现实，因为我国能够提供司法援助的律师或者法律工作者无法在域外提供同样的法律服务。即使我国驻外领事馆通过外交途径为我国公民提供司法援助（例如在当地聘请律师），也没有程序性与实体性法律法规的支撑。至于文件第六条，本身并不与劳

① 截至目前，中国已与数十个国家缔结了《民商事司法协助条约》《刑事司法协助条约》和《引渡条约》，也加入了包括《联合国打击跨国有组织犯罪公约》和《联合国反腐败公约》等在内的一批国际公约。这些条约的签订为有效处理跨国民商事案件和刑事案件，特别是打击刑事犯罪、追捕逃犯和追回犯罪资产奠定了坚实的国际法律基础，也为处理外资非正常撤离中国引发的经济和民事纠纷提供了必要的法律依据。但问题是，一方面美、英、德、加等最重要的贸易国或外资来源国并不是相关条约的缔约方，另一方面这些条约基本上都是打击刑事犯罪的国际公约，致力于解决民商事纠纷的很少。

动维权有关联，此不赘述。

### （三）我国外资非正常撤离引发劳动纠纷解决机制的不足

由上可知，无论是劳动法体系内的纠纷解决机制，还是《工作指引》所赋予的额外权利或方式，都不足以有效化解外资非正常撤离所引发的劳动者权益保护问题。这种不足主要体现在以下四个方面。

第一，按照我国现行“三资”企业法的规定，外商投资企业的注册资本并不需要在开办时就全部到位。这就意味着，在外资非正常撤离中国时，相关出资仍可能没有完全到位。一旦出现上述情况，若企业实际控制人或者外资方在我国国内没有可供执行的资产，则我国相应的执法部门在外商拖欠员工工资撤离中国后，很难要求其补齐注册资本以支付劳动债权。

第二，按照我国现行“三资”企业法的规定，外方在缴纳完法定费用后，可以将企业利润转出中国。这就意味着，这部分利润完全脱离了中国的外汇监控体系，一旦企业未来出现经营困难，外资方也没有义务将上述利润转回，容易为外资方向境外转移资产提供方便。实践中，也确实存在外资方利用本条规定大量转移资产的案例。

第三，在外资方非正常撤离中国以后，即使其拖欠劳动者的工资拒不支付，若其所在国对于我国的司法裁判拒绝承认，则我国的劳动者同样没有其他可替代的维权渠道。此外，由于“刺破公司面纱”制度缺乏操作细则，很难适用于外商投资企业，国家也并不存在专门针对此类外资方的“负面清单”。因此，即使相关外资方未来继续在中国从事商业行为，也不会受到多大的限制。这就使得中国法院的生效裁判对于此类人员并不能产生应有的威慑效果。

第四，目前的纠纷解决机制缺乏一种双边或者多边的合作机制——将非正常撤离中国而拖欠劳动债权的外资方纳入其本国的信用系统。一旦在该方面存在一种国际合作机制，使得相关外资方在中国的行为会直接影响其未来在本国的后续发展，则对于以非正常撤离中国的方式逃避劳动债权的外资方而言应该会有所顾忌，而不敢过于轻率地做出此类决定。

## 三、域外有关外商投资及欠薪问题规制的经验

域外一些国家和地区对于外商直接投资（FDI）以及企业欠薪问题的处理有着较为成熟的经验，这些经验值得我们好好借鉴，用以完善我国的相关制度体

系，维护国民尤其是广大劳动者的合法权益。这些经验大致可分为三个方面与层次：一是对外商直接投资进行准入设定与相对严格的审核。二是建立比较完善的欠薪处理与劳动者利益保护机制。三是完善工会权利体系，赋予工会集体协商权，通过工会构筑一道“防护网”，有效预防相应问题的发生并对已经发生的劳动纠纷迅速妥善处理。

### （一）建立严格的外商投资准入与审查制度

美国是这一做法的典型国家。早在至少 25 年前，美国即已着手按照《〈1950 年国防生产法〉埃克森 - 弗罗里奥修正案》正式审查那些有可能影响美国国家安全利益的美国企业收购案。早期，这一国家安全审查的范围相当狭窄，侧重于美国军用物资的一线和二线供应商。但 2006 年发生的迪拜环球港务（DPW）收购大英轮船公司（P&O）的 6 个美国港口运营权以及中海油（CNOOC）收购美国尤利科石油（UNOCAL）事件，标志着美国政府对于“国家安全”的解释范围正日渐宽泛。这两起事件发生后，美国对其外资并购安全审查法案迅疾做出重大修订，新的《外国投资和国家安全法》（FINSA）由美国时任总统布什于 2007 年 6 月 26 日签署，10 月 24 日正式生效。该法案是对《〈1950 年国防生产法〉埃克森 - 弗罗里奥修正案》的第四次修订，进一步强化了对外国公司投资美国资产的审查与限制，将“国家安全”的外延扩展到不仅包括国防，还包括关键基础设施和技术的保护；行业范围不仅包括计算机和工程技术服务，也包括电信领域与能源等。

后来，美国国会中的一部分人又提议立法，预授权美国外国投资委员会（CFIUS）对拟议外商直接投资，甚至某些“绿地投资”，开展“净收益”审查。在“净收益”审查中，CFIUS 将权衡利弊，某交易“只有在所有累积净效应为正时才被确认对美国有净收益，无论这些效应是长期还是短期的”。具体而言，该提案明确了净收益审查需考察的有关交易实效的各项因素，即经济活动水平（例如就业、进口、出口等），在美国的效益、发展和创新，行业内部（国内国际）竞争；与国家政策（包括文化政策）的一致性，美国消费者的“公共卫生、安全和健康”，以及“（CFIUS）认为适当的其他因素”。如果某一相关交易属于“受外国政府影响的交易”，则还需考虑以下额外因素：①该外国人的政府和商业的取向；②外国政府所施加的控制、影响和政策；③该外国人遵循美国标准、法律和惯例的程度，包括该外国人所在国政府是否已就透明度标准与美国证监会充分接触和该外国人是否因该交易而有可能在商业基础上形成若干影响。

欧盟也设有专门的审核机构对于外商直接投资进行实质性审核。

毫无疑问，美国、欧盟对于外商直接投资进行安全审查的做法带有一定的贸易保护色彩，而且并不与其国内劳动者的利益保护直接相关。但是，其对于外商直接投资的严格审查和评估至少能在一定程度上保证外来投资的质量普遍较高，从而从源头上把关，最大限度地预防境外投资资本在经营过程中非正常撤离，进而间接起到保护本国或本区域劳动者合法权益的目的。从这个意义上讲，该做法也值得我们现阶段进行借鉴和参考。

### （二）运用欠薪保障基金对企业欠薪问题进行干预

域外一些国家和地区对于企业拖欠劳动者工资有着较为完善的预防和处理机制。尤其是一些西方国家，对企业雇员欠薪进行制度性保障是较为通行的做法。国际劳工组织早在 1949 年就通过了《保护工资华约》《在雇主无偿债能力情况下保护工人债权公约》等文件，要求各国保护工人的合法权益，对雇员的工资要以法律形式规范加速垫付或担保程序。①

在国外，20 世纪 60 年代以前主要是通过规定工资优先债权的形式保护工人索赔企业欠付工资，但是由于优先权的行使受到诸多条件的制约，实践中遇到不少困难，这时候各国开始考虑能否建立一个第三方的机构来保障劳动者的权利。最早对企业欠薪保障进行立法的是巴西，其于 1966 年建立了一个服务工龄保障基金，但该基金仅保障雇佣合同结束时应支付的工龄补贴，作用非常有限。目前，国外对企业欠薪保障进行立法一般遵循三种模式：一是对企业欠薪保障专门进行立法，如丹麦的《工资保障基金法案》、瑞典的《工资保障法案》、韩国的《工资偿付保障法案》等。二是将企业欠薪保障列入劳工关系法的专门条款中，如西班牙在《雇员宪章》中规定雇员由于经济、技术、组织或生产等缘故而面临集体裁员时雇员代表有集体协商的权利等。三是在就业保障立法的专门条款或破产法中规定企业欠薪保障，如英国在《就业权利法案》中对雇员追诉企业欠薪等就业权利做出原则性规定，加拿大、美国、新西兰等国则由破产法调整破产企业欠薪的保护问题等。②

但无论采用哪种模式，一般都会设立专门的企业雇员欠薪保障基金来对欠薪保障制度进行支持。另外，在欠薪保障基金的资金来源方面，西方国家也普

---

① 张学良．国外企业欠薪保障制度及其对我国的借鉴［J］．当代经济管理，2006（4）．

② 张学良．国外企业欠薪保障制度及其对我国的借鉴［J］．当代经济管理，2006（4）．

遍有着较为成熟的做法，除英国需要雇主和雇员共同缴费外，其他国家一般只需雇主缴费，费率是雇员工资总额的0.05%～0.45%，其中西班牙和比利时的最高。也有部分国家来源于财政收入，如瑞典和挪威。此外，许多建立了欠薪保障基金的国家和地区都设立了专门的机构来管理此类基金，以保证该基金的顺利运转。

在基金的赔付范围方面，除偿付所欠基本工资和社会保险费外，一些国家还可以包括假期工资和终止就业合同补偿金。如英国规定，偿付欠薪期限最长为8周，每周最高为210英镑，其他还偿付最长8周的假期工资，最长54周的解雇补偿金；意大利则规定偿付欠薪期限最长为3个月，上限大约为1900欧元，其他还偿付年假工资和解雇补偿金等。当然，对于作为公司股东的雇员、实际控制人的近亲属以及高级管理人员来说，由于其对于企业的信息知情能力较强，对欠薪风险控制的能力也比普通员工强，因此，此类基金一般将上述人员排除在赔付对象范围之外。

### （三）发挥工会在劳动纠纷解决中的积极作用

工会是工业革命以来劳动者对抗资方专断的有力武器。一般来说，具有相当号召力和专业性的工会组织对于员工维权起着至关重要的作用。一方面，工会可以采用罢工、集体协商、协助成员维权等方式扭转具体劳动纠纷解决过程中劳动者个体与资方力量的不平衡，从而争取更优的结果；另一方面，对于国家来说，也可以通过工会组织更有效地帮助作为个体的劳动者。

与我们国家的工会不同，欧美国家的工会一般是自发组织起来的，有行业工会、企业工会等不同类型。即使在同一企业中，其员工也可能因工作、工种不同而具有不同工会的会籍。在有些行业中，如卡车运输业，行业工会由于会员众多，基本可以在一定程度上垄断行业就业市场，故相对于雇主来说，其并不处于弱势地位，相反具有较强的与雇主对抗的能力。西方常常出现以提高工资待遇为目标的行业工人大罢工，就是很有代表性的例子。

此外，欧美国家的立法普遍认可工会代表工人进行集体协商，并且可以在其章程许可的范围内代表工人提起诉讼、申请法庭禁令等维权活动，其所进行的集体协商对所有员工发生效力。例如，一旦工会组织与雇主商定最低工资，则自动适用于所有的会员。这种比较强势的工会不仅拥有更专业的维权能力，而且其存在本身就是对雇主侵害劳动权益的威慑。试想，在此类行业工会存在的情况下，一旦发生雇主非正常撤离，工会不仅可以有足够的能力与财力采用司法手段维护会员的权利，还可以运用其影响力使资方在本国同行业中难以立足，更有可能及时发现雇主准备非正常撤离的意图，从而利用法律武器先发制人，遏制雇主的违约冲动。

## 四、我国外商投资企业劳动关系治理体系的优化路径

未来我国要有效治理外商投资企业的劳动关系问题，防范外资非正常撤离可能带来的巨大冲击，最大限度地维护本国劳动者的合法权益，就应当立即着手对现行治理体系进行优化升级。具体来说，可以从以下举措入手：

### （一）建立“适度严格”的外商直接投资准入与审查制度

改革开放之初，我国既缺资金也缺技术，因此主要矛盾是吸引外国的资金、技术以发展自身。时至今日，我国早已发展成为世界第二大经济体，虽然仍有利用外资的需求，但已经开始具备了对不那么优质的外资说“不”的底气。正因为如此，我国的外商直接投资政策应当适时地进行调整，从之前的“宽进宽出”逐步过渡为“适度严格准入”，确保从源头上降低未来外资非正常撤离中国的可能性。

事实上，在应对中美贸易摩擦的过程中，我国逐步建立的“白名单”与“黑名单”制度和之前已经存在的外资投资指引目录制度，就已经构成一种外资准入的“门槛”。加上之前存在多年的外商投资审批体系，我国实际上已经建立起一套有关外商直接投资的审批体系。然而，出于吸引外资的需要，该体系的形式性明显大于实质性，即我国其实并不存在类似于欧美的、建立在法律基础之上的、细化标准的外资准入审查制度。有鉴于此，笔者建议我国应该借鉴欧美的经验，尽快建立一套由商务部、市场监督管理机关主导的宏观与微观相结合的外商投资准入审查体系，即由商务部负责对外商投资的宏观层面如产业导向、国家安全等方面进行把关，由市场监督管理机关对具体外商投资企业开办的资质、资信等进行审核，以此为基础，建立一套统一的、可异议或者可诉的审核程序，把好境外投资资本进入中国的第一道关口。笔者认为，这套程序应当是公开的、具有可操作性的，并且应当依法纳入我国的行政复议或行政诉讼体系。换句话说，该程序既是一套审核体系，又赋予了当事人以相应的救济路径，将国家的经济安全与外商投资企业的具体资信相结合，以实现国家、

社会与企业利益的动态平衡。①

## （二）建立多主体参与的外资非正常撤离防控机制

所谓多主体参与的外资非正常撤离防控机制，是指由政府、非政府组织（工会）与劳动者共同参与构建的对于外资非正常撤离的防控机制。具体来说，是由商务部、市场监督管理机关、劳动与社会保障机关、工会以及劳动者在各自的职责与能力范围内通力合作、共同打造的一个立体防控机制。

在该机制中，首先是由商务部进行宏观防控。具体来说，就是商务部根据国际投资以及国与国之间关系的现状对具体国家、具体行业的外资撤离风险进行不定期评估，并根据评估结果及时发布风险预警。例如，在当前中美贸易摩擦背景下，由商务部在科学评估的基础上对可能发生外资非正常撤离的行业与企业做出预警，并交由市场监督管理机关与工会组织，由后者密切关注某些企业的动态。其次，由市场监督管理机关负责加强对具体企业的监督，关注并分析其提交的年报等工商资料是否存在异常，并积极配合国家税务机关对相关异常情况进行检查排查，发现问题后及时进行处理。再次，由工会与劳动执法部门密切合作，及早发现相关外商投资企业侵害劳动者权益（如欠薪）的异常情况，如有必要，由工会（或者职工代表大会）及时采取措施，代表员工主动向法院提出诉前保全申请，防止境外投资资本非正常外逃，危及后续劳动债权的实现。最后，赋予工会或职工代表一定情况下查阅企业经营记录或账簿的权利，通过及时监督，防止企业通过异常交易向境内外转移资产，以逃避后续劳动债权的兑付。

## （三）建立全国统一的企业欠薪保障基金制度

虽然目前我国已在多个地方建立起了形式各异的企业欠薪救助基金，但缺乏统一的制度安排，且基金的主要资金来源是政府的财政拨款，使得欠薪救助基金流于“地方化”和“临时化”，没能形成长效机制，难以有效维护因外资非正常撤离而被拖欠薪资的劳动者的合法权益。

因此，今后应考虑从国家层面建立统一的企业欠薪保障基金制度，在境外投资资本首次进入中国时，就应当以其自己或所投资企业的名义，向国家交付一笔额定的欠薪保障基金。该基金可以分成两个部分：一部分纳入国家统筹，另一部

---

① 其他相关的宏观性政策建议，可参见邬辉林．关于外资非正常撤离若干法律问题的实务分析［A］．第七届华东律师论坛交流论文集［C］．2009.

分则待其合法退出中国的法律手续完成后予以退还。除此之外，国家应当每年从外商投资企业缴付的税收中拨付一定比例的资金纳入基金池。如有可能，还可以在职工失业保险金中，吸收部分职工自愿缴纳的欠薪保险金。有了这样三部分资金来源，就足以保证国家企业欠薪保障基金的长期有效运转，不至于产生资金短缺等问题。

至于企业欠薪保障基金的保障范围，则应当涵盖劳动者应得劳动报酬和合理范围内（相当于合法解除）的经济补偿金。当然，对于每月给付数额，也应当设置一个上限，即一般不得高于当地社会平均工资，给付的时间区间一般也不得多于6个月，以充分照顾劳动者薪资的地区差异以及基金拨付合理性之间的平衡。至于企业高管以及股东等对企业具有实际控制力的劳动者或其近亲属，则应当明确排除在基金保障的对象范围之外。

# 二、经济新常态下的劳动关系研究

# 农民工群体阶层地位的结构特征及其保障路径

叶鹏飞①

**摘　要：** 新时期农民工阶层的地位保障和提升问题尤显突出。阶层地位的评价分析，涉及政治地位、社会经济地位和自我评价等不同维度。目前农民工的政治地位事实上体现为一种国家意志，但实际政治权利仍有待提高；社会经济地位处于较低层次，同时对应着较低的社会地位自我评分。从相关数据来看，农民工的阶层地位还呈现出明显的结构差异和群体差异。应对新的社会矛盾，推进经济结构转型升级，需要国家和社会各界关注农民工阶层，从民主参与、权益保护、素质提升、公共服务和社会舆论等多个方面提高他们的阶层地位。

**关键词：** 农民工　阶层　社会地位　新时代

在经济新常态的背景下，随着供给侧结构性改革的持续推进，经济结构调整、产业转型升级的不断深化，农民工的就业、社会保障、职业发展等问题更加凸显。2016 年 3 月 5 日，习近平总书记在全国两会上参加上海团审议时提到，“如何调动科研人员、创新人才积极性和创造性，如何调动一线工人、制造业工人、农民工积极性和创造性，是很重要的问题，也是社会主义制度的本质要求。工人阶级的地位在新形势下怎么体现？需要好好研究”②。在新时代的历史方位上，一方面是经济社会发展的不平衡和不充分，另一方面是保证广大劳动者共享

---

① 叶鹏飞（1978— ），男，汉族，安徽桐城人，中国劳动关系学院社会工作学院副教授，主要从事职工问题、社会治理研究。

② 李玉赋．新的使命和担当——《新时期产业工人队伍建设改革方案》解读［M］．北京：中国工人出版社，2017：22.

改革发展成果，两者之间的张力集中体现在作为工人阶级主体部分的农民工身上。改革开放以来成就辉煌的40年，可以说是农民工大量进城并为城市发展做出巨大贡献的40年。到2017年，我国农民工总体规模接近2.87亿人[①]，占整体城镇就业人员（约4.25亿）的67.5%。经济社会发展的快速发展，是否为庞大的农民工群体带来相应的地位变化？农民工群体的地位结构呈现什么样的特征？农民工作为工人阶级的主人翁地位应该如何体现和保障？

## 一、文献回顾

### （一）农民工社会地位的研究

社会地位研究是社会结构和社会分层领域的关键议题之一。农民工是伴随中国改革开放进程而形成的一个特殊社会阶层，因其身份的特殊性所引发的社会地位的特殊性，较早受到一些研究者的关注。在20世纪八九十年代，由于户籍因素和城镇就业限制，农民工在城市社会中处于明显的中下层位置，并且缺少向上流动的通道。李培林（1996）当时发现，农民工在城市中的经济社会地位属于中等偏下阶层，明显低于他们在农村中的地位评价[②]。朱力（2003）使用“佣人”阶层、“沉默”阶层、“无根”阶层、“边缘”阶层等词汇呈现农民工群体的弱势地位[③]。正因如此，李强（2007）曾呼吁给农民工这一“底层精英”群体创造向上流动的社会通道[④]。

进入21世纪后，国家在城市社会管理、农民工子女教育、农民工权益保护方面进行了很多政策改革，较大地改善了农民工的城市生活境遇。有研究者对若干年份的政府工作报告进行了分析，证实了政府越来越重视提升农民工社会地位[⑤]。但从相关研究来看，农民工的经济社会地位并未随着改革的深化和经济的发展而获得相应的提升。李培林、李炜（2007，2010）前后两次的数据分析显

① 国家统计局.2017年农民工监测调查报告[EB/OL]. 国家统计局网站，2018-04-27.

② 李培林. 流动民工的社会网络和社会地位[J]. 社会学研究，1996（4）：42-52.

③ 朱力. 农民工阶层的特征与社会地位[J]. 南京大学学报（哲学·人文科学·社会科学），2003（6）：41-50.

④ 李强. “底层精英”以上升通道[J]. 中国社会导刊，2001（12）：9.

⑤ 黄晓赟. 新生代农民工社会地位变迁的政策研究——基于近五年（2010—2014）政府工作报告的分析[J]. 职教论坛，2014（22）：18-22.

示，农民工的工作时间远远超过城市工人，经济收入却与城市工人存在很大差距[①②]。田丰（2017）基于对五次中国社会状况综合调查数据的分析，提出教育结构的改善没有真正改善农民工的社会经济地位，反而出现“逆成长”的现象，即相对收入水平和社会地位自评呈现下降态势[③]。张俊山（2017）认为在目前的生产关系条件下，农民工在整个劳动者队伍中处于较低的社会经济地位，尽管他们在国民经济中的作用日趋重要，但是并没有起到沟通城乡的作用，反而使原有的城乡差距在城镇经济内部体现出来[④]。

## （二）农民工群体内部分化的研究

对农民工群体的研究往往涉及不同类别的比较。

一种是横向标准的划分，比如根据性别区分出来的男性农民工和女性农民工，根据代际区分出来的老一代农民工和新生代农民工等。这些不同类别的农民工群体之间存在明显的差异，并且这种差异能够很好地解释不同农民工的社会态度和社会行为差异。比如研究性别劳动分化的问题[⑤]、新生代与老一代农民工的职业隔离和工资歧视问题[⑥]、新生代农民工的社会公平感[⑦]等问题。

另一种是纵向标准即基于教育、职业和收入等分层标准的划分。农民工群体在社会阶层结构中一直处于较低位置，并且整体上属于一个同质化的群体[⑧]。但在这种整体同质化的背后，由于个体特征、职业和生活环境等差异性，农民工群体也已出现地位分化的趋势。实际上，20 世纪末，就已经有关于农民工内部分化问题的讨论[⑨]。随后，很多研究更深入地从职业分化、收入分化、城市融入等方面展开了讨论，进行了很多类型上的划分。比如宋国凯（2012）将农民工划分

---

① 李培林，李炜．农民工在中国转型中的经济地位和社会态度［J］．社会学研究，2007（3）：1－17.

② 李培林，李炜．近年来农民工的经济状况和社会态度［J］．中国社会科学，2010（1）：119－131.

③ 田丰．逆成长：农民工社会经济地位的十年变化（2006—2015）［J］．社会学研究，2017（3）：121－143.

④ 张俊山．收入分配领域矛盾的集中体现——农民工收入问题［J］．华南师范大学学报（社会科学版），2017（3）：58－67.

⑤ 王欧．留守经历与性别劳动分化——基于农民工输出地和打工地的实证研究［J］．社会学研究，2019（2）：123－146.

⑥ 孟凡强，向晓梅．职业隔离、工资歧视与农民工群体分化［J］．华南师范大学学报（社会科学版），2019（3）：102－111.

⑦ 时怡雯．新生代农民工的社会公平感研究：职业流动与相对经济地位的影响［J］．同济大学学报（社会科学版），2018（1）：75－82.

⑧ 叶鹏飞．农民工的城市认同与定居意愿研究［M］．北京：光明日报出版社，2013：169－170.

⑨ 李培林．流动民工的社会网络和社会地位［J］．社会学研究，1996（4）：42－52.

为私营企业主、自雇佣的个体农民工、务工人员、无业或失业农民工四大群体，指出农民工中的优势群体更有条件实现城市融合①。张永丽、王博（2016）通过聚类分析，将被调查农民工分成四类，发现他们在受教育水平、从事行业、外出打工时间、收入水平、消费行为、发展意愿等方面已呈现明显差异②。杨柳（2018）通过对不同属性样本进行群组比较，探讨了农民工群体的异质性特征③。特别是在经济结构转型升级的过程中，新业态、新阶层不断涌现和发展，工人阶级的内部分化严重，经济收入差异显著④。从目前的研究成果来看，农民工群体在总体同质性的同时，确实出现了明显的内部分化现象，社会经济地位的差异性开始显现。

### （三）小结

从现有文献来看，对农民工群体阶层地位的测量和研究仍然不够丰富，并且没有形成系统化的理论成果。很多研究侧重于从某个或少数特定的维度来分析农民工的地位问题，比如以经济收入、职业、教育水平等因素中的一个或几个作为衡量的标准，尽管能够给出一个符合社会普遍认知的研究结论，但由于没有形成完整的评价体系，因而限制了对农民工阶层地位及其结构特征进行解析的深度。更多的研究是以少数指标作为替代，来探讨阶层地位对各种社会态度和社会行为的影响。因此，基于农民工群体的特殊性，有必要从不同维度对其阶层地位进行较为完整的评价，以便更深入地理解在特定时代背景下该群体所处的阶层位置及其所呈现出来的复杂性。

## 二、农民工的概念界定及其阶层地位评价标准

### （一）农民工的界定

农民工是改革开放后伴随中国城镇化和城乡人口流动而出现的概念，反映了中国城镇化进程中大量农村劳动力人口的户籍与职业相分离的一种现象。身份与

① 宋国凯．分群体分阶段逐步改革农民工体制问题——基于农民工分化与社会融合的思考［J］．北京工业大学学报（社会科学版），2012（2）：7－13.

② 张永丽，王博．农民工内部分化及其市民化研究［J］．经济体制研究，2016（4）：95－101.

③ 杨柳．精准治理视角下的农民工群体异质性研究——基于对收入悖论成因的分析［J］．学习与实践，2018（7）：108－118.

④ 董淑芬．双重转型阶段我国工人阶层的变化特征［J］．改革与开放，2018（6）：90－92.

职业的组合，构成了这一矛盾的概念本身。同时，由于这一概念是以人口跨越城乡的流动为首要特征，因此农民工这一群体在职业上并不局限于一般意义上的“产业工人”，而是涉及众多类型的非农职业，比如个体户或小业主、服务人员、技术人员等。绝大多数研究者以及国家统计部门也是从这个意义上对农民工概念做出界定的。因此，为保证相关数据使用的一致性，我们在分析中也从广义上界定农民工，即具有农村户籍但从事非农职业的劳动者，其中，在户籍登记所在地的乡镇以外就业的农民工叫外出农民工。

## （二）农民工阶层地位的评价

在社会分层研究中，社会地位的测量通常是根据个人的收入水平、身份地位或声望高低等可以量化的指标，划分出一些等级性的界限，把个人归类为高低不同的等级群体①。李强（2006）曾根据不同社会资源的分配，讨论过区分中国社会阶层和社会地位的 10 种标准②。目前大多数学者对社会地位的测量，基本上都采用社会经济地位的指数，主要是以每种职业的平均收入和教育水平乘以它们相应的权数来计算，实际上是用收入水平和教育水平来决定人们社会地位的高低。在有些研究中，也考虑到农民工对自身所处阶层地位的主观评价③。这种社会地位的自评在一定程度上反映了个人的客观地位，并且能够呈现客观指标所难以表达的意涵④，是个体焦虑产生的重要影响因素之一⑤。祝仲坤等（2018）在讨论社会地位与农民工的城市身份认同时，即以农民工的主观社会地位认知作为衡量标准⑥。有的研究（徐延辉，2018）还将社会网络作为社会地位的一个观察指标，从经济、网络、不平等感知等方面来分析农民工的社会地位⑦。

在当前的政治背景下，国家话语突出了对劳动者地位的强调，讨论农民工群

---

① Clark，Lipset. *Are Social Classes Dying?*［J］. International Sociology，1991，6（4）：397－410.

② 李强．试析社会分层的十种标准［J］．学海，2006（4）：40－46.

③ 田丰．逆成长：农民工社会经济地位的十年变化（2006—2015）［J］．社会学研究，2017（3）：121－143.

④ Ostrove，Adler，Kuppermann，Washington. *Objective and Subjective Assessments of Socioeconomic Status and Their Relationship to Self－rated Health in an Ethnically Diverse Sample of Pregnant Women*［J］. Health Psychology，2000，19（6）：613－618.

⑤ 华红琴，翁定军．社会地位、生活境遇与焦虑［J］．社会，2013（1）：136－160.

⑥ 祝仲坤，冷晨昕．住房状况、社会地位与农民工的城市身份认同——基于社会融合调查数据的实证分析［J］．中国农村观察，2018（1）：1－15.

⑦ 徐延辉．社会地位与农民工的定居意愿研究［J］．湖南师范大学社会科学学报，2018（3）：83－90.

体在社会结构中的位置，不能不考虑党和国家在政治地位和民主权利方面所进行的特定制度安排，这类似于李强教授（1997）提出的“政治分层”问题[①]。当然，也有研究者（黄江泉，2019）认为在农民工的分层中，政治标准和社会标准基本上是缺位的，因此以职业背后的人力资本差异作为他们的社会分层标准比较合适[②]。综合来看，对农民工阶层地位的评价需要同时观照三种不同维度，即基于国家性质的政治定位和制度安排、基于教育和收入的职业地位（ISEI值）、基于主观阶层认知的自评社会地位，以利于对农民工阶层地位进行由外到内的全景式把握，并明晰不同维度之间的结构差异。

## 三、新时代农民工阶层地位的基本分析

### （一）政治地位

农民工的政治地位和权利主要体现在其政治参与方面，涉及参与国家和社会事务管理的权利和行动，也包括在企业管理方面行使的各项权利。在新形势下，农民工的政治地位、民主参与状况等得到了一定程度的改善，呈现出积极的发展态势。第一，从政治身份来看，担任党代表、人大代表的农民工数量逐渐增多。例如，在党的十八大代表中，工人党员代表有169人，占7.4%，其中农民工党员26人[③]；在党的十九大代表中，工人党员代表有198人，占8.7%，其中农民工党员27人[④]。在十二届全国人大代表中，来自一线的工人、农民代表401名，占代表总数的13.42%，其中包括31位农民工[⑤]；在十三届全国人大代表中，一线工人、农民代表468名，占代表总数的15.70%，其中有45名农民工代表[⑥]。第二，作为工人阶级的群众组织，各级工会积极吸纳农民工进入议事和决策机构。在2015年年底全国总工会改革试点方案中，提出要“提高领导机构中职工代表比例”，这为包括农民工在内的普通职工参与工会工作提供了机遇。比如，作为农民工代表的巨晓林，2016年1月当选为中华全国总工会兼职副主席，2018年10月再次当选，在参政议政方面可以发挥相应的作用。很多地方工会组织也

① 李强. 政治分层与经济分层［J］. 社会学研究，1997（4）：32-41.

② 黄江泉. 人力资本异化驱动下的农民工分层机理及实证研究［J］. 云南农业大学学报（社会科学），2019（2）：51-58.

③ 中共十八大代表的构成［EB/OL］. 新华网，2012-11-06.

④ 图解：十九大代表都有哪些人？［EB/OL］. 人民网，2017-09-30.

⑤ 十二届全国人大代表构成特色分析［EB/OL］. 新华网，2013-03-01.

⑥ 十三届全国人大代表的构成有特点［EB/OL］. 中国新闻网，2018-03-06.

效仿全国总工会，采取了吸纳农民工进入领导机构的改革措施。第三，国家在劳动关系领域有关职工民主管理和集体协商的制度设置，也在力图保障包括农民工在内的广大职工在企业经营管理方面的基本参与权。总体上看，目前农民工的政治地位体现的是一种国家意志，是由国家通过相应的制度安排来进行的外部赋权。

## （二）社会经济地位

社会经济地位的测量通常使用特里曼、甘泽布姆和格拉夫提出的 ISEI 值，即“国际标准职业社会经济地位指数”①。本文使用清华大学 2012—2013 年完成的“中国城镇化与劳动移民研究”调查数据计算不同群体的 ISEI 值，在 12696 个总样本中，农民工样本共 3212 个。但在不同分析中，实际样本会有所不同，比如涉及的填写现职的在职劳动力样本共 9301 个，填写现职的在职农民工样本共 2480 个。该项调查考虑到流动人口（农民工是流动人口中从农村向城市流动的部分）分布的不均衡性，采用重复抽选、双重样本设计的抽样办法，先针对全国人口总体抽选一套全国人口总体的代表性样本；然后针对流动人口子总体，按比例抽选流动人口样本。主样本和流动人口样本根据抽样概率加权后合并为总样本。通过多阶段 PPS 抽样，调查一共涉及 147 个区（县）、500 个村庄或社区。

不同群体 ISEI 值之间的比较，反映的是这些群体在职业结构、教育和收入上的差异性。如表 1 所示，在四类人群中，农民的社会经济地位最低，这与普遍的社会预期是一致的。农民工原本属于农村劳动力中的精英群体，他们进入城市实现了社会经济地位的上升，ISEI 均值达到 32. 53 分，但与城镇本地居民和城市间的流动人口相比，社会经济地位还有较大的差距。如果按照常用的阶层划分方法，将分值在 40 分及以下的职业划为“职业低层”（41 ~ 66 分作为职业中层，67 分及以上作为职业高层），那么农民工群体总体上仍属于社会经济地位的低层。同时，从标准差的数据来看，农民和农民工群体社会经济地位的内部差异性也相对较小，同质性程度高于城市间流动人口和城镇本地居民。

① Harry，Paul，Donald. *A Standard International Socioeconomic Index of Occupational Status* [J]. Social Science Research，1992，21（1）：1 –56.

**表1　不同群体的ISEI值比较**

| 四类人群 | ISEI值 | | |
|---|---|---|---|
| | 均值 | 标准差 | 样本数 |
| 城城流动人口 | 47.18 | 19.34 | 842 |
| 农民工 | 32.52 | 15.62 | 2480 |
| 城镇本地居民 | 46.32 | 20.39 | 1324 |
| 农村本地居民 | 22.62 | 13.21 | 4655 |
| 总计 | 30.85 | 18.39 | 9301 |

注：数据来自清华大学“中国城镇化与劳动移民研究”调查。

国家统计局的监测调查报告显示，近几年农民工在职业、收入和教育方面的数据总体呈现向好的变化，比如从事制造业、建筑业的农民工不断下降，第三产业的农民工比重持续上升；农民工名义收入得到持续增长；农民工教育结构得到逐步改善①。但根据清华大学的数据，从职业身份来看，在城市中属于工人和服务人员的农民工占据了主要部分，前者比例高达46.1%，后者比例为19.5%，两类职业身份占到农民工总体的65%以上（见表2）。这两类职业也是目前社会经济地位得分较低的职业，只有25.62和26.24分。另外，从事个体经营的农民工也占到一定的比例（16.4%），而从事管理、专业技术等高分职业的农民工比例还是相当少。

**表2　农民工的不同职业身份**

| 职业身份 | 人数（人） | 百分比（%） | ISEI均值 |
|---|---|---|---|
| 管理人员 | 77 | 3.1 | 64.75 |
| 专业技术人员 | 138 | 5.6 | 63.73 |
| 办事人员 | 75 | 3.0 | 44.29 |
| 个体户 | 407 | 16.4 | 46.38 |
| 服务人员 | 483 | 19.5 | 26.24 |
| 工人 | 1144 | 46.1 | 25.62 |
| 其他 | 156 | 6.3 | 17.10 |
| 合计 | 2480 | 100.0 | 32.52 |

注：数据来自清华大学“中国城镇化与劳动移民研究”调查。

① 国家统计局.2017年农民工监测调查报告［EB/OL］. 国家统计局网站，2018-04-27.

### （三）自评社会地位

主观社会地位的测量是希望了解某一群体在与其他社会群体比较的过程中，对自身地位的直观感受和定位。作为主观体验的地位层次在一定程度上更能对该群体的社会态度和社会行动产生直接影响。

根据清华大学的数据，2012 年前后，农民工对当时所处阶层自我评分的平均值是 3.79 分，对 10 年前阶层地位的自我评分平均值是 2.87 分，都属于较低的阶层认同。从数据来看，全部被访者的数值体现了两个特点：一是我国居民对自身社会地位的主观评价都比较低，在满分为 10 分的情况下，平均分值只有 3.93，处于中下层的水平；二是与 10 年前相比，全部被访者的主观社会地位都得到了较大幅度的提高（见表 3）。

**表 3　不同人群的社会地位自评得分**

| | 城城流动人口 | | 农民工 | | 城镇本地居民 | | 农村本地居民 | | 总计 | |
|---|---|---|---|---|---|---|---|---|---|---|
| | 均值 | 标准差 | 均值 | 标准差 | 均值 | 标准差 | 均值 | 标准差 | 均值 | 标准差 |
| 目前所处的阶层位置（2012） | 4.28 | 1.77 | 3.79 | 1.64 | 4.56 | 1.79 | 3.70 | 1.77 | 3.93 | 1.78 |
| 10 年前所处的阶层位置 | 3.58 | 1.85 | 2.87 | 1.65 | 3.84 | 1.84 | 2.75 | 1.65 | 3.05 | 1.76 |
| 样本数（人）* | 1169/1167 | | 3205/3193 | | 2290/2286 | | 5980/5975 | | 12644/12621 | |

* 样本数一栏，前一个数字为目前阶层评价的样本数，后一个数字为 10 年前评价的样本数。表中总样本数因缺失值有所减少。数据来自清华大学“中国城镇化与劳动移民研究”调查。

## 四、农民工阶层地位的结构差异与群体差异

从不同维度出发，大致能够对农民工的阶层地位形成从外部赋权、自身属性到内在认知的完整评价，并且有利于观察不同维度和不同群体之间的差异性。从上述分析来看，三种维度之间存在一定的结构差异，农民工内部不同职业群体之间、农民工与其他社会群体之间则存在比较明显的地位差异。

### （一）地位结构差异

从目前关于农民工政治地位方面的制度赋权来看，保障农民工作为工人阶级

的政治身份和政治权利是一种国家意志，是基于国家性质而追求的政治目的。正是因为如此，农民工参与国家和社会事务管理、参与企业民主管理的行动就具有极强的典型意义和象征意义。相反，农民工的客观社会经济地位和主观自评社会地位则处于低层位置，与凸显出来的政治地位形成较明显的反差。从一定意义上说，政治地位的提升，也实现了对农民工社会经济地位的一种补偿和平衡。只不过这种平衡的效应，尚没有体现在农民工对自身社会地位的自我评价上。

然而，在看到农民工政治地位得到强化的同时，也不能对其政治参与状况过于乐观。目前农民工的政治地位仍不能体现工人阶级的政治定位。例如，在党的十八大代表中，农民工党员数量为26人，只占工人代表数量的15.4%；在党的十九大代表中，农民工党员数量为27人，在工人代表中仅占13.6%左右，比例反而出现下降。当然，如果计算农民工占全部代表的比例，那更是微乎其微。同样，在十二届全国人大代表中，农民工代表为31人，占一线工人、农民代表的7.7%左右；在十三届全国人大代表中，农民工代表为45名，占一线工人、农民代表的9.6%左右，比例有所提高，但依然很低。这一数量和比例，与农民工作为工人阶级主体部分的庞大规模并不相称。在参与企业民主管理方面，目前工人阶级所谓的主人翁作用也没有得到充分发挥。特别是在大量的非公有制企业当中，管理者对职工民主参与的重视程度明显不足，职代会并不能发挥有效的民主参与职能。2015年6月，我们在东北地区的C市开展的一项调查（样本数为795）显示，只有41.5%的职工认为职代会能发挥民主管理的作用，30.2%的职工表示“说不清”，还有28.3%的职工认为没有作用。

### （二）群体内地位差异

伴随社会发展的进程，农民工群体中教育程度较高和职业层次较高的人群不断增加，群体内的分化和差异更加显著。如表2所示，尽管在农民工群体中，工人和服务人员仍是主体部分，但除此之外，从事个体经营的农民工比例也较多，并且有相当一部分农民工从事一般行政工作、管理工作和专业技术工作，比例都在3%及以上，这些职业或者与较高的教育程度有关，或者具有较高的收入回报，从而与农民工中的工人和服务人员形成较大的地位差异。

从自评社会地位来看，农民工群体中不同职业人群的评价也明显不同。农民工中的专业技术人员对自身社会地位的评分最高，达到4.28分，其次是作为管理人员的农民工，自我阶层评分也有4.21，都显著高于作为工人和服务人员的农民工。这些不同职业人群对10年前阶层位置的评分，与目前所处的阶层位置关联不大。比如作为管理人员的农民工，10 年前阶层位置评分为 2.88 分，仅比作为工人的农民工 10 年前的评分高出 0.11 分，而且低于作为服务人员的农民工对 10 年前阶层位置的自我评分（见表 4）。其中原因可能在于这些农民工在这 10 年当中实现了职业身份的变化，从而带来社会经济地位的较大上升。

**表 4　农民工中不同职业群体的社会地位自评得分**

| 职业身份 | 目前所处的阶层位置（2012） | 10 年前所处的阶层位置 | 样本数（人）* |
|---|---|---|---|
| 管理人员 | 4.21 | 2.88 | 77/77 |
| 专业技术人员 | 4.28 | 3.12 | 138/136 |
| 办事人员 | 3.93 | 2.95 | 75/75 |
| 个体户 | 4.03 | 2.94 | 407/405 |
| 服务人员 | 3.78 | 2.97 | 481/480 |
| 工人 | 3.63 | 2.77 | 1142/1139 |
| 其他 | 3.45 | 2.25 | 154/153 |
| 合计 | 100.0 | 32.52 | 2474/2465 |

* 样本数一栏，前一个数字为目前阶层评价的样本数，后一个数字为 10 年前评价的样本数。表中总样本数因缺失值有所减少。数据来自清华大学“中国城镇化与劳动移民研究”调查。

## （三）群体外地位差异

农民工的社会经济地位在工人阶级当中处于较低位置，其最直接的比较对象是非农村户籍的城镇就业人员（包括城市间流动的就业群体）。

从职业层次来看，近年来尽管农民工从事制造业和建筑业的人数出现明显的下降趋势，但目前仍然集中在这两大传统的行业，并且以体力型的工作为主。虽然从事第三产业的农民工比重与往年相比表现出上升的趋势，但是，农民工在第三产业中的就业主要集中在传统服务业。比如，2017 年在批发和零售业中，农民工的比重为 12.3%，在居民服务、修理和其他服务业中，农民工的比重为 11.3%①，而在金融服务、信息传输、软件和信息技术服务业等现代服务业中就业的农民工非常少。

① 国家统计局. 2017 年农民工监测调查报告［EB/OL］. 国家统计局网站，2018-04-27.

从经济收入来看，虽然农民工收入水平得到持续增长，但相对于其他社会群体而言，目前仍然处于较低层次。根据国家统计局数据，2016 年全国城镇单位就业人员平均工资为 57394 元，其中最赚钱的行业是信息传输、软件和信息技术服务业，平均工资为 122478 元[①]。在农民工比较集中的领域，比较他们与城镇就业人员（含在城镇就业的农民工）的年平均工资，基本上可以发现，农民工的平均年收入远远低于城镇就业人员的工资水平。如果在城镇就业人员当中，排除掉农民工群体，那么农民工与其他城镇就业者之间的差距将会更大。如表 5 所示，总体上农民工收入只占城镇就业人员收入的 68.5%，尤其在批发和零售业，交通运输、仓储和邮政业，农民工的收入都大大低于城镇就业人员的平均收入水平。

**表 5　城镇就业人员与农民工收入比较**　　单位：元

| | 2016 年城镇就业人员工资 | 2016 年农民工年均工资 | 农民工收入占城镇就业人员百分比（%） |
|---|---|---|---|
| 总体数据 | 57394 | 39300 | 68.5 |
| 制造业 | 54338 | 38796 | 71.4 |
| 建筑业 | 49573 | 44244 | 89.3 |
| 批发和零售业 | 59044 | 34788 | 58.9 |
| 交通运输、仓储和邮政业 | 68058 | 45300 | 66.6 |
| 住宿和餐饮业 | 40573 | 34464 | 84.9 |
| 居民服务、修理和其他服务业 | 41815 | 34212 | 81.8 |

注：数据根据国家统计局的年度数据和农民工监测调查报告的数据整合而成。

从社会地位的自我评价来看，如表 3 所示，在城镇生活空间当中，农民工是三类人群中对自身社会地位评价最低的群体，均值只有 3.79 分。而城镇本地居民对自身社会地位的主观评价最高，均值为 4.56，处于中等水平；城城流动人口自我评分的均值为 4.28 分，也明显高于农民工群体。事实上，农民工这种底层感受的存在，与他们客观社会地位较低的状况是一致的。

① 相关数据参见国家统计局年度数据。

## 五、保障和提升农民工阶层地位的主要途径

保障农民工群体的主人翁地位，需要针对上述农民工的阶层地位状况和问题采取相应的措施。在讨论具体手段之前，我们需要将农民工的地位保障问题与新时代的新任务结合起来，与国家制定实施的一系列重大战略决策结合起来。无论是要解决新的社会矛盾，即人民日益增长的美好生活需要和不平衡不充分的发展之间的矛盾，还是要在经济新常态下推进供给侧结构性改革，促进产业转型升级，实现制造强国战略等，都需要关注农民工群体、产业工人队伍的权益、素质和发展。地位保障需要聚焦多维度的整体措施，涉及政治参与、权益保护、素质提升、公共服务等各个方面的工作。

### （一）扩大政治参与以提升政治地位

尽管工人阶级作为国家的领导阶级，其领导地位和主人翁地位是一个由宪法规定的总体的政治判断，是工人阶级的总体地位，并非指每个工人个体都是领导者，但是这一总体地位必须通过一定的方式体现出来。一方面是通过工人阶级的先锋队即中国共产党的领导来体现，另一方面必须积极促进工人阶级在国家和社会治理中的广泛参与。推动农民工的政治参与，是提高农民工政治地位、维护农民工权益、实现社会公平的重要保证。具体涉及以下三条路径：

一是更多地赋予农民工群体相应的政治身份。通过积极吸纳农民工加入党组织，增加农民工在各级党代会、人代会中的比例，使农民工群体拥有足够的条件参政议政，扩大农民工群体在国家政治生活中的参与程度。

二是广泛吸纳农民工参与国家和社会事务的管理。在目前城市社区治理、劳动就业、社会保障等政策制定过程中，特别是在涉及农民工群体的切身利益时，要积极听取农民工群体的意见和建议。

三是切实保障农民工在企事业单位民主管理中的参与权。在企事业单位的重大决策中，要通过厂务公开、业务公开、职工代表大会等制度建设，使农民工群体享有基本的知情权、参与权、表达权、监督权。

### （二）促进职业发展以提升经济地位

在经济结构和产业结构调整的大背景下，要通过多种手段促进农民工的职业发展，提高农民工的社会经济地位。主要路径包括以下几方面：

一是提升农民工群体的职业层次。政府等相关部门要通过政策引导，鼓励企业进行技术改造、应用新技术，增加农民工所从事职业的知识和技术含量，提高农民工的职业地位，让农民工的劳动变得更加体面、更有尊严。

二是加强对农民工群体的技术技能培训。要建立政府、职业院校、企业和社会力量共同参与的培训体系，提高农民工的文化水平和技术技能水平，使农民工能够更好地适应产业结构转型升级下的职业发展需要。

三是建立技术技能等级与收入挂钩的分配制度。改革现有的收入分配制度，在初次分配领域，适当提高劳动力要素的价格，确保合理的劳动所得，增加农民工的经济收入。同时，工资分配制度要充分体现技术技能等级的价值，提高技能等级的补贴力度，使农民工能够凭借技术技能获得更高收入。

### （三）保护劳动经济权益以守护权利底线

在保障农民工阶层地位的过程中，要坚持底线思维，确保农民工群体作为劳动者的基本权利不受侵害。主要途径涉及以下三个方面：

一是提高农民工群体的组织化程度。加大农民工入会工作力度，不断提高农民工加入工会的比例，变个体维权为组织维权，通过组织力量维护农民工的合法权益。在工会组织的维权工作当中，要将农民工的权益保护作为重点。

二是逐步消除“多轨制”用工方式。目前，在很多企业尤其是一些大型国有企业，农民工的用工形式大多采用劳务派遣方式或者外包的方式，这些用工方式使农民工获得的经济收入和保障水平远远低于正式职工。要坚持同工同酬的原则，改革不合理的劳动用工制度，保证就业领域的基本公平。

三是积极开展农民工的维权和服务工作。推动企业为农民工足额缴纳社会保险，推动城市社会保障体系公平地覆盖到农民工群体，逐步实现农民工群体依法享有城镇职工基本养老保险和基本医疗保险，做好农民工跨统筹地区、跨险种的社会保险转移接续工作，推进农民工依法全面持续参加职工社会保险。广泛开展服务农民工的各项工作，将农民工纳入城市住房保障、义务教育等公共服务体系当中，降低农民工的城市生活成本，将农民工随迁子女义务教育纳入城镇发展规划和财政保障范围。

### （四）弘扬劳动精神以提升主观地位

一个社会如果缺少崇尚劳动、尊重劳动者的风气，就不可能保障工人阶级的主人翁地位，也不具备培育工人阶级主人翁意识的必需土壤。党的十九大报告明确提出要“弘扬劳模精神和工匠精神，营造劳动光荣的社会风尚和精益求精的敬业风气”，这是一项涉及社会精神文化塑造的综合性体系。主要途径涉及以下两个方面：

一是确保劳动者各项权利的有效实现。党委、政府和相关组织要关心劳动者、服务劳动者、发展劳动者，把劳动者的政治参与权落到实处，努力提高劳动者收入，保障劳动者合法权益。只有客观地位的有效保障和提升，才能让劳动者能够体面劳动、舒心工作、全面发展，产生主人翁意识和较高的主观地位认知。

二是大力弘扬劳模精神、劳动精神、工匠精神。要在全社会再造新的价值导向，引导社会各界形成崇尚劳动、崇尚技能的良好氛围；注重对年轻人开展劳动教育，培养德智体美劳全面发展的社会主义建设者。在过去的几年中，全国总工会联合相关部门，开展了“大国工匠”的主题宣传活动，引起了比较强烈的社会反响。这类社会氛围的营造活动要力求真实，侧重对一线劳动者进行报道和宣传。

# 新经济下快速变革的全球劳动关系

李亮山①

**摘　要：**工业革命以来，全球经济形态发生了快速的变革，从经济全球化到全球供应链再到移动资讯时代，新的经济形态不断涌现，深刻地影响着人类社会生产关系。外部经济形态的快速变化影响着劳资双方力量的此消彼长，亦决定了劳动关系。政府规制需要审时度势，因时制宜。作为政府，对于劳动关系的动态调整，须对其内在规律及发展趋势进行前瞻性研判，才能确保劳动关系调整机制的有效性，推动社会经济的发展。

**关键词：**新经济　劳动关系　全球供应链　移动资讯时代

21 世纪是一个快速变革的时代，经济形态变化之快是我们身处 20 世纪所难以预见的，从经济全球化风靡到全球供应链出现，以及基于移动资讯技术的共享经济、平台经济、零工经济大行其道，这一现代化进程之中蕴含着潜在的“去中心化”逻辑。经济全球化是以传统制造业跨国公司为主导，其在全球范围内进行产业布局，之后的全球供应链主导虽然依旧是跨国公司，但是其获得了更大的话语权和灵活性。全球供应链下的企业生产组织方式发生了根本性变革，从全球设厂到订单管理，组织架构采取了更为灵活的扁平化，非核心业务剥离为其攫取了更大利润。伴随这一进程的是企业用工模式的转变：第一阶段，20 世纪下半叶，企业运营方式较为封闭，大多数职位由永久性的全职雇员承担，很多人的职业生涯中只为一两家公司工作，当时，日本终身雇佣模式受到西方企业的追捧。第二阶段，到了 20 世纪 80 年代，越来越多的公司开始关注企业核心竞争力，因此公司逐步将某些职能外包给供应商。到 20 世纪 90 年代，随着经济全球化的兴起，

① 李亮山（1978—　），男，汉族，山西怀仁人，应用经济学博士后，山西财经大学公共管理学院副教授，研究方向为劳动关系与劳动法。

外包热潮达到了高峰。2010年，随着任务兔（TaskRabbit）、人力港（PeoplePer-Hour）等平台经济的兴起，更多公司开始尝试从劳务外包向业务外包转变。今后，越来越多的传统工作岗位必将转为临时性工作，日新月异的经济模式以及随之而来的就业新形态必然对传统的劳动关系构成挑战。

当今迅猛的平台经济大潮之中，传统制造企业的影响日渐式微，首次在科技革命浪潮中失去主导权，移动资讯技术对产业结构的影响就如蒸汽机之于传统手工业，这一影响的初步显现，即线上电子商城对线下实体店的冲击。《华尔街日报》报道显示，2017年1—9月美国传统零售业申请破产的企业高达18家，且多为老牌企业，超过30年历史的有16家、超过50年历史的高达12家，从行业来看，服饰、鞋、综合百货与3C都囊括其间。全球产业结构深度调整的背后，则是互联网企业的高速增长。据经济合作组织研究，2015年全球排名前15家互联网公司的市值为24430亿美元，是1995年的144倍。随着互联网科技公司的飞速发展，在以移动资讯技术为核心竞争力的人工智能时代，将全球化的领导权从传统制造业跨国公司转移到互联网资讯公司。以优步（Uber）为代表的平台经济快速扩张，2018年全球约百分之一的劳动力参与零工经济，专家预计2028年将有30%的劳动力参与其中。

从蒸汽机时代到电气时代再到移动资讯时代，直至以人工智能为代表的工业4.0时代，每一次新的生产技术引入，都将改变人类所处的社会关系，社会成员彼此之间从相互依存到彼此对立直至弱势成员被抛弃陷入绝境。斯科特在其《农民的道义经济学》中所描述的东南亚地主与佃户之间，在新的农业收割技术引入之后，彼此关系由依存到疏离再到对立，最终自耕农的土地被兼并，他们成为城市流民。科技不断进步的现实面前，一个关乎生存伦理的问题需要人类认真思考，如何应对新技术对人类文明的挑战，实现社会成员共享繁荣、福利整体提升，而非进一步拉大南北之间的差距，这一难题的解决需要全球化的前瞻性思维，远非本国利益至上的保守主义所能应对。

20世纪90年代中期，经济学家开始使用不同术语对经济快速成长的形态加以概念界定，其中，“新经济”获得了专家广泛认同。新经济是指新的经济形态，社会占主导地位的产业形态的不同，决定社会经济形态的不同，在不同的历史时期，新经济有不同的内涵。当前，新经济是指创新性知识在知识中占主导、创意产业成为龙头产业的智慧经济形态①。新经济形态下的产业关系，相较于制

① 陈世清．对称经济学术语表［N］．大公财经，2016-06-29.

造业为主的传统产业关系来说，不论是所处的经济环境、法治环境、社会环境还是知识结构以及劳资双方力量对比，二者都有着本质上的不同。工业革命至今，劳动者从对雇主的人身依附到二者平等共生，再到劳动者基于移动资讯平台从事零工经济活动，彻底颠覆了以生产资料占有为基础的传统雇佣关系。作为当前新经济下就业主要形态之一的零工经济，又称应需经济（on - demand economy），与以往打零工不同的是，其依托移动资讯平台，使从业者可以更加便捷地为不同雇主提供服务，也可以将闲置的资产，如房屋、汽车等暂时供他人使用，零工经济从业者可从中获利，也可借此实现工作与生活的平衡。

随着移动资讯技术的快速发展，新的就业形态涌现对劳动者来说，既是机遇亦是挑战。新经济之下的就业形态，劳动者应主动适应，而非采取19世纪英国卢德主义者的行径，用暴力手段抵制就业新形态。较为不幸的是，此类暴力抗争方式现今仍时常见诸报端，譬如2014年巴黎出租车司机封堵道路抗议优步，我国多地爆发出租车司机围堵、打砸网约车等恶性群体性事件。新经济模式下劳动关系的适应，亦是一个难题，政府采取高度管制的劳动关系规制体系，必将不利于市场主体的革命性创新，也会阻碍生产要素向高收益经济部门自由流动的机会，进而影响知识经济的回报率以及企业的自主创新能力。反之，政府对新经济形态的就业模式任其自由发展，则会使从业人员成为自雇职业者，从生产工具的自备到生产风险的自我承担，将企业的社会责任转移到劳动者身上。高度的劳动生产过程自主性，伴随着脆弱的抗风险性。政府对劳动关系的规制，需要认识到劳动力市场的弹性化、去管制化是新经济的内在要求，其决定了劳动关系的规制体系，需要就制度适应性进行预见性调整，从而有效缓和劳资双方矛盾，进一步实现社会和谐稳定的发展。

## 一、经济全球化下的劳动关系

全球化是一个世界观、产品、概念及其他文化因素相互作用所带来的国际性整合过程，始于20世纪90年代互联网技术的兴起。查尔斯·欧曼（Charles Oman，1996）教授认为，经济全球化是一个去中心化过程、一个经济延伸过程，也是微观经济现象①。全球化是劳动、资本、商品及资讯有效跨越民族国家界

---

① Charles Oman. *The Policy Challenges of Globalization and Regionalisation* [J]. OECD Development Center Policy Brief, 1996 (11).

限，在全球市场范围内自由流通而对国内相关政策乃至社会现象产生影响的过程。学术界通常将全球化分为经济全球化、政治全球化和文化全球化三个领域，其中，经济全球化加深了国与国之间的相互依存，使各国的产品市场、货币市场、资本市场、劳动力市场不再是一国事务，而是处于一个相互联系的地球村中。生产要素的全球自由流动对劳动力市场会产生怎样的后果？是劣币驱逐良币，低标准劳动关系的国家从发达国家抢走工作岗位，迫使发达国家降低劳动基准；还是伴随着资本全球流动，劳动基准渐次提高，最终实现劳动条件高标准的趋同？向上抑或向下趋同，关乎着人类的命运。此外，第三条道路抑或出现，南北分化形成劳动基准的两极固化，发达国家与发展中国家的鸿沟难以逾越，即所谓的趋异，这也是过去数年来劳动关系研究领域的一个重要的辩论内涵——劳动关系的发展是趋同（convergence）还是趋异（divergence）？趋同的观点认为，外部环境的逐渐相似，例如经济的全球化、政治的民主化以及科技的普及化，使得劳动关系的发展方向在国家之间已经变得相似。趋异观点认为，科技运用的差异性、企业架构重组再造的过程以及企业与工会的不同策略，使劳动关系发展结果呈现多样化。

20 世纪 90 年代，经济全球化兴起，企业基于全球化市场生态进行布局的弹性劳动策略，促使各国政府纷纷采取新自由主义的经济自由化改革。在西方国家劳动力市场的研究中，许多学者指出经济全球化对劳动力市场以及劳动者都将产生重大影响。从联合国开发计划署（UNDP）提供的数据可见这一趋势：在过去 20 年间，临时性工作在总就业机会中所占的比例越来越大，低报酬的临时工作占美国所有就业机会的 1/4。此外，社会上的弱势劳动者向上流动机会越来越少，或始终困于不稳定且低薪的工作环境。人类文明从工业化发展到全球化，反而使得大多数人所期望拥有的高收入、终身就业的稳定工作形态以及充分就业越来越遥不可及。全球化下的劳动就业体现了弹性劳动、职业变化频繁以及工作不稳定等特质，长期失业、低薪或临时性工作将成为相当一部分社会成员不得不接受的无奈现实。

全球化对我国劳动关系领域影响最为深刻之处，则是经济全球化所带来的重大转变。纵向来看，我国劳动者的就业条件得以极大提高，在劳动报酬、劳动生产效率以及劳动力市场机制的完善上都有了长足进步，表现了一定程度上的全球趋同。横向来看，我国劳动者的劳动条件与发达国家相比，差距并没有缩小，反而有进一步拉大的趋势。譬如，相较于我国尘肺病的多发，欧洲尘肺病早在 19 世纪末就已被消灭，美国尘肺病在 1930 年被消灭，日本最后一例尘肺病出现在

1970年，以此来看又呈现出了趋异、南北固化的特点，因此，全球化下劳动关系的趋同与趋异，很难有一个明确的结论。总的来说，一方面，由于科技的进步，人类文明水平的提升，整体劳动条件从纵向来看，全球范围内呈现出了一个稳步上升的状态；另一方面，国家、地区间的差异性和劳动者群体的多样化，导致劳动关系呈现出了复杂多样化的形态，并且，劳动关系的趋同与趋异并存将是未来主要的发展趋势。

## （一）经济全球化下日趋弹性化的劳动关系

20世纪的泰勒科学管理和福特流水线为小手工业作坊到大型企业科层式管理的规模化生产奠定了基础，经过近百年的发展，随着科学管理技术手段的创新，过去企业规模化生产所采用的科层管理模式，依旧被劳动密集型的制造业所采用，甚至有所强化。准军事化管理的代工企业富士康从上到下有20个层级，强化下级对上级的绝对服从，以此管理多达百万名的雇员。企业通过完善的内部劳动规章制度实现对员工管理，鼓励长期劳动关系的建立，进而，劳资双方基于长期雇佣关系的预期，强化彼此之间的认同感，内化员工对企业的忠诚度，就如我国计划经济时代，劳动者基于终身就业的单位制度，以厂为家的“主人翁”观念彼时深深植根于职工意识之中。

人类进入21世纪，企业传统管理模式遇到了新挑战，为了应对瞬息万变的外部市场，越来越多的企业进行了生产流程再造，实行扁平化管理，减少管理层级，内部员工亦进行了核心与非核心的区划。此外，劳动合同呈现短期化，无固定期限劳动合同比重大幅下降，工龄工资在企业薪资构成中日渐无足轻重，同时，高龄员工在企业中的重要性逐渐下降，有的企业甚至要求35岁以上员工主动离职。企业和政府迫于外部竞争压力，过度追求灵活性的劳动用工时代，企业管理方式也发生了根本性变革，弹性化成为其雇佣政策的首要选项。工作场所随着信息技术的应用以及公司生产组织方式的变革而变化，传统由上到下刻板的科层式管理仅在产业链末端且低回报率的劳动密集型行业大行其道。处于产业链上游的主导型企业则对内部员工采取了多样化的管理方式，对普通员工的控制较为严格，而对核心员工的管理相对宽松，不再秉持企业内部规章制度的神圣性——人人在制度面前一视同仁的绝对平等。企业对员工管理方式、福利待遇的多样化，导致了劳动者群体的内部分化，这是工业4.0时代劳动关系所面临的主要挑战。

雇佣形态的多样化，促使过去以劳动合同为基础的劳动关系管理日趋复杂化。劳动者自身人力资本储量的不同，以及在企业生产流程中所处位阶的不同，决定了雇佣形态的差异化：有的成为企业终身雇佣的全日制员工；有的是短期合同的临时性员工；有的则是中介机构所雇佣的劳务派遣员工。诸多企业为了实现生产经营灵活性目标，通过弹性化来降低运营成本，将企业非核心、辅助性业务外包，如企业安保、专业技术支持、物业服务等功能外部化。在此基础之上，有的企业为了利用外部高效的人力资源，帮助企业赢得竞争优势，甚至将人力、财务、销售、设计等核心业务模块进行外包，以集中精力从事自己所擅长的业务领域，譬如国内大型房地产公司多将销售业务外包专业公司以提高资金回笼速度。从劳务外包到业务外包的转变，灵活、高效的管理方式决定了企业对其员工也非过去简单的劳动合同管理，而是通过多样化的雇佣方式确保雇主获得较大的弹性。零工时合同这一新兴用工形式，则是雇主弹性化追求的极致表现，由从业人员保证随时可以上班，企业依工时支付薪资，但工时不稳定造成员工劳动所得的不稳定，双方雇佣关系极其脆弱。据统计，截至 2016 年 11 月，英国签署零工时合同的人数已经达到 170 万人，占所有劳动合同的 6%，在餐饮、零售等服务行业应用最广。

弹性化雇佣形态下劳动者个体之间待遇的差异化，不利于劳动者集体诉求的形成，进一步将处于非典型劳动关系中的劳动者置于不利境地。所谓非典型劳动关系，卡勒贝里（Kalleberg，2000）将其定义为，形式上与典型的工作安排不同，典型的工作安排是指全日制工作、工作延续性确定、在雇主所属的公司内完成工作内容并接受雇主的指挥监督，① 非典型劳动关系则与此完全相反。非典型劳动关系快速发展非是近年现象，威廉姆斯（Willems，1998）指出，在 1985 年—1995 年的 10 年间，欧盟（欧洲共同体）境内自雇职业者、部分工时者、临时合同工等非典型劳动力增加了 15%，尤以荷兰 53%、西班牙 44% 的增幅最为惊人②。对此，为了应对劳动力市场弹性化下的劳权保障，荷兰政府早在 1999 年制定了《弹性保障法》（*The Flexibility and Security*, ACT），值得处于新经济下的各国政府加以借鉴。非典型劳动关系未必是一种糟糕的状态，也可以在一定时期之后成为典型劳动关系中的正常受雇劳动者，需要政府在其中发挥经济的引导作用。

弹性化趋势之下的劳动者，正如硬币的两面，同样获得了工作方式的灵活性

① Kalleberg. *Reconceiving Part - time Work: New Perspectives for Older Workers and Women* [M]. New Jersey: Rowan, 2000.

② Willems. *The Business of Employee Leasing* [M]. CA: The Aegis Group, 1988.

与自主性。劳动者从雇主"朝九晚五"的约束下工作，到移动资讯技术使员工不再拘泥于固定办公场所，可以在虚拟网络社区与团队成员进行协作，远距离完成工作。2015 年伦敦举行的全球领导人峰会上，针对参会商业领袖的调查发现：34% 的受访者表示，到 2020 年，公司半数以上的全职员工将远距离工作；25% 的受访者表示，四分之三以上的工作不会在传统办公室内完成。劳动者对工作过程控制的自主性增加，对企业管理技术的要求必然相应提高。劳动者选择在家庭或者非企业固定工作场所从事工作，对阶层式的部门管理、团队的即时沟通、协作提出了更高要求，如何避免多重劳动关系的出现、知识产权的保护，以及确保劳动关系的亲自履行，都是企业劳动关系管理的新挑战。此外，工作的弹性化进一步强化了劳动者的原子化特质，不利于劳动者集体权利的实现，无法形成有效的集体行动。弹性化下的劳动关系对劳资双方来说，不再是基于生产资料占有的剥削与被剥削关系，而是新的劳动用工方式之下，员工所必须接受的弹性化劳动力市场制度。在这种情况，该如何确保劳动者在新的工作模式中实现工作与生活的平衡，保障员工的离线权，确保劳动者的体能得以恢复？作为劳动者权益保护者的工会组织，为应对经济全球化的外在压力，2005 年，150 个国家的 900 多个工会领袖在芝加哥举行了国际工会体系第二届世界大会，大会主题即如何应对全球化所带来的挑战，并强调各国工会之间的团结对于当前局势的必要性。

## （二）经济全球化下日趋式微的工会运动

传统劳动关系理论的研究，偏向以产业关系为主要内容，所谓产业关系研究尤其偏向于集体劳动关系的过程与结果，此研究趋势的形成与西方国家 18 世纪以来的工业化历程有关。人类社会在生产方式与技术上的大规模工业化生产，造成社会制度的转变，劳动者能够以集体组织形态建立与雇主之间的劳动关系内涵，企业大规模的生产组织模式下，劳动者以集体意志通过集体协商等方式取得与雇主的对等关系。集体劳动关系一直在西方社会尤其是欧美发达国家占有重要的地位，也是劳动关系的研究主流。迄今，这一主流地位并未衰退，原因在于 20 世纪初期以来发展起来的工会运动，已经在资本主义市场经济发展过程中确立了制度性地位。因此，讨论劳动关系势必无法忽略集体劳动关系的内容，甚至许多劳动政策与立法都取决于集体关系的结果，个别劳动关系也会受到集体劳动关系过程或结果的影响。

后工业化时代的到来，社会制度环境的调整与变迁，特别是经济全球化的进程，对集体劳动关系产生了重大影响。产业结构转变、科技进步促进了新兴工作形态的产生，所谓的传统劳动关系也发生了质变，加上雇主在全球化的经济环境下，在劳动关系上拥有绝对的优势，使以工会组织为核心的集体劳动关系受到严重挑战。企业跨国经营的普遍化，更使得以国家疆域为范畴的工会运动，很难以集体力量对雇主加以约束，集体劳动关系的研究不再是唯一解读劳动关系过程与结果的工具，特别是工会运动在各国普遍性的衰退，更加弱化了工会以集体力量决定劳动关系过程与结果的能力。全球工会力量的衰弱，从当今美国工会的组织率中可见一斑：1950 年美国私营部门工会组织率曾高达 35%，在发达国家的工会运动中属于中等水平，这一时期的美国工会更是每年组织四五百次千人以上规模的罢工行动。现今，根据美国劳工部 2017 年发布的数据：公共部门的工会会员比例仍有 34.4%，但私营部门的工会成员比例从 2015 年的 6.7% 下降至 2016 年的 6.4%，对此，哈佛大学的劳伦斯·凯兹（Lawrence Katz）教授认为美国面临严重的去工会化。美国工会组织率的下降通常被认为社会大众并不喜欢工会对经济生活的干预，但是美国民调机构皮尤研究中心（Pew Research Center）2017 年调查发现，高达 60% 的美国民众对工会持正面态度，在 18 ~ 29 岁的年轻人中，有 75% 的被调查者对工会持正面态度；从党派立场来看，民主党中 76%、共和党中 44% 的人对工会持正面看法，其中，28 ~ 49 岁的共和党支持者中 55% 的人对工会持正面看法。既然外部存在美国工会得以发展的社会环境，那为什么工会在全球化浪潮中却不断衰退？对此，阿罗诺维茨（Aronowitz，1983）认为，在美国的工人运动史中，第二次世界大战以后逐渐出现的工会科层化、以契约为中心的集体协商、不罢工承诺、同民主党的政治联盟等制度，导致基层工人的疏离感。尽管工会取得了体面的社会地位，但是他们越来越不能取得会员的情感支持①。Fantasia 认为，不少雇主同意帮工会从会员的薪资中自动代扣会费，这项措施的普及显示了工会不再仰赖基层会员的认同，只要与雇主建立良好的合作关系，就可以维持基本运行②。李普塞特（Lipset，1979）认为，工会退化成为特殊利益的拥护者，经常努力维持现状，而不是改变现状。因此，无法再次唤起会员对工会事务的参与热情。还有学者认为，工会的保守化其实反映了美国的传统价值观，即美国主流文化所重视的个人成就取得，而不是共同的保障，工会组织率的低落并不是意料之外的事。诸多专家对美国工会衰退原因的分析，也是我国

① Aronowitz Stanley. *Working Class Hero: A New Strategy for Labor* [M]. New York: Adama Books, 1983.

② Fantasia Rick. *Cultures of Solidarity: Consciousness, Action and Contemporary Workers* [M]. CA: University of California Press, 1980.

工会运动中需要认真思考的问题。

外部经济环境的快速变革使各国工会疲于应对，其所承受的压力主要来自两个方面：一是外部环境对工会的压力，这些压力来自全球化下政府角色调整、雇主策略转变以及产业结构的变化；二是来自工会内部服务对象诉求的转变。就其外部压力来说，移动资讯技术的进步和贸易自由化，使得企业可以将生产流程任意分割，在全球范围内最合适的地方组织生产，强化了资方相较于工会的议价能力。传统上以国家疆域为范畴的劳动关系体系，难以克服以全球化为基础的经济竞争所产生的产业失衡、失业问题。过去通过企业、产业、国家层级的工会联合与资方进行斗争来维护会员利益，而今不仅需要面对富有斗争经验的资方，还要与其他国家、地区的工会为了就业机会进行斗争，全世界无产阶级的大团结已不切实际。不同国家劳动者之间的竞争，用工成本是其主要竞争手段，外在压力导致了工会之间的“探底运动”，进一步削弱了工会的斗争性。工会的内部压力，主要来自现有会员日益高涨的诉求以及争取新会员加入的困难重重。企业工会为了吸引、留住会员必然允诺争取“更高的薪资、更好的福利”，这一目标的实现需持续向企业施压，必将推高用工成本，迫使企业外迁、工作岗位流失，持续的劳资斗争最终导致两败俱伤，诸多的经验教训使工会不再选择激进的斗争方式。譬如，2013 年美国汽车城底特律破产，其背后的富有战斗性的美国汽车工人联合会（UAW）与此不无关系。汽车工人联合会为会员争取了优厚薪资与福利待遇，但是过高的劳动成本拖垮了企业，其被称为拖垮美国汽车产业的“活癌症”。此外，随着企业社会责任意识的增强以及各国劳动法规的不断完善，用现代人力资源管理代替工会的理念较为盛行，企业在员工权益保障方面具有一定积极性与主动性，使劳动者降低了对工会的依赖，用人力资源管理手段从工会手中赢得员工，防止企业工会的建立成为资方占优策略。2017 年 11 月中资福耀玻璃在员工投票中获胜，成功阻止了其俄亥俄州工厂建立工会的动议。企业人力资源管理机制不断完善，员工的企业地位不断上升，这一切都对工会存在的必要性提出了挑战。

越来越多的雇主通过多元渠道与员工进行直接交流，避免将工会作为与员工沟通的唯一管道，防止劳资双方的沟通过程被工会基于自身利益所误导。雇主希望采取更加灵活的方式与雇员互动，尽管集体合同已就相关劳动关系内容进行约定，但其范围已相对缩减，且内容更加具有弹性。雇主采用移动资讯工具与员工进行跨越管理阶层的直接对话，企业内部产业民主制度的实施也为员工提供了对企业管理过程的直接介入。董事会、监事会增设来自雇员的代表以及劳动咨议会的成立确保了员工劳动权利的实现，雇主所奉行的工作场所产业民主与传统工会的协商功能就制度而言不具有关联性，其在各产业中高效运行，在员工中有着广泛的影响力，对工会的功能形成了潜在挑战。此外，公司跨国运营的普遍化，使得以本国劳动关系作为调整对象的法律体系难以规制跨国公司的整体劳动关系。企业层级劳资协商架构的建立，已成为各国劳动关系调整模式的主导方向，原因在于经济结构的全球化使跨国公司成为主要的经营形态以及企业组织的供应链化、集团化使各国劳动关系调整模式越来越朝向以企业为核心，产生所谓“去集中化协商”现象。欧美国家的集体协商架构常以产业或国家层级为核心，如今也逐渐变成以企业为核心。以企业为核心的协商架构更加贴近市场的需求，也能够使劳动关系的调整更趋近于市场实际状况。甚至国际劳工组织也开始推动此种劳动关系调整模式，最主要的例证便是国际性的框架协定，其目的就是要以单一企业为主体，建立基于该企业的全球化劳动关系架构。

比较政治经济学诸多研究成果指出，一个国家的工会力量越强，越能够减少该国收入上的不平等，促进社会福利体制建构，提升民众的政治参与。奉行社会民主主义的德国、丹麦、瑞典等国，国内强大的工会系统确保了高度保障的社会福利制度和社会成员间较低的收入差距。德国工人争取到的每周工作 28 小时，与此不无关系。美国作为反面例证同样支持了这一论点，当美国私营部门工会开始衰退，随之而来的则是美国社会成员收入不平等的加剧、对弱势种族及移民的压迫以及民众政治参与率的降低。美国的例子亦说明，全球化并不是工会衰退的唯一元凶，国内政治扮演了更为关键的角色，劳动者只有团结起来，通过组织更为强大的政治力量，才能扭转当前不利于劳工的法律体系。重提“全世界无产阶级团结起来”有其现实意义，尽管工会在某些国家或某些产业中呈现衰退和没落的现象，但是，不论是在发达国家还是在发展中国家，工会仍然是代表劳动者集体利益最为重要的机制。首先，各国劳动法大多明文规定了劳动者组织工会以及进行集体协商的权利。其次，工会仍然在各国劳动人口中占有较大比重，其涵盖人数众多，集体行动力量不可轻视。正如学者所言，“劳工运动没有问题，是劳工运动理论出了问题”，工会面对新经济下劳动力市场的“弹性化、去中心化”趋势，需要摒弃工会组织自身利益，提出切实可行的劳权保障策略，顺应新形势构建新的集体行动策略，才能使工会得以振兴。

### （三）经济全球化下日趋恶化的劳动者生存状况

经济全球化下劳动关系的转变，伴随着三个相互影响的过程：首先，经济全球化使企业经济活动领域突破了传统国家疆域的限制，譬如苹果、谷歌、微软等1200家跨国公司将欧洲总部设在爱尔兰。主权国家的劳动法规只对本国境内从事经济活动的企业具备约束力，无法应对来自较低劳动基准国家的竞争，这也是多年来国际贸易谈判将劳工标准纳入其中的原因。劳工力量强大、工业化水平较高的西方发达国家，形成了高标准的劳动关系体系，面对来自劳动基准相对较低的欠发达国家竞争，应对乏力，最为直接的后果则是制造业工作岗位流失。美国里根政府的新自由主义政策加速推动制造业向发展中国家转移，2000年以来，美国制造业的就业岗位减少了500万个，不过同期得益于工业自动化，美国制造业的整体产出实际上却是增加的，美国仍是排在我国之后的世界第二大制造国。另一个促使制造业外流的因素则是企业为了应对国际贸易摩擦以及国内严格的劳动立法，采取到国外设厂来规避企业运营中的潜在风险，这一过程以西方国家劳动者高水平的福利损失为代价。在经济全球化的冲击之下，各国同时面临着本国劳动者必须和世界上其他国家劳动者一起竞争工作机会的压力，由此产生了许多新的风险形式，导致某些群体的风险增加，使得政府主导的社会福利体系建构更加重要，以保障个人、家庭、团体与社区在国际竞争下免于被掠夺的命运①。其次，企业组织形态的转变。通过上下游产业链垂直整合获得规模优势的企业竞争行为不再可行，取而代之的则是基于移动资讯技术的即时生产体系，阿迪达斯、耐克等国际运动品牌侧重于产品设计，对其非核心业务则进行外包，从而追求企业规模上的小而精，以实现股东利润最大化。最后，企业竞争策略的转变。企业更加重视持续发展的经营与长期竞争优势，企业社会责任的承担，从营销口号落实到了具体的运营决策中。

经济全球化对劳动力市场的影响，自20世纪90年代中期已初步显现，各国失业率都有一定程度的上升，最为典型的欧洲国家如希腊、意大利、西班牙等国，其失业率已经影响到社会稳定。西班牙2008年金融危机时期社会失业率高达25%，其中，年轻人的失业率高达50%。社会平均薪酬长期处于停滞状态，我国台湾地区劳动者的薪酬，同样长期停滞不前，大学生入职起薪低为社会所诟病。同时，劳动所得GDP占比不断下降，发达国家如美国、英国、德国也有此类现象。对此，国际劳工组织报告指出，金融危机发生之前（1997—2007）发达国家的劳动报酬占GDP比重为75%，发展中国家的新兴经济体为62%，到了2010年分别降为65%和58%。同样，在我国初次分配领域，劳动报酬在国民收

① 吕建德．从福利国家到竞争式国家：全球化福利国家的危机［J］．台湾社会科学，2001（2）．

入中占比低至50%，且呈现逐年下降的趋势。同期，就业分布两极分化比较明显，高技能和低技能劳动者在就业人员中的比重有所增加，而中等专业技能人员有一定程度的萎缩。劳动者群体收入分配两极化，高技能和低技能人员的薪资增长幅度高于中等技能人员，中等技能人员薪资长期停滞不前。此类现象在我国劳动力市场上也有所反映，目前一线建筑工人的收入增幅较大，月收入多达10000元左右，此外，从事快递行业人员的月平均薪酬也多达7000元左右，而中小私营企业的财务、人力、行政等白领岗位在二、三线城市月平均薪资仅为3000元左右。同时，教育、医疗行业薪资也长期停滞不前，导致从业人员追求隐性收入，对利益的过度追求恶化了行业风气。对于劳动力市场的这些现象，学者们的解释主要包括全球化与国际贸易的冲击、互联网技术的兴起、经济周期性波动以及工会力量的衰弱等方面。其中，互联网技术以及AI技术不仅对人们的日常生活带来巨大冲击，如移动支付、虚拟社区等新元素带来了新的就业形态和工作方式。一方面，移动资讯的即时通信技术和人工智能技术可以替代人力，并淘汰了原有的中间交易环节，提高了资源配置效率；另一方面，移动资讯技术也催生了新市场、新产品，因而增加了新的劳动力需求。新技术对劳动力市场所产生的互补效应和替代效应，对于劳动就业既有整体净效应，也有重新分配工作的效应。

工业革命至今将近300年里，人类在科技革命的助力之下，完成了从手工生产到机械化大规模生产的工业革命，劳动者通过集体结社权利的争取获得了工作场所组织工会的权利，以确保雇佣关系的稳定性，进而通过集体力量保障单个劳动者体面劳动的权利，其后，人工智能时代的机器替代人又将劳动者置于一个高度风险的状态之下，工作弹性化、非典型雇佣形态在西方国家逐渐上升，并有愈演愈烈之势。全球化、信息化的生产组织模式，强化了劳动关系的灵活性，经济领域竞争白热化，产品更新日新月异，新的技术不断涌现、旧的技术迅速淘汰，这一竞争过程对企业外部市场的敏锐性提出了更高要求。诺基亚从2008年占有市场绝大多数份额，到2013年被微软收购，也仅仅五年时间，诺基亚的衰落究其原因在于因循守旧、缺乏创新，这无疑为今天的企业敲响了警钟。诺基亚从市场一家独大到日渐式微，背后则是员工的荣辱沉浮。2014年，北京亦庄诺基亚研发中心员工因为“N+2”的补偿标准，在园区外部拉条幅进行抗争，其中辛酸苦乐自知。每一次企业的兼并、重组、破产对利益相关的员工来说，无疑是生命的重新开始，过去劳动者所期许的“铁杆庄稼”工作岗位已不复存在，转为企业所声称的“这里不提供终身就业的岗位，但会给予终身就业的能力”，其背后的逻辑是劳动关系的短期化和员工不稳定的职业生涯。

此外，20 世纪 80 年代兴起的新自由主义全球化，进一步加剧资本对劳动的剥削、贫富不均、环境生态污染，以及发达国家对第三世界国家的掌控。新自由主义全球化带来的灾难，不只在经济领域，还有社会文化方面的影响。在经济方面，过去 20 多年已有两次全球性的经济灾难，即 1997 年亚洲金融风暴和 2008 年全球金融危机。在社会方面，贫富差距越来越大，普通社会大众变为下层阶级（under class），少有机会向上流动。无论是在美国、加拿大、欧洲，还是在日本，都呈现出了日本学者大前研一所描述的“向下流动社会”状态①。

## 二、全球供应链下的劳动关系

全球化促进了资本的自由流动，而全球供应链的出现，进一步加速资本流动的便捷性，标志着新的企业生产经营模式出现，即从跨国公司为了充分利用全球资源和回避贸易壁垒的全球设厂，进入全球供应链的订单管理时代。全球供应链的最大特点，在于主导地位的跨国公司开始压缩雇佣规模，采取订单管理、业务外包等方式追求成本最小化下的利润最大化。跨国公司通过便捷的通信技术，进行全球产业链布局，及时调整合作厂商，通过非核心、非专长业务的外包，提高公司竞争力。其从根本上转变了过去的雇佣模式，作为低技能劳动者，谋求一份稳定且有职业发展前景的工作将更加困难。

### （一）全球供应链的形成及其生产组织方式

**1. 全球供应链的形成**

20 世纪 90 年代世界贸易组织的成立，标志着人类进入经济全球化时代。全球供应链作为经济全球化的产物，跨国企业为了优化生产资源配置，提升产品竞争力，跨越国界重新组织生产流程，从而成为全球化生产体系最为主要的特征，其中，又以纺织业、电子产业、化工冶金等行业供应链的全球化程度最为明显。从跨国公司生产、经营的流程来看，供应链初始阶段为零部件的生产、组装、拼装，最后为零售与售后服务，当每个生产环节整合在一起时便构成了全球供应链。经济全球化下跨国公司根据不同国家生产要素的差异性，供应链跨国界组织的生产分工成为全球化分工。跨国公司通过这一方式缩短供应链、降低生产成本

① 大前研一提出 M 型社会理论，指出日本社会的中间阶层，一些人收入增加向上流动，更多的人收入减少向下流动。

以及增加附加值，同时基于成本、市场、效率等原则，在生产过程中的供应链逐渐走向跨国的纵向与横向整合，形成全球供应链体系。譬如，苹果公司制造的 iPhone 手机，根据市场调查机构 IHS Group 2016 年的报告，根据 iPhone7 的用料清单 BOM，在从最前端设计、生产、组装、测试到销售维修等一连串紧密连接的供应链中，设计参与的全球厂商多达 800 余个。其中，我国处于苹果供应链中的厂商将近 350 家，高居全球第一，日本有 130 多家位居第二，美国有近 70 家位居第三，我国台湾地区有 40 多家位居第四。虽然 iPhone 依赖亚洲厂商的生产线与零部件供应，但构成 iPhone 中最主要的设计开发、仓储配送多在美国完成，因此在美国同样创造了大量就业机会。以 2014 年为例，苹果供应链提供了多达 25 万个工作岗位，其次，还有参与 App Store 软件开发的 29 万个工作机会与直接受雇于苹果的 5 万多名全职员工。除了苹果之外，大量企业的供应链布局遍及全球，自成产业集群，其中典型的便是台积电，不仅参与苹果公司的供应链，也有自身的供应链体系。全球供应链布局亦是如此，盘根错节，可由不同的角度嵌入，而供应链的连接各不相同，依据厂商的连接关系以及市场结构特性而定。

随着全球化的深入以及贸易无国界，国家间订立的贸易规则成为自由贸易的障碍，全球供应链的构建有效解决了这一关键性技术难题。近年来，其不利的一面也日渐显现，随着反全球化浪潮、贸易保护主义的兴起，发达国家通过市场、技术垄断地位，强迫发展中国家在国际贸易中放弃本国利益，而由于全球供应链下资本流动的便捷性，企业为了避免在国家贸易战中殃及自身，选择抛弃供应链上的弱势国家，资本大规模流出迫使出口依赖型国家进一步丧失谈判筹码，面对国际霸权主义被迫退让，进一步助长发达国家尤其是霸权主义国家的野蛮行径。

**2. 全球供应链的生产组织方式**

过去 20 年受全球化影响，企业不再仅专注于国内市场，更多放眼全球市场，跨国和跨公司间的生产协作正在显著增加，商业和生产标准的开放性、兼容性也在不断增长，从而可以将工作交给全球最适合的合作伙伴完成，这一过程中传统跨国公司更加全球化。作为经济全球化的衍生物，传统跨国公司内部供应链朝着全球一体化供应链的方向发展，构成一个跨职能、跨地区和跨商业合作伙伴的更具整合、优化和协作特点的供应链体系。企业全球供应链的参与，按照直接与间接参与全球供应链可分为直接参与模式——主要有外国直接投资（FDI）、离岸外包（off shoring）及外包（out sourcing）等方式以及间接参与模式——包括通过代工生产（OEM）或者原厂委托设计制造（ODM）等方式进行。

国际分工趋于专业化，全球商品贸易的中间产品贸易比重成长幅度远高于最终产品贸易，在离岸生产、外包盛行以及长鞭效应等因素影响之下，需求变动效应有加速放大功能。当全球经济产生震荡时，其对参与全球供应链国家所产生的震动效应，将随着参与全球供应链程度的加深而愈加明显。全球供应链的发展对于企业雇佣决策以及劳动者就业模式有显著影响：①身处其中的企业专业化程度进一步提升，譬如电子产品代工企业富士康、鞋类代工企业裕元、服装代工企业申洲国际，专业技术水平普遍较高，成为供应链中间环节而无法替代。②全球供应链的调整与发展对于技术密集型产业较无影响，但对于知识密集度不高的厂商，随着离岸外包方式的采用，将影响国内制造业的雇佣数量以及低技能员工收入水平，进一步拉大社会成员之间收入差距。③处于供应链末端的企业，利润微薄。相对于 iPhone 6 高达 70% 的利润，其代工企业富士康的利润只有 5%，决定了供应链末端企业改善工作条件与调整生产模式较为不易。

## （二）全球供应链下劳动关系的重构

20 世纪 70 年代世界范围内的经济停滞与通货膨胀带来的经济危机，造成各国政府与企业自 20 世纪 80 年代开始采取新自由主义政策，全球供应链的兴起具有新自由主义的取向，它强调的是国家解除管制和经济自由化。新自由主义政策崛起对劳动力市场结构进行了彻底重建，成本考量使企业减少核心员工的雇佣而增加弹性工时员工。对此，哈维（Harvey，1989）指出，企业倾向采取弹性积累的改革，以去除福特主义大规模生产与机械化管理的僵化现象①，而此弹性生产强调即时生产和外包制，并且通过全球化的生产分工以整合资本主义积累的体系，其对劳动关系彻底重构，导致企业减少核心员工而增加弹性化员工，甚至通过移动资讯平台雇佣零工经济的从业人员。当面对外部市场竞争激烈以及利润减少时，雇主将进一步推动更具弹性的工作制度与劳动合同，将就业导向更加依赖部分工时或转包的工作安排，其结果导致了劳动者群体的分化。

### 1. 全球供应链对就业结构的影响

全球供应链对于劳动关系的影响越来越深刻，国际劳工组织通过对全球 40 个国家估算发现，与全球供应链相关的工作岗位，每 5 个工作机会就有超过 1 个工作的性质与全球供应链相关。以 2013 年为例，在 40 个经济体中，约有 4.53

① Harvey David. *The Condition of Post modernity* [M]. Cambridge: Blackwell, 1989.

亿人受雇于全球供应链相关工作，约占这些国家就业总人口的 20.6%，而 1995 年受雇于全球供应链的人数仅为 2.96 亿人，占就业人口的 16.4%，经过多年发展，受雇于全球供应链的人数增加 1.57 亿人，增加 4.2 个百分点①。其中，新兴经济体增加幅度要高于发达国家，韩国和欧盟国家约有三分之一的劳动者受雇于全球供应链相关工作，而日本和美国的劳动力市场最为不依赖于国外市场，2008 年至 2013 年期间分别平均不到 15% 和 10% 的劳动者从事全球供应链相关工作。此外，大多数新兴市场经济国家全球供应链相关就业份额呈现下降。总的来说，全球供应链对发达国家和发展中国家的就业模式产生了深远的影响，尤以短期、临时、派遣等非典型就业的增加趋势明显。

据国际劳工组织 2015 年统计，40 个样本国家中约有四分之三的劳动者是以短期劳动合同或无任何合同的形式从事非正规工作、自营就业以及无报酬的家庭工作。在所有就业劳动者中，约有 60% 以上缺乏任何形式的合同，其中发展中国家的大多数人在自谋生计或从事家庭帮佣，而且有报酬的劳动者中拥有长期劳动合同的人数不足一半。非典型就业人数的攀升，其结果便是社会收入分配不均等和贫困问题的进一步恶化，这一趋势并以恶性循环的方式削弱全球市场需求，造成就业停滞。根据 ILO 估算，失业或非典型就业造成全世界的劳动报酬损失约为 1.218 兆美元，相当于全球 GDP 总量的 1.2%，占全球消费总量的 2%。薪资、消费和投资的交互作用与乘数效应，使全球 GDP 减少约 3.7 兆美元。此外，根据 ILO（2015）报告，全球供应链中的领导厂商或供应商，对发达国家劳动生产力的提升有着积极影响，但是对新兴市场国家而言，对劳动生产力的提升会产生负面作用，厂商参与全球供应链体系，需承担相关交易成本以及延迟升级或转型时间与契机等隐性成本。就交易成本来说，其包含了信赖供应商的合作、品质管控、技术转移、国际化劳动基准与安全卫生规范等方面，这些因素制约新兴市场国家劳动生产率的提升，比如 2015 年我国劳动生产率水平仅为世界平均水平的 40%，相当于美国劳动生产率的 7.4%。全球供应链的影响程度取决于有关国家的规制方式以及政府对企业参与全球供应链的支持力度。相较于大型企业参与全球供应链的正向效益，全球供应链对中小企业的负面影响更为显著。全球供应链的影响之下，非典型劳动关系将成为劳动力市场的常态，并将对经济成长与发展产生深远影响，因此，对于参与供应链的劳动者需要制定有针对性的劳动法规加以保障，确保整个供应链的经济效益和社会效益。

---

① 国际劳工组织：《2015 世界就业与社会展望》。

全球供应链的参与厂商，可分为带动产业供应链的主导厂商与承担供应链成品输出的供应商，处于主导地位的厂商按照产品设计将生产流程分解为不同的订单，处于末端的供应商则根据企业订单进行相应的产品研发设计。全球供应链下的劳动分工具有如下特征：第一，参与全球供应链的劳动密集型行业，其劳动生产能力普遍较高，尤其是该产业属于较强势的中间产品供应商。第二，全球供应链对于技术密集型厂商较无影响，而知识密集度不高的厂商，在主导厂商采取离岸外包等方式，将影响其雇佣决策与员工薪资，进而影响社会成员的收入差距。第三，位于供应链中下游的供应商，改善工作条件与就业模式并不容易，同样，对于处于领导地位的厂商，因产品周期短暂，且订单转移、急单等情形较为频繁，因此，如何确保稳定的产品供给成为关键性技术难题。

全球供应链下企业之间存在两种主要的竞争形态：一种是向上竞争（pursuit of the excellence）即所谓的追求卓越，全球供应链的厂商通过提升产品和服务品质，满足市场消费者对高品质产品的需求，例如苹果手机定期推出新的升级产品，提升客户满意度。反之，则是向下竞争（race to the bottom），主要特征是价格竞争，价格竞争是同质产品竞争的核心。身处产业链末端的制造商面对无法确定的生产订单，短期内降低生产成本是最为有效的竞争订单手段，其背后则是以牺牲员工劳动安全生产条件为代价，压缩用工成本，这也反映出全球供应链黑暗的一面。全球供应链黑暗面最为具体的表征，就是血汗工厂。处于全球产业链末端的代工企业向下竞争的趋向，在劳动力相对充沛的印度、东南亚国家加入之后日趋激烈，各国政府为了吸引跨国公司投资，纷纷采取去管制化政策（deregulation），为企业生产开绿灯，传统的劳动保护机制开始松动，形成国家主导之下的竞价竞争。此外，跨国企业为降低生产成本，采取境外生产的外包模式，制造业在传统工业化国家几乎掏空。以美国为例，其国内75%以上的劳动力从事金融业、航运业、保险业以及商业服务业，而从事制造业的劳动者不足8%，对此，美国普通民众多认为中国抢走了工作机会，特朗普竞选期间亦反复强调这一观点。美国经济政策研究所发布的报告说，2001—2013年，320万份美国工作被中国抢走。全球产业链的资本自由配置是资本自然选择的结果，远非一国政府所能操纵，就如国内制造业迁往越南、中资企业美国建厂一样，都是资本追逐利润的理性抉择，并不能成为国家间贸易保护的理由。

**2. 全球供应链对劳动者薪资及就业的影响**

全球供应链对劳动者薪资产生影响。国际劳工组织研究发现加入全球供应链对技术工人的薪资溢酬整体未呈现显著的影响，仅新兴市场国家的向前关联供应厂商的劳动者薪资涨幅高于平均值。以服装制造业为例，成衣服饰的全球供应链分工份额，领导厂商的分布仍集中于欧洲（22.2%）、美国（47.3%）、日本（6.9%）。纺织业的全球化分工相当盛行，领导厂商多寻求新兴市场国家加入产业链，包括如中国、柬埔寨、越南等新兴市场国家的劳动者参与全球纺织服饰产业市场。纺织业产业链下游供应商之间的高度国际化竞争，使得其国内劳动力市场对行业薪资、劳动条件的调节能力微乎其微，通常伴随较差的工作环境、超长的加班时间等血汗工厂问题。服装行业中具有高附加值的知识密集型工作岗位，则多留在产业领导厂商所在国家，低附加值的劳动密集型工作则外迁到人工成本较低的国家，所以参加全球供应链未必能促进劳动力平均薪资的上涨。

全球供应链对劳动者就业产生影响。联合国贸易和发展会议（2013）认为，企业参与全球供应链，若布局海外生产将冲击本国就业。经济合作与发展组织则认为，全球化将对劳动力市场产生冲击，但其影响效果并不确定。不过，经济合作与发展组织也指出全球化与技术进步将导致对高技术员工需求增加，并降低市场对低技能员工的需求，总体来说，需求的增加量小于减少的数量，将对整个社会就业产生负面影响，并进一步扩大收入差距。低技能生产人员面对逐渐减少的工作岗位，只能被迫接受较低的工资和糟糕的工作环境，导致血汗工厂在发展中国家之间的流动。

### 3. 全球供应链对劳动权利的影响

全球供应链下跨国公司基于全球产业布局的需要，人力资源的运用日趋弹性化，从而导致劳动力市场的弹性化成为必然结果，它提供了企业弹性空间，使企业能够依据市场状况调整雇佣规模，成为企业成本控制的重要手段。劳动力市场的弹性化可以使企业快速调整用工的数量、工作时间、工作内容，使得企业获得更大利益。正如安德森（Anderson，1999）指出，劳动力市场弹性化最大的问题在于二元化，即劳动力市场上越来越多的非典型、边缘性工作的劳动者出现，与典型核心工作的劳动者在薪资、社会保险、劳动条件以及劳动权益的保障上有着明显的差距，形成了劳动力市场的二元结构①。各国的具体表现主要在五个方面：

第一，劳动的赋权与赋能不足，是各国工会的共识。全球供应链下，劳动者权益没有得到足够尊重和保障，低薪、非典型就业、女性员工劳动保护不足以及

① Anderson. *Social Foundations of Postindustrial Economies* [M]. Oxford: Oxford University Press, 1999.

雇主的无工会化策略造成集体权利保障机制弱化明显。

第二，全球供应链下劳动者与雇主的议价能力不对等。西方国家厂商的供应链采购建立在与发展中国家供应商不对等的议价能力之上，这一不对等关系进一步演化为劳动者低工资、按件计酬及家庭代工方式的劳动政体，导致供应链控制权不断向跨国公司集中。

第三，全球供应链价值创造与分配不对等。供应链内部在代工产品生产过程中，各阶段所创造的价值，与主导型厂商最后推向市场的产品价格极度不对称，并没有体现按劳分配的准则，如 iPhone 手机，富士康的代工费只有四美元/部，苹果公司的利润高达 70% 。不仅如此，生产过程对环境的破坏均由代工企业所在国家承担，比如过去在我国处于高速发展中的皮革制品产业，近年由于环保执法力度加大，只好转移到了印度等周边发展中国家。

第四，全球供应链下的非典型雇佣扩张。外部的生产体制造成非典型雇佣成为全球供应链下的常态，代工厂商在全球竞争压力下，只能采取临时或短期雇佣作为最优成本策略。

第五，全球供应链下外籍劳工的劳动剥削问题。在全球供应链生产体制中，另一个需要关注的问题是生产线大量使用外籍雇员，中介机构的剥削问题是劳动部门执法的难题。我国作为传统的人力大国，近年来快速提高的劳动报酬，尤其是居高不下的社会保障费用，导致欠发达国家劳动者私渡到我国从事经济活动，仅广州市非法从事务工的非洲人员就多达 20 多万，其以较低的薪资、更为恶劣的劳动条件夺走了属于我国劳动者的就业机会，进而阻碍劳动者体面劳动权利的实现，妨碍了企业的转型升级。

#### 4. 全球供应链下的血汗工厂

血汗工厂问题并不能简单地通过严格劳动立法、加强执法稽查、强调企业的社会责任等措施，迫使企业自身加以解决，其至少涉及四个层面的问题。第一，消费者是否愿意多付钱购买非血汗工厂产品。第二，采购商是否愿意提高采购价格改善血汗工厂劳动者的工作环境。第三，本国制造商是否能切实履行改善生产条件的承诺。第四，单一采购商或制造商劳动条件的改善，能否承受来自其他采购商的全球竞争。传统的全球治理结构，过度依赖以主权国家为基础的公共治理，无法应对上述四个方面的问题。全球供应链的优势在于灵活地回避了国家疆域为规制范围的劳动法规，导致以国家为基础的劳动法律体系难以对跨国公司进行有效约束。尽管政府有责任和义务提高本国公民的福祉，但是，本国劳动就业条件的改善，必然推高劳动用工成本，影响其国际竞争力，尤其是产业链末端以劳动代工为主的国家。传统的公共治理模式与全球供应链的现实存在相当大的落差。首先，主权国管辖范围相对有限，难以适用于全球供应链的整体结构。其次，全球供应链不断分包或层层转包，难以清晰界定法律责任。再次，公共政策的公平与效率抉择难题，经济发展与社会进步难以兼顾。最后，即使是适用于全球市场的国际规范，在法律效力方面不尽如人意，比如世贸组织的谈判，习惯于将劳动基准作为谈判条件。国际劳工组织的公约和建议书，在签约国家落实方面存在诸多问题，更不要说没有签约的国家。

全球供应链下劳动政体的碎片化问题在跨国生产机制下，发达国家与发展中国家在劳动法律基准水平上的差异，导致较高标准的雇佣条件实现成为雇主自愿行为，导致东道国劳动部门执法上的困难。全球供应链中跨国公司企业社会责任如何自愿履行，如何进一步发展成为具有强制性和约束力的企业行为准则，让跨国企业在集体劳动关系架构下与工会进行社会对话，促进全球供应链的可持续发展，这些是值得深入研究的问题。

## 三、移动资讯时代的劳动关系

移动资讯时代的到来，一方面使企业和大众日常生产生活更为便捷，另一方面也诞生了新的经济模式。以平台经济为代表的共享经济、零工经济、应需经济等经济形态，依托互联网资讯平台，创造大量的就业机会，衍生了新的雇佣形态，丰富了民众日常生活。在其影响之下，传统实体商业步履维艰，开始了大规模的裁员潮。其对经济生态的影响是破坏性的还是创造性的，尚无定论，各国政府对其发展也多是乐见其成，没有急于进行立法规范。平台经济的从业人员，从受雇状态转为自雇业者，是进步还是退步，最终取决于配套保障机制的构建。政府如何适应新经济“去中心化”的商业模式，原子化的业者与原子化的客户，通过资讯平台的直接交易，如何保障双方的权益，是政府所要考虑的。

### （一）移动资讯对传统劳动关系的挑战

#### 1. 移动资讯时代传统劳动关系的转变

近年来，随着移动资讯技术快速发展，依托虚拟交易平台作为供需双方互动场所的数字平台经济，颠覆了传统产业结构与就业模式，为劳动者和企业带来了新的机遇。互联网从 PC 到移动端，对人类社会产生了深远影响，其降低了市场交易成本、扩大了市场范围、提高了资源利用效率、催生了新的服务和产业。国外的Amazon、Facebook、Google，国内的阿里巴巴、百度、美团、滴滴等互联网科技公司正在重新构建个人、公司、社交、价值创造和收入分配的方式。这些拥有海量数据资源的互联网公司创造了供需双方的直接沟通渠道，避免了中间媒介的效率损耗，如外卖服务、淘宝店铺模式、微商直营等新业态，不同类型的服务平台形成了各自的生态体系，为消费者提供了更为便捷的服务。平台经济中的劳动者不再受雇于单一企业，而是以独立服务提供者的身份从事经济活动，互联网公司则扮演着中间媒介的角色，从业者与平台二者之间不再是劳动法意义上的雇佣关系，而是按件计酬或按时计酬的承揽合同关系。薪酬建立在多劳多得的计件工资基础之上，没有福利津贴、职业发展前景，这也是传统血汗工厂的主要特征。相较于流水线上劳动者的被迫赶工，平台经济中的劳动者尽管有着较大幅度的工作自主权，但是在平台苛刻的考核机制下，我们不时看到大雨中奔跑的外卖人员、因为罚款而号啕大哭的网约车司机，其工作过程的自主性被大打折扣。

平台经济引人瞩目之处在于对传统商业模式的颠覆性创新，也就是自有资源的共享，在相关配套措施与规范不断完善之下，共享经济带给企业的是新形态经营模式，其打破了特许行业与一般行业的界限。过去某些服务供给需特定资质、资金规模方可从事，如出租车、餐饮业，但通过平台经济的营运模式，人人都可能使用闲置物品和碎片化时间提供服务，支付宝上的“跑腿服务”颇具这一特点。网络约车平台公司“滴滴”，其对传统出租车公司运营模式的改变是颠覆性的。《2017年滴滴平台就业报告》显示，2016年6月至2017年6月，在滴滴平台上获得收入的专车、快车、代驾司机及顺风车车主数量达2107.8万人，相当于2016年全国第三产业就业人员的6.2%。移动资讯平台的出现，创造了从外卖骑手到网络主播的诸多就业机会，大量从业人员的涌入，对于城市就业压力的缓解自是不言而喻的。平台经济为劳动者和工作任务提供了匹配服务，使劳动力市场更加高效，同时，也导致工作时间碎片化以及兼职工比例的迅速增加。平台经济将员工、雇主、客户之间的关系简化为员工与客户。一方面，从业者获得了较大的工作自主权以及较大的利润空间；另一方面，对于我国就业关联制度为基础的社会保险体系而言，将从业人员置于一个高风险、缺乏安全感的职业状态之下，必然使劳动者难以获得从事全职工作相匹配的劳动权益。长期稳定的劳动关系对于劳动者来说，不论是职业安全感的获得，还是专业技能的提升，都是至关重要的，这也决定了平台经济下的就业对劳动者而言，只能是一个过渡性劳动力市场行为，谋求长期稳定的劳动关系才是其最终目标。当我们强调企业家创新精神并极力推动平台经济发展时，政府应鼓励企业灵活的用工方式，构建高度灵活的劳动力市场制度，以确保经济的活力和社会稳定。但是，要想促使传统产业工人接受弹性工作制度，并确保他们能从中获得更多的收益而不是成为平台经济的牺牲品，从而适应当前经济新形态，劳动政策重新构建势在必行。

我国占企业用工成本 40% 以上的社会保险费用，被诟病损害劳动者工作积极性与企业投资意愿，但方兴未艾的平台经济及其相伴随的零工经济现象，使得越来越多的人开始关注北欧国家社会福利体系，具体而言，其社会保险的获取是由公民身份决定，而非由雇佣与否决定，更多强调了国家在社会保障中的主体责任。此外，智利强制储蓄的养老金体系完全由雇员缴纳，这确保雇主能够根据需求灵活调整雇员数量，同时，政府以职业培训、工作安置、最低收入等方式保障劳动者的基本权益。他山之石可以攻玉，通过国外相关制度的借鉴，对于我国劳动关系调整机制的完善，有着极其重要意义。我们需要认识到，任何社会经济的发展绝不是牺牲一部分人的利益而取得，否则，其就不具有可持续性。

**2. 移动资讯对我国劳动关系的影响**

我国作为世界第二大经济体，同样面临着平台经济崛起对传统经济形态的挑战。各种平台充斥于大众日常生活。譬如，陆金所是从事 P2P 借贷服务的金融平台，滴滴是网络约租车服务平台，快手则是用户上传内容的短视频平台。平台经济快速崛起，相应的制度规范却不健全，导致问题丛生。2018 年上百家 P2P 公司破产，导致大量投资者血本无归，以及因涉及不良短视频内容而被处罚的快手，无不显示了互联网经济亟须构建一整套完善的管理机制。我国互联网平台有其自身特点：首先，在企业社会责任意识不强、市场化竞争机制尚不完善的商业环境下，通过恶性价格战生存下来的互联网平台企业对行业的垄断性和控制力要比国外企业强上许多，他们利用市场垄断地位攫取超额利润，损害了消费者和平台从业者的利益；其次，充沛、廉价的劳动人口以及巨大的市场需求，促使平台经济能够得以快速扩张。平台企业为了扩大市场占有率，采取订单补贴的方式，使平台经济的灵活就业更加富有吸引力，促使从业人员逐渐从流水线上的产业工人转变为平台经济的零工经济从业者。如何针对新的就业形态为劳动者提供适度的社会福利，使之具备抵御风险的能力，进而获得工作的体面，是新经济下需要深入思考的问题。

平台经济对城乡剩余劳动力的吸纳作用是巨大的，尽管我国大量的劳动密集型代工企业向海外产业转移，但随之而来的失业人员却被快速兴起的快递、外卖、网约车等行业所吸纳，2017 年政府去产能目标的顺利落实与此有着极大关系。理论界将刘易斯拐点的出现，作为衡量劳资力量对比的转折点，韩国在 20 世纪 70 年代，城市的假发业、服装业等劳动密集型产业吸纳了大量农村剩余劳动力，使得劳动力成为稀缺性资源，进而劳动者在与资本议价中有能力提高工作条件。我国这一过程的实现，并不完全是通过发展城市工业来吸纳农村剩余劳动力来完成的，作为所谓的“第三次全球化”领导者，我国以移动资讯为基础的服务业在其中扮演了重要角色，通过市场力量倒逼雇主增加员工劳动报酬、提高福利待遇以满足企业用工需求，而一些利润率较低的劳动代工企业，则只能迁往东南亚人工成本相对较低的越南等国。2017 年，我国第三产业从业人员 24917 万人，占就业人口比重 32.4% ①，相较于美国早在 1960 年就达到了 56%，仍有较大的上升空间。如何确保产业转型升级过程中劳动者体面劳权的实现，确保平台经济的积极一面，约束其对劳动者不利的一面，需要理论联系实践，不断地完善相关制度法规。

随着平台之间价格战的恶性竞争结束，一家独大的行业垄断之下，必然要追求超额利润，牺牲客户体验、侵蚀平台从业人员的利润。滴滴打车高额的服务费提成，让平台从业者不堪重负，外卖平台的高额提成与惩罚机制将骑手置于一个高度压力的工作环境之中。面对处于市场垄断地位的强势平台，如何对其加以约束，使其承担企业社会责任，是新经济下各国政府所要考量的问题。中国作为人民民主专政的社会主义国家，自然更须高度关注劳动者的就业权利保障。平台经济的规范取决于制度顶层设计——如何创造价值、如何分配价值、如何竞争、如何保护从业者和消费者权益等问题，抓住科技剧烈变革过程中所出现的创新机会，以确保我国经济繁荣、劳动者体面劳动权利的实现。

### （二）移动资讯时代劳动关系的新形态

#### 1. 移动资讯技术衍生的就业新形态

以移动资讯技术为基础的平台经济，一方面提高了劳动力与工作相匹配的资源配置效率，另一方面也产生了平台从业者的薪酬、职业前景、劳动权益保障等问题。移动资讯技术使从业人员和工作任务之间能够更为有效地契合，创造更多的就业机会，劳动者可以享受自由职业者的灵活性，能有效利用自己的剩余时间，通过主要工作之外的兼职工作来增加收入，譬如注册成为滴滴平台的顺风车

① 《2017 劳动和社会保障事业发展公报》。

司机以及58同城兼职技术维护人员。自由职业代表着移动资讯技术下的典型就业形态，传统就业结构之外的移动资讯所衍生的工作将是一个全球化趋势，自由职业者将会持续增加。平台经济在促进就业以及使劳动者收益最大化的同时，就如硬币的另一面，还存在着对传统劳动关系的破坏性。企业通过资讯平台进行服务外包而不是雇佣新员工，使得非典型劳动关系、多重劳动关系常态化，并有扩大的趋势。

当前，移动资讯技术所衍生的就业新形态比较典型的有以下几种：雇员共享（employee sharing），一群雇主共同聘用一位全职雇员；工作分享（job sharing），雇主将由全职员工完成的工作，分派给多位兼职员工；临时管理（interim management），企业为完成特定工作项目，聘用外部专家协助解决特定问题；钟点工（voucher - based work），通过移动资讯平台提供家政服务，与过去家政服务公司所派遣的员工在组织方式上有所不同，每个从业人员都是独立服务供应商；移动通信为基础的工作（ICT - based mobile work），劳动者可以在任何时间、地点通过移动资讯技术提供服务，通过外部员工进行资讯处理、客户服务或技术解答，目前流行的兼职淘宝客服颇为典型；众包（crowd employment），工作的供需双方通过移动资讯平台结合在一起，对工作进行细分，由多个不同服务提供者分别或共同完成；协作（collaborative employment），一群自雇者、业余工作人员或小微企业共同完成任务或工作，以突破团队规模与专业技术上的限制。这些新形态工作对地区就业率、劳动生产率、人力资源配置效率以及工作弹性的提升都有着积极意义。

移动资讯新趋势下产业与技术环境的快速变革，对企业而言维持最小雇佣规模，依照生产需求与外部劳动力市场进行协作，将是对企业最有利也最为灵活的雇佣方式。基于移动资讯的雇佣模式在员工解雇、加班时间有严格限制以及企业社会保险费用负担较高的国家，这一雇佣模式对企业而言是极富有吸引力的。另一方面，企业享受弹性就业带来的便捷性，同样面临着劳动力分散难以有效组织以及外部高度竞争的劳动力市场导致雇佣成本不断上涨等问题，尤其无法提供适合本企业的专业技能人员，最为关键的是无法确保外部劳动力的持续供给。对劳动者而言，虽然拥有了相对灵活的工作自主性，但也面临工作不稳定、个人职业发展前景不明朗以及需要不断学习新技能避免被市场淘汰的高度压力，使劳动者缺乏稳定劳动关系下的年功资历、劳动法规对就业权益的保障，任其自由发展将使劳动者处于不利地位。当前，平台经济作为新兴产业，还处在不断发展完善之中，许多互联网平台公司如58同城、美团网、滴滴打车都自认为是信息发布平台，宣称与从业人员不具有劳动法意义上的从属关系，但是从业人员脱离平台则无法接单，平台对劳动者的控制权力反而更大，并且在服务价格公开竞争下，从业人员获得的劳动报酬有着潜在降低的趋势，进一步导致收入分配中劳动所得占比下降。

灵活多样的就业形态，对劳动者个体间的影响也是千差万别的，对于具备较高专业技能的劳动者，比如 IT 行业的研发人员，新的资讯技术为专业技术人员提供了家中完成工作的可能性，而且可以随时在移动状态下完成工作，劳动者可以灵活运用时间，尽管将导致劳动者个人工作和生活混为一体。从好的方面来看，员工和雇主只要双方合意，就可以灵活管理工作时间，工作时间边界的模糊也有利于“工作与生活平衡”。在大多数欧洲国家，日常生活中最高的工作时间或最低休息时间已被打破，立法者应创建新的法律框架加以规范，提供更多的灵活性，避免过于严格的法律限制，造成法律上的不确定性。对此，需重新思考如何规范休息时间。对于低技能且劳动法律体系不完善国家的劳动者来说，则会呈现一种“随时在线上”（always-on）的工作状态。此种工作形态的劳动者最为典型的就是互联网平台上的众多小店铺经营者，为了及时响应客户咨询，需要处于 24 小时的在线状态，导致从业人员的工作时间和闲暇时间无法分割，休息休假权利无法保障。笔者曾对多位从业人员进行访谈，他们几乎都认为工作太累，没有时间休息，而且在平台苛刻的考核机制下，客户差评会严重影响店铺经营，进而处于一种劳累且高压的工作状态。移动资讯技术的应用对劳动者群体的不同影响，则是人力资本差异化的具体表现，体现在劳动力市场上则是劳动者职业选择能力以及议价能力的差异化。只有基于人力资本差异性的认知，才能客观认识到移动资讯技术对劳动者群体的影响。

**2. AI 对劳动力的替代与互补效应**

国际货币基金组织 2017 年发表了纽约大学斯特恩商学院阿伦教授的研究报告《未来的工作：数字经济将急剧削弱传统的劳资关系》，报告指出，新的技术将重塑未来工作环境，数字经济不仅削弱劳资关系的紧密性，而且改变了经济活动的组织方式，把传统由企业组织内部全职员工去完成工作，变成由一群企业家和按需工作的人共同去完成。总的来说，未来的经济活动将会出现愈来愈多短期自由职业者，传统的全职工作将减少。此外，随着人工智能和自动化技术在认知和体能工作领域中的应用愈来愈广泛，像无人驾驶汽车、把复杂人类活动的管理项目自动化等，如法律服务、客服咨询、零售等行业，传统的工作技能将逐渐淘汰。国际数据资讯（IDC）预测，到 2018 年，75% 的消费者将定期使用基于认知计算的服务，意味着未来使用人力服务的工作将会萎缩，此趋势将不可逆转。典型的劳动密集销售服务业，机器可以突破人类接待极限，处理高并发请求，可以基于海量知识储备提供更精准、更高效的服务。2016 年“双 11”之前，阿里巴巴正式发布人工智能客服机器人“阿里小蜜”，在“双 11”期间担负起超九成的服务请求。可以预见，随着新技术的发展，京东宿迁全国客服中心的上万员工的职业前景堪忧。如何在人工智能低成本、高效的竞争中，确保人力岗位存在的必要，需重新挖掘服务的多样化、提升技能水平，否则，将面临工作岗位被替代的风险。

劳动力市场的分析，通常基于劳动力供给同质性的假设，个体劳动力供给的差异性，则体现在努力程度与工作时间之上。但是，现实中劳动力个体之间由于人力资本储量的不同，表现在劳动者身上技能的不同，从而决定了劳动者在劳动力市场上不同的竞争力，以及个体在劳动力市场中不尽相同的诉求。对此，各国政府通过劳动基准立法的构建，确立最低的劳动就业标准，更高的劳动条件则通过劳动者集体劳动权利加以实现。当今移动资讯技术影响之下的劳动力市场弹性化、去管制化以及全球工会力量的衰退，导致依靠劳资力量自发性调整的劳动关系规制体系必须有所调整，同时，需要认识到覆盖所有劳动者的单一劳动法律体系必须有所转变，以适应当前劳动关系的新局面。劳动力非同质性决定了劳动者境遇的不同，同样是移动资讯技术的引入，有的劳动者获得更强的竞争力、更大的薪酬增长幅度，有的劳动者则被置于不利地位。作为移动资讯技术最新发展方向的人工智能拓宽了移动应用领域，为用户提供了更多选择，通过对大数据进行智能化分析，在现有基础上分析客户需求、明确用户具体目标，提升用户移动资讯的应用体验。人工智能对经济增长的促进，可以概括为三种模式：第一种是人工智能与人力的互补模式。劳动力与技术互补实现生产效率的提升，人工智能通过转变工作方式，帮助员工更为有效地利用时间，进而提升现有的劳动生产效率。人工智能被应用到重复性低且认知分析要求较高的工作领域，通过机器与人类的结合创造更高价值。第二种是人工智能与人力的替代模式。人工智能替代劳动力成为一种全新的生产要素，这一代替不是简单的机械化，而是云计算支持下的 AI 对劳动力的替代，通过大量分析观察结果与决策找出固定模式，就如 2018 年博鳌论坛上采用 AI 同声传译技术代替专业翻译人员。第三种是人工智能的创新模式。人工智能的普及带动产业结构升级，甚至推动更多行业的创新，开拓新的经济增长源泉。第三种模式也是我们所期望看到的，新的技术衍生新的行业，提高资源配置效率，就如外卖行业，大数据的采用提高了配送人员的效率和收益。

人工智能对工作岗位的影响因产业而异，卫生保健、公共部门以及教育领域的就业机会将会持续增加，制造业则会受到一定冲击。如表 1，我们从人工智能与人力的互补与替代两个维度加以分析，来阐述人工智能技术对不同劳动者群体竞争力的影响。我们假设两个指标来加以量化替代与互补作用：第一个指标，工作活动所需要的认知程度或协调沟通密集度；第二个指标，工作活动的常规性及重复性。通常来说，重复性、常规性高的工作容易被科技所替代，而沟通性、认知分析要求高的工作与科技具有较高互补性。通过这两个维度，我们把工作活动根据认知要求强弱和重复性高低分为四个象限：Ⅰ对认知分析或沟通协调能力要求较高，同时重复性、常规性程度也较高的工作；Ⅱ对认知分析或沟通协调能力要求较低，同时重复性、常规性程度较高的工作；Ⅲ对认知分析或沟通协调能力要求较低，重复性、常规性程度较低；Ⅳ对人的认知分析或沟通协调要求较高，重复性、常规性程度较低的工作。

**表 1　AI 对劳动力的替代与互补分析**

<table>
<tr><td colspan="4">科技与劳动力的互补程度</td></tr>
<tr><td rowspan="3">科技与劳动力的替代程度</td><td></td><td>高<br>（认知分析或沟通协调要求）</td><td>低<br>（认知分析或沟通协调要求）</td></tr>
<tr><td>高<br>（重复性、常规性）</td><td>Ⅰ　行政文秘</td><td>Ⅱ　收银员打字员</td></tr>
<tr><td>低<br>（重复性、常规性）</td><td>Ⅳ　教师 医生 律师</td><td>Ⅲ　电工、理发师</td></tr>
</table>

就如表 1 所示，新的科技可以帮助人类把工作做得更好，提高劳动生产效率，特别是对认知能力要求高的工作尤其如此。例如，科研工作所需要的抽象认知强度很高，人工智能技术可以使科研工作者从许多常规性的认知运算中解放出来，更专注于创造性思考，人工智能对科研工作的帮助，远远大于对Ⅲ中工作的帮助。但是，科技也会替代一些劳动密集型工作，尤其是常规性、重复性较强的工作，此类工作可以通过程序化来实现机器对人力的替代，如生产线上的操作工人、银行前台客服等工作。在日本优衣库，机器替代人类工作已经成为现实，优衣库与物流公司大福（Daifuku）合作，用一套自动化系统改造仓库，让优衣库

裁减90%的仓库理货员，实现了仓库24小时工作。当然，并不是所有认知程度低的工作都可以被机器所代替，就如理发师，需要针对客户身体特点以及偏好的不同进行专门设计，决定了此类工作难以被机器所替代，机器对劳动力替代的难易程度，决定了劳动者在移动资讯时代的职业前景。

从2016年开始，美国政府先后发布了《为人工智能做好准备》《人工智能、自动化和经济》等报告，预判人工智能所驱动的自动化对经济的影响，并分析劳动力市场对技能需求所发生的变化以及自动化的分布不均衡对不同部门的薪资水平、教育水平、工作类型所产生的不同影响，其将会导致若干工作岗位消失，新的工作类型出现，劳动力市场将出现结构性的改变，一些工人会短期失业或陷入长期失业状态。人工智能对劳动力市场产生怎样的结果，取决于政府的应对策略。对此，我国政府于2017年7月印发了《新一代人工智能战略规划》，明确提出到2020年人工智能水平与世界先进水平同步，2030年成为世界主要人工智能创新中心，人工智能核心产业规模超过1万元。面对即将到来的经济新形势，政策制定者对人工智能的现状与未来应有一个准确的研判，人工智能对经济以及就业市场的挑战，既不能不加以重视、听之任之，也不能过分夸大其对劳动者产生的影响。

## 结　论

“新经济”新在生产组织方式，有别于过去制造业为主的传统产业结构，从经济全球化到全球供应链，再到今天基于移动资讯技术的平台经济大行其道，快速改变着我们每个人的生活。新经济下第三产业在发达国家经济中占比普遍接近80%，2017年我国第三产业GDP占比达到了51.6%，这是产业结构转型升级的必经阶段，也是经济全球化的必然结果。西方国家的“去工业化”得以完成，在于其较早实现了劳动者技能的升级，国内制造业以高附加值的技术密集型行业为主，而我国目前仍处于来料加工阶段，技术力量薄弱，我国的劳工群体也不具备与资方议价的能力。新经济下我国将面对日益复杂的劳动关系挑战，需要清醒地认识到我国社会发展所处的阶段，才能制定有效的劳动政策，过度高标准的劳动法规只会适得其反。新经济下的就业新形态亦对劳动关系规制体系提出新要求，相较西方国家通过劳资双方自发性谈判调整劳动关系来说，我国劳动关系主体的不成熟，导致政府主导之下的法律调整机制成为唯一有效的劳动关系调整路径。从上到下的劳动法规的制定的最大弊端在于法律机制自身调整的迟滞性，难以针对瞬息万变的外部环境及时调整。在过去计划经济思维的影响之下，我国对雇佣形态的表述多为典型劳动关系，即稳定的劳动关系、规范的劳动合同、足额缴纳的社会保险，以及符合安全生产标准的工作环境，亦决定了我国劳动立法之目的在于促进企业与劳动者建立典型劳动关系，实现劳动关系的长期化，从而缓和劳资矛盾，构建和谐社会。1995 年《中华人民共和国劳动法》颁布至今的 20 多年里，全球社会经济结构发生了根本性变革，市场化机制改革也趋于完善，对此，长期雇佣为导向的劳动关系法律机制需要进行相应调整，由此，国内有关《中华人民共和国劳动合同法》修改的呼声时常见诸报端。

新经济下灵活性是企业的竞争基础，相较于西方国家对劳动力市场的放松管制，我国是否逆流而上？推高用工成本使企业丧失竞争优势，劳动者失去工作岗位，导致劳资双输的局面，尚需审慎考量。高标准的劳动法规加上严格的劳动执法，形成一套体制僵化的劳动关系调整机制，无法针对不同企业、地区的劳动关系特点进行灵活性调整。就发达国家来说，通常制定较低的劳动基准，由劳资双方通过企业层级的集体谈判来灵活决定本企业的劳动条件，对于外部市场变化有着较大幅度的灵活性。相较于以集体谈判为主要职能的西方工会，我国工会不仅要确保企业能够落实劳动法规，承担劳动者权益保障的维护职能，还要承担建设、教育、参与等多项职能，这也决定了劳动法律体系在劳动关系调整中的核心作用。当前，一方面需要不断完善劳动法律体系，另一方面需要重新调整劳动基准法规。劳动者主体的差异性，决定了其劳动诉求的多样性，有的劳动者希望获得足以维持生计的劳动报酬，有的希望获得稳定的劳动关系，有的则希望确保工作的灵活性以及工作时间的自主性。如何满足新经济下不同劳动主体的多样化诉求，是降低劳动基准抑或缩小劳动法的覆盖范围？美国劳动法主要针对蓝领人群，以及符合一定标准的白领，其他群体则是作为豁免人群不受劳动法所调整。我国立法之根本，如何兼具“效率与公平”，实现二者的良性互动？以就业损失为代价追求劳权保障只会适得其反，单纯考虑经济效率而牺牲劳工利益，亦不可取，也与我党全心全意为人民服务的宗旨相违背。法无善恶，只有合适与否，如何在劳资之间取舍，实现二者合作共赢，探寻一条新经济下的我国劳动关系政府规制之路，将体现我党的执政智慧。

# 我国互联网企业工时制度的形成机制浅析

刘晓倩①

**摘　要：** 近年来，以“九九六”工作制为代表的互联网企业工时制度成了社会关注热点。从其成因上看，有市场压力、管理模式和技术特点的综合作用，还有工时制度相关法律不完善的影响。本文通过呈现互联网企业工作时间方面的问题和现状，分析其成因，从法律完善和行业发展角度给出建议，以促进互联网行业整体工作质量提升。

**关键词：** 互联网　工作时间　工时制度

党的十九大报告指出，我国社会的主要矛盾已经转化为人民日益增长的美好生活需要和不平衡不充分的发展之间的矛盾。工作和生活平衡，是美好生活的重要体现，也是各个职业群体都在思考和探索的问题。工时制度是工作和生活、家庭、社会的联结点。如何完善工时制度，营造工作和生活的平衡，可以说是企业与员工共同面临的问题。

## 一、我国互联网企业工时制度的问题与现状

### （一）工作时间长

近年来，我国互联网行业一直保持较快增长，在物联网、大数据、云计算等信息技术和资本力量的共同催化作用下，互联网行业业务不断创新拓展，对经济社会发展的支撑作用不断增强。②而这背后是互联网行业员工的辛勤付出。在工

① 刘晓倩（1982—　），女，满族，河北承德人，任职于中国劳动关系学院劳动关系与人力资源学院，主要从事劳动关系方面的研究。

② 工信部．2018 年我国互联网和相关服务业经济运行情况［EB/OL］．搜狐网，2019－02－01．

作时间方面，近年来，以“九九六”工作制为代表的互联网企业工时制度成了一个社会关注热点。来自智联招聘的调查显示，在对2019年白领每周加班时长调研时发现，81%的员工在工作中加班是常态，在互联网行业，每周加班10个小时以上的员工占19.41%。分岗位看，加班最严重的岗位是产品和技术，其每周加班10个小时以上的员工比例在30%以上。① 而且互联网公司将工作时间长作为一种提倡的职场文化，鼓励员工发扬奋斗精神，也通过绩效、奖金、福利、晋升途径等物质激励引导加班。②

## （二）加班费支付不规范

目前，在互联网企业的管理实践中，加班费支付并不规范，这在中国裁判文书网上的各类工作时间劳动争议中有很好的体现。首先，加班时间认定困难。虽然绝大多数单位都有明确的上下班打卡制度，但是在员工下班后到打卡之前这段时间，有时停留在单位加班，有时则是处理个人业务，这就导致具体的工作时间无法直接通过打卡来确认，间接使得那些本来是加班的时间也很难得到证实，从而无法得到加班工资。其次，要求加班的程序性安排普遍缺乏，很多时候互联网企业强调工作结果，不明确要求加班，员工由于工作绩效要求而主动加班，这时延长工作时间由于不是单位安排的，而是劳动者主动进行的，所以现实中很难得到加班工资。最后，加班费的计算基数低，很多企业不是以员工的全部工资为加班工资计算基数，而是以基本工资等部分工资为计算依据，使得劳动者的加班费和立法预设的加成比例有很大差距。

## （三）以结果为导向衡量工作

工时制度不仅包括工作时间的长短，还包括与之相辅相成的时间组织模式。在互联网企业，盛行以工作结果也就是工作任务的完成、工作业绩作为衡量工作好坏和努力程度的标杆，而不是工作过程衡量。在这种情况下，员工普遍存在较大的工作压力。从管理角度来看，工作压力可以提高绩效产出，但中间变量却是工作量的增加和工作时间的延长，可以说以结果为导向的工作绩效压力长期以来与互联网企业的工作时间过长并存。

① 智联招聘.2019年白领996工作制专题调研报告［EB/OL］. 改革网，2019-04-18.

② 唐婕，方妙英. 互联网企业如何应对996现象［J］. 经营管理者，2019（8）：90-91.

### （四）休假状况较规范

我国法律在赋予劳动者工作权利的同时，也赋予了劳动者休息休假的权利。休假对人有重要的意义，与休息权相关的休闲学是一门系统的科学，与此相关的哲学思想可以追溯到古希腊哲学家亚里士多德的“休闲才是人之目的”观。[①] 互联网公司大多有较好的守法意识和社会责任感，比如在法律法规细致可行的带薪年休假领域，互联网企业普遍贯彻执行得比较好。目前，在全国40.1%的受访者表示“没有带薪年休假”的情况下[②]，互联网企业白领劳动者普遍享有带薪年休假，即使当年由于各种原因没有休年假，在第二年也可以得到补休。而且大多互联网企业在法定休假、病假、婚丧假等方面都有着比较规范和人性化的规章制度。

## 二、互联网企业工时制度的成因分析

互联网企业工时制度从成因上看，除了行业特点而带来的市场本身和经营模式的影响外，还有加班文化的原因[③]，以及法律本身不规范的影响[④]。下面具体从市场、管理模式、技术发展、法律适用等几个层面进行分析。

### （一）市场的竞争压力方面

互联网企业面临的来自市场方面的压力是其工时制度形成的直接动因。互联网企业诞生于激烈的市场竞争中，来自市场占有率方面的竞争压力以及对于经营收益的不确定性担忧使得互联网从业者多处于持续竞争的状态。而互联网企业的生产模式也与传统企业不同，借由技术的深度应用而形成了更加扁平化的劳动组织形态，这使得市场竞争的压力更容易也更快地传导到普通劳动者身上。

### （二）管理模式方面

互联网企业的薪酬制度体系不同于传统工资制度，是在固定工资、绩效工资

---

① 钱叶芳，徐顺铁．“996类工作制”与休息权立法——资本与法律的博弈［J］．浙江学刊，2019（4）：56－67.

② 宋瑞．休闲绿皮书：2017—2018年中国休闲发展报告［M］．北京：社会科学文献出版社，2018.

③ 李海燕．“996”现象背后的管理思考［J］．中外管理，2016（11）：80－82.

④ 钱叶芳，徐顺铁．“996类工作制”与休息权立法——资本与法律的博弈［J］．浙江学刊，2019（4）：56－67.

的基础上再加上强调经营结果的股权激励制度。股权激励制度在整个互联网行业非常普遍，这在一定从程度上增加了从业者的工作压力，促进了工作时间的延长。而且互联网企业不论大小，往往以项目小组、创业团队的模式参与到市场竞争中，这类工作模式本身蕴含着对于经营收益的追求，一旦有了创新性的产品设计，如果能够及时有效地转化成为市场收益，那么很快就会得到回报，对高回报的追求需要以超长工作时间作为保障。在互联网企业内部，创业的风气一直存在，这虽然是一直激励互联网行业不断前行的动力，但在这种经营模式的驱动下从业者为了获得成功自发延长工作时间也就成了普遍现象。

## （三）技术发展方面

技术发展带来了沟通便捷性和定位准确性，使工作得以方便地进入人们的生活中。可以说互联网犹如一根无形的绳索，将劳动者的工作时间和休息时间串联在一起，难分彼此。员工能否有“离线权”，如何应对技术带来的工作对生活的侵入，成了一个新的社会问题。可以说，从技术应用角度来看，互联网技术正在全方位地深入到人们的工作和生活中，虽然提升了效率，促进了工作中沟通技术和途径的完善，但也给劳动者带来了更长的工作时间和更大的工作压力。[①]

## （四）法律方面

传统劳动立法，包括劳动标准的适用，是以传统的、典型劳动关系为规制对象而诞生和发展起来，面对以互联网企业为典型的新兴社会形态中呈现的新问题，显得力不从心，需要进行新的解释和完善。有学者指出，对于作为核心劳动标准的工时制度，在20世纪90年代中期形成以来至今已经运行20年未有系统修订，难以有效应对实践中普遍存在的长时间工作、无序加班等问题。[②] 尤其是加班法律规范适用的具体细节方面，包括加班时间的起止点确认、加班事实的确认、加班审批程序等方面，缺乏详细的法律指引，使得企业在实行中比较随意，也使得劳动法对于工作时间的刚性要求和立法本意难于实现。

---

① 梁萌，陈建伟．补偿还是自主：互联网技术嵌入与工作压力作用机制变迁研究［J］．中国人力资源开发，2017（8）：36－47.

② 王天玉．工作时间基准的体系构造和立法完善［J］．法律科学（西北政法大学学报），2016（1）：122－133.

## 三、完善互联网企业工时制度的建议和思考

### （一）完善工时法律制度

推动互联网企业工时制度的规范化是一个系统工程。在法律规则的完善方面，社会各方应该推动工时标准的立法完善，包括工作时间、工间休息、待命时间确认、加班时间界定和限制等方面都需要完善，还有司法实践中关于加班事实认定的举证分配规则、加班费支付中的基数确定等具体法律问题也需要予以明确，以便企业能够在法律的引导下完善自身工时制度，逐渐缩减加班时间。

### （二）适当扩展特殊工时制的适用

对于互联网企业来说，还有一个可用的制度框架就是特殊工时制。在这方面，可以说互联网企业天然具有对不定时工作制和综合计算工时制的适用需求。因独特的发展历程和行业特点，互联网企业中的很多岗位并不适合采用标准工时制。但一旦企业获准可适用不定时工作制或综合计算工时制，就大大地扩展了其支配劳动者时间的权利，在这种情况下该如何保障劳动者的休息休假权，需要有更明确的规则进一步规范，比如在特殊工时制中工作是否过度、如何救济等方面。在劳动关系日益弹性化的情况下，可以预见我国未来特殊工时制度的适用比例将会进一步扩大，但是也要防止特殊工时的非正常繁荣，因此国家有必要对特殊工时制度进行系统规范。2012 年人力资源和社会保障部曾经出台《特殊工时管理规定（征求意见稿）》，对于特殊工时的适用范围、岗位特征、工资支付、审批管理等方面给出了具体的规定。比如在不定时工作适用方面，征求意见稿规定，企业可以申请在下列岗位实行不定时工作制：“（一）对企业经营管理负有决策、指挥等领导职责的高级管理岗位，包括董事长、总经理、副总经理、董事、监事等；（二）劳动者可以自主安排工作时间且无考勤要求的技术、研发、创作等岗位；（三）需要机动作业、由劳动者根据工作需要安排工作时间的外勤、推销、长途运输等岗位。”可以说，如果此规定能够实施，对于互联网企业中的工时问题将有一个很好的适用和解释，但是此规定在征求意见之后并没有正式出台，目前只能进一步予以期待。

### （三）促进行业规则的完善

互联网企业应增强企业社会责任意识，依法保障从业者休息权的落实，推动

工作时间制度的完善，从而提升整个行业的工作质量。在行业规则的形成方面，可以发挥行业性组织的作用，比如通过行业组织进行信息收集，全面了解本行业从业者工作时间的动态变化，并在掌握数据的基础上倡导更科学的工作和生活相平衡的机制，并促进建立相应的职场习惯和职场文化，以期逐渐改变互联网行业工作时间长的现状。

# 女职工假期设置对女性权益维护的影响及国际经验比较*

林燕玲①

**摘　要：**在全面两孩的政策背景下，延长产假并不能提升生育意愿，对工作女性而言，只有降低育儿成本，她们才敢生；对用人单位，特别是非公企业而言，只有政府和全社会能够合理分担生育假期等成本，企业才有积极性，并惠及生育男女职工，最终实现中国人口战略的转型，达成劳资政三赢的和谐局面，真正“增强人民群众的获得感和幸福感”。而且，维护女性权益也不能单纯从延长假期入手，随着男女之间地位和家庭责任的改变，一定要从工作生活平衡和男女共担家庭责任的角度，全面考量假期设置；同时，由于落实生育假期保护的关键在于用人单位，因此，如何减轻用人单位的负担，使他们有落实政策的积极性，就显得格外重要。

**关键词：**产假　生育奖励假　女性权益　企业用工成本

## 一、引　言

### （一）本项目研究的意义

女性因其独特的生理特点，需要给予特殊的劳动保护。为维护女职工权

* ［基金项目］本文系2017年人力资源和社会保障部委托课题“女职工假期设置对女性权益维护的影响及国际经验比较”的阶段性成果。除主持人林燕玲之外，课题组成员还有牛玲（1978—　），女，陕西人，任职于中国劳动关系学院劳动关系系，博士，讲师，研究方向为劳动经济；钱俊月（1987—　），女，江苏无锡人，任职于南京大学社会学院，博士研究生，研究方向为社会学；詹行（1993—　），女，黑龙江大庆人，任职于美国伊利诺伊大学香槟分校，博士研究生，研究方向为雇佣关系与人资源管理。

① 林燕玲（1955—　），女，汉，北京人，任职于中国劳动关系学院劳动关系与人力资源学院教授，主要从事国际劳工标准与中国劳动法比较研究。

益，国家在《劳动法》《人口与计划生育法》《女职工劳动保护特别规定》等法律法规中对女职工“四期”的保护做出明确规定，并规定了相应的假期天数。2015 年 12 月 31 日中共中央、国务院发布《关于实施全面两孩政策改革完善计划生育服务管理的决定》，对实施全面两孩政策、改革完善计划生育服务管理做出全面部署。全面两孩政策实施后，各地纷纷修改完善本地区《人口与计划生育条例》，对延长生育假的奖励做出具体规定，女职工的假期在不同程度增加。

由于假期的长短对用人单位的人工成本、生产经营具有直接影响，实践中，一些用人单位因女性特殊的生理特点不仅更倾向招用男性劳动者，甚至有些单位为避免女职工休产假等假期带来的岗位人员空缺、用工成本增加等问题，以各种理由解除或终止劳动合同，侵害女职工合法权益。近年来，随着全面两孩政策推进，育儿问题日益突出，社会上呼吁设立育儿假的呼声不断。因此，探讨有关女职工假期对女性权益维护的影响，对完善有关女职工休假和劳动保护政策、推动女职工假期落实、维护女职工合法权益具有较强的现实意义。

### （二）研究思路和研究方法

课题研究的基本思路是用人单位是落实女职工生育假期保护的关键环节，他们对女职工生育假期的态度会直接影响女职工权益保护落实状况。因此，我们把女职工假期增加对用人单位用工成本的影响作为研究主线，并把非公企业作为调研重点。

对用人单位或企业，调研集中但不限于以下问题：全面二孩政策实施后，企业内部是否有女职工假期规制？在落实规制时存在哪些困难和问题？在女职工休产假期间，单位是否出现人员紧张、其他员工工作压力增大的问题？女职工假期的增加对企业用工成本的具体影响能计算出来吗？对女职工就业、工资、培训及社保等有何影响？

对女职工调研的问卷分为电子和纸质两种，内容相同。电子问卷在全国发放 500 份，回收 496 份。和电子问卷来自多种用人单位相比，纸质问卷 96.32% 来自民营企业。发放 200 份，有效问卷 190 份。两种问卷不仅反映了女职工生育假期权益的落实状况，而且反映了生育假期在不同用人单位落实状况的差距。

### （三）我国女职工假期概念界定

女职工是女性从业人员的统称，主要指在企事业单位、机关中工作，以工资收入为主要生活来源的劳动者。从理论上讲，女性自主创业者、非正规就业女性等群体也是女职工，但没有被涵盖在生育保护制度的受益范围内。还有一些女职工，因违反计划生育政策而被排除在生育保护之外。

女职工假期。女职工假期是指女性劳动者根据法律法规规定，在机关团体、企业事业单位以及其他组织任职期间内，不必从事生产和工作而自行支配的时间。在中国，女职工假期既有与男职工共有的假期，如全体公民放假的节日 11 天、年休假、探亲假以及婚丧假，也有女性独享的假期，如妇女节以及与女职工“四期”甚至“五期”（经期、孕期、产期、哺乳期、更年期）保护相关的假期。这些假期包括经期假、产前假、产假、哺乳假、流产假、计划生育奖励假、更年期假等。考虑到本研究的主题，本文把“女职工假期”定位在实施全面二孩政策后，围绕生育保护，社会关注度较高、影响较大的若干生育假期。这些生育假期以女职工假期为主，如婚假，产假、生育奖励假等；但考虑到国际经验比较，在梳理分析时，把男职工的婚假、陪产假等也纳入其中。假期设置体现在休假对象、休假时间、休假条件、福利待遇、成本分担及对假期落实的监管等众多方面。

女性权益主要是指《妇女权益保障法》中规定的政治、文化教育、婚姻家庭、人身、财产、劳动和社会保障等六项权益。与女职工假期关联最为密切的是劳动和社会保障权益、婚姻家庭权益、政治权利。围绕女职工假期，则主要指女职工在“四期”中享有的特殊权益，主要包括平等就业、生育保险待遇、特殊劳动保护和劳动合同延续等方面。

## 二、全面二孩政策时期女职工假期设置

### （一）女职工假期设置的历史沿革

在这里，仅梳理产假和婚假的历史沿革。

**1. 产假规制的历史沿革**

新中国成立以来，党和国家制定了许多法律法规，以维护女职工权益。政务院公布的 1951 年的《劳动保险条例》和 1953 年的《劳动保险条例实施细则修正案》，对女职工的产假、产假待遇、托幼园所的设置、费用来源做了具体规定。如《劳动保险条例》第十六条规定，女工人与女职员生育，产前产后共给假五十六日，产假期间，工资照发。

党的十一届三中全会以来，党和国家更加关心和重视女职工劳动保护问题。国务院1988年7月公布的《女职工劳动保护规定》第八条规定，女职工产假为九十天，其中产前休假十五天。第四条规定，不得在女职工怀孕期、产期、哺乳期降低其基本工资，或者解除劳动合同。为配合该规定的贯彻落实，劳动部与有关部门发布《关于女职工生育待遇若干问题的通知》，对孕、产女职工的休假、工资待遇及有关费用的报销等做了明确规定。劳动部1990年下发《女职工禁忌劳动范围的规定》，对于女职工处于经期和哺乳期等特殊时期应禁忌从事的劳动范围做出了明确的规定。由劳动部、人事部、卫生部、全国总工会、全国妇联等部门于1993年11月联合发布的《女职工保健工作规定》，对女职工在经期、孕期、产期、哺乳期、更年期的保健做了明确规定。

1995年《中华人民共和国劳动法》（以下简称《劳动法》）正式实施，其中第六十二条规定，女职工生育享受不少于九十天的产假。《劳动法》明确要建立生育保险制度。1994年劳动部发布了《企业职工生育保险试行办法》，其中对企业职工生育保险的基本原则、实施范围、待遇标准、基金管理、监督机制等方面做出了明确规定。此后，全国有31个省（区、市）相继出台了相关法律法规和其他规范性文件。

1994年10月，第八届全国人民代表大会常务委员会第10次会议通过《中华人民共和国母婴保健法》，对女职工婚前、孕产期、母婴保健做了具体规定。2005年8月，第十届全国人民代表大会常务委员会第17次会议通过新修改的《中华人民共和国妇女权益保障法》，该法第四章劳动和社会保障权益，对女职工的劳动权益、特殊利益等做了明确规定。

2010年全国人大常委会颁布《中华人民共和国社会保险法》，将未就业配偶重新纳入生育保险享受范围，扩大了生育保障的覆盖范围。2012年《生育保险办法（征求意见稿）》曾经向社会公开征求意见。但是，五年多过去了，《生育保险办法》始终没有出台。

2012年，国务院公布《女职工劳动保护特别规定》，对1988年国务院公布的《女职工劳动保护规定》进行修改，增加女职工产假至98天，并强化了用人单位的法律责任，规定女职工产假期间依法享受生育津贴。2015年国家全面实施两孩政策并授权地方就再生育和生育假奖励以及其他福利待遇做具体规定。

**2. 婚假规制的历史沿革**

1959年，劳动部《对企业单位工人、职员加班加点、事假、病假和停工期间工资待遇的意见》（〔1959〕中劳薪字第67号）规定，职工有3个工作日的婚丧假，假期工资可以照发。1980年，国家劳动总局和财政部《关于国营企业职工请婚丧假和路程假问题的通知》进一步规定，除133天的婚丧假，还可以酌情给予路程假。1994年全国人大常委会颁布的《劳动法》第五十一条规定，劳动者在法定休假日和婚丧假期间以及依法参加社会活动期间，用人单位应当依法支付工资。

我国于20世纪80年代提出了晚婚晚育政策，为鼓励晚婚，各地分别在本地区的计划生育条例中规定了7～30天不等的假期，即如果职工符合晚婚条件，可以在婚假的基础上再休晚婚假。2015年我国取消了晚婚假奖励，但有不少地区直接将晚婚假天数转变为婚假天数。①

## （二）我国现行女职工（生育）假期及其待遇

生育假期是指劳动者因生育而有权离开工作岗位，但是保留劳动关系的一段时间，包括女性劳动者的产假、男性劳动者的陪产假和男女劳动者的育儿假。我国现行的法律只有产假而没有陪产假和育儿假。我国《人口与计划生育法》中规定了符合相关规定的生育子女的夫妻可以获得延长生育假或其他福利待遇，但缺乏具体安排的内容。我国2010年颁布的《社会保险法》同样如此，仅在生育津贴方面规定女职工在生育、生育手术和法律法规规定的其他情况下按照国家规定可以享受生育津贴，但未对生育假期的时间、受益人范围以及陪产假和育儿假等做出规定。2012年国务院颁布的《女职工劳动保护特别规定》也仅规定女职工生育可以享受产假，并未涉及陪产假和育儿假等问题。②

### 1. 各地婚假、产假、生育奖励假、陪产假状况

依据我国2015年修改后的《人口与计划生育法》和省、自治区、直辖市的《人口与计划生育条例》以及其他相关的法律法规和地方性规章，我国各地婚假、产假、生育奖励假、陪产假状况如表1所示。

---

① 劳君雨．浅谈我国结婚生育假期制度现状及发展［J］．中国人力资源社会保障，2017（4）．

② 周宝妹．“全面二孩”政策背景下的生育假期制度重塑［J］．山东警察学院学报，2017（9）．

**表1　各地婚假、产假、生育奖励假、陪产假总表**　　单位：天

| 序号 | 行政区划 | 婚假天数 | 婚假再追加天数 | 产假+生育奖励假天数 | 生育再追加天数 | 护理假/陪产假天数 |
|---|---|---|---|---|---|---|
| 1 | 北京 | 10 | | 98+30=128 | 单位同意增加1~3月 | 15 |
| 2 | 天津 | 3 | | 98+30=128 | 单位同意6个月哺乳假 | 7 |
| 3 | 河北 | 3+15=18 | | 98+60=158 | | 15 |
| 4 | 山西 | 30 | | 98+60=158 | | 15 |
| 5 | 内蒙古 | 3+15=18 | | 98+60=158 | | 25 |
| 6 | 辽宁 | 3+7=10 | | 98+60=158 | | 15 |
| 7 | 吉林 | 15 | | 98+60=158 | 单位同意延长产假至一年 | 15 |
| 8 | 黑龙江 | 15 | 婚前医检增加10日 | 98+ 82=180 | | 15 |
| 9 | 上海 | 3+7=10 | | 98+30=128 | | 10 |
| 10 | 江苏 | 3+10=13 | | 98+30=128 | | 15 |
| 11 | 浙江 | 3 | | 98+30=128 | | 15 |
| 12 | 安徽 | 3 | | 98+60=158 | | 10-20 |
| 13 | 福建 | 15 | | 98+（60-82）=158-82 | | 15 |
| 14 | 江西 | 3 | | 98+60=158 | | 15 |
| 15 | 山东 | 3 | | 98+60=158 | | 7 |
| 16 | 河南 | 3+18=21 | 婚前医检增加7日 | 98+3个月=188 | | 1个月 |
| 17 | 湖北 | 3+15=18 | | 98+30=128 | | 10 |
| 18 | 湖南 | 3 | | 98+60=158 | | 20 |
| 19 | 广东 | 3 | | 98+30=128 | | 15 |
| 20 | 广西 | 3 | | 98+50=148 | | 25 |
| 21 | 海南 | 3+10=13 | | 98+3个月=188 | 单位给予哺乳假至婴儿一周岁 | 15 |

续表

| 序号 | 行政区划 | 婚假天数 | 婚假再追加天数 | 产假 + 生育奖励假天数 | 生育再追加天数 | 护理假/陪产假天数 |
|---|---|---|---|---|---|---|
| 22 | 重庆 | 15 | | 98 +30 =128 | 单位批准，休假至子女一周岁止 | 15 |
| 23 | 四川 | 3 | | 98 +60 =158 | 纯母乳喂养增加一个月产假 | 20 |
| 24 | 贵州 | 3 +10 =13 | | 98 +60 =158 | | 15 |
| 25 | 云南 | 3 +13 =16 | | 98 +60 =158 | | 30 |
| 26 | 西藏 | 10 | | 98 +267 =365 | | 30 |
| 27 | 陕西 | 3 | 婚前医检增加 10 日 | 98 +60 =158 | 孕前检查增加 10 天产假；协商给予 3 ~6 个月的哺乳假 | 15 –20 |
| 28 | 甘肃 | 30 | | 98 +82 =180 | | 30 |
| 29 | 青海 | 15 | | 98 +60 =158 | | 15 |
| 30 | 宁夏 | 3 | | 98 +60 =158 | | 25 |
| 31 | 新疆 | 3 +20 =23 | | 98 +60 =158 | | 15 |

### 2. 产假（含生育奖励假）的时间和待遇

目前，我国女职工生育休假由两部分组成：一是产假，二是各地规定的计划生育政策奖励假。而且，这些假期规定源自多部法律法规。

关于产假时间和待遇，2012 年国务院颁布的《女职工劳动保护特别规定》中第七条规定，女职工的产假为 98 天，其中产前为 15 天。第八条规定，已参加生育保险的女职工，产假期间的生育津贴由生育保险基金支付，其标准为用人单位上年度的职工月平均工资；未参加生育保险的，产假期间的生育津贴由用人单位支付，其标准为该女职工的产前工资。同样，生育或流产的医疗费用，也按照女职工是否参加生育保险，分别由生育保险基或用人单位支付。

关于生育奖励假的时间和待遇。全国 31 个省、自治区、直辖市修订了地方的《人口与计划生育条例》，在《女职工劳动保护特别规定》98 天产假的基础上，都增加了生育奖励假或延长产假，假期从 30 天到 267 天不等。其中，从短到长，最短的 30 天有 8 个省市：北京、天津、上海、江苏、浙江、湖北、广东、重庆；50 天的有广西；60 天的有 16 个：湖北、山西、内蒙古、辽宁、吉林、安徽、江西、山东、湖南、四川、贵州、云南、陕西、青海、宁夏、新疆；60～82天的有福建；82天的有2个：黑龙江、甘肃；三个月的有2个：河南、海南；最长的是西藏，在98天产假的基础上增加267天，产假（含生育奖励）达到一年。

在一些地方如吉林、重庆和北京，用人单位拥有除基本产假之外的奖励假的决定权。其中吉林、重庆的《人口与计划生育条例》均规定，经女职工本人申请并且得到单位同意，产假可以延至一年。如《吉林省人口与计划生育条例》（2016年修正）第四十一条规定，女职工经本人申请，单位同意，可延长产假至一年，产假延长期间工资按原额的75%发放，不影响调整工资、晋升级别、计算工龄。而北京市的生育奖励假为30天，经所在单位同意，可再增加1～3个月。天津市规定不能增加产假的，给予一个月基本工资或者实得工资的奖励。

此外，为了鼓励年轻人参加孕前检查，优生优育，陕西省除增加产假60天外还规定，参加孕前检查的可再增加10天产假（98+60+10=168）。为了鼓励纯母乳喂养，四川省的产假规定，除了《人口与计划生育条例》，还有《〈母婴保健法〉实施办法》第二十四条规定："实行纯母乳喂养的女职工增加一个月产假，产假视为出勤"（98+60+1个月=188）。

在各省、自治区、直辖市《人口与计划生育条例》中，虽然同为生育奖励，但假期名称并不相同，有的称为"生育奖励假"，如北京；有的称为"生育假（产假）"，如天津、上海、四川、云南；有的称为"延长产假"，如河北、山西、江苏、安徽、青海；有的称为"增加产假"，如内蒙古、辽宁、吉林、江西、山东、河南、湖北、湖南、广西、海南、重庆、贵州、陕西、宁夏、新疆；有的称为"产假"，如黑龙江、福建、西藏、甘肃；有的称为"奖励假"，如浙江、广东。[①]

关于各地生育奖励假津贴来源。根据各地《人口与计划生育条例》以及其他相关的地方性规章，女职工生育奖励假津贴来源也不相同，有15个省份源于生育保险基金，如北京、上海、天津、河北、山西、黑龙江、浙江、福建、安徽、江西、广西、甘肃、宁夏、新疆、西藏；14个省、自治区、直辖市没有规定，如内蒙古、吉林、辽宁、江苏、山东、河南、湖北、海南、重庆、四川、陕

① 课题组认为，综合各种称谓，考虑到生育奖励与产假的性质并不相同，建议统一称为"生育奖励假"。

西、云南、贵州、青海；仅有湖南、广东两个省规定由用人单位负担。湖南省人力资源和社会保障厅《关于城镇职工生育保险女职工产假待遇等有关问题的通知》(2016)明确规定："我省《条例2016版》新增加的60天产假暂不纳入我省生育保险生育津贴发放范围，女职工在此期间视同出勤，其工资福利等有关待遇由用人单位按规定发放。待国家《生育保险法》出台后，按照国家的有关规定执行。"①

**3. 护理假/陪产假的假期和待遇**

护理假/陪产假是生育妇女配偶享受的假期，各地《人口与计划生育条例》以及其他相关的地方性规章，对陪产假的假期也做出规定，如《北京市人口与计划生育条例》第十八条规定，女职工的配偶可以享受陪产假15天。

各地对假期的称谓也有不同，有的称为"陪产假"，有的称为"护理假"，有的称为"看护假"，有的称为"照顾假"。假期最少7天，最多30天，多数地区的陪产假为15天。目前，陪产假最短的为天津、山东两地，为7天；其次是上海、湖北，为10天；北京、河北、山西、辽宁、吉林、黑龙江、江苏、浙江、福建、江西、广东、海南、重庆、贵州、青海、新疆等省（市、区）的陪产假都为15天；假期最长的省份是云南、西藏、甘肃，为30天，河南为一个月（法规规定一个月，不知具体如何实行）。

关于男职工陪产假期间待遇来源，除内蒙古、江苏和广东外，绝大多数省份(28个)《人口与计划生育条例》以及其他相关的地方性规章，并未做出规定。内蒙古和江苏规定出自生育保险基金，广东规定由用人单位负担。

**4. 婚假**

依据我国《人口与计划生育法》及省、自治区、直辖市的《人口与计划生育条例》，各地取消晚婚假后，11个省份，包括天津、浙江、广东、广西、安徽、江西、湖南、山东、四川、宁夏、陕西确定婚假为国家法定的3天，其余20省份婚假假期从10天、13天、15天、18天、21天、23天到30天不等，极为分散。山西、甘肃的婚假最长为30天（见表2）。为了鼓励办理结婚登记的夫妻进行婚前医学检查，黑龙江、陕西规定增加婚假10日，河南规定增加婚假7日。

① 课题组注：考虑到各地地方性法规还在持续修改中，女职工生育奖励假津贴来源可能还会发生变化。

婚假假期工资照发，或视为出勤。

**表 2　各地婚假的时间**　　单位：天

| 婚假天数 | 行政区划 | 备注 |
|---|---|---|
| 3 | 天津、浙江、安徽、江西、山东、湖南、广东、广西、四川、陕西、宁夏 | 11 个 |
| 10 | 北京、辽宁、上海、西藏 | 4 个 |
| 13 | 江苏、海南、贵州 | 3 个 |
| 15 | 黑龙江、福建、重庆、青海 | 4 个 |
| 18 | 河北、内蒙古、吉林、湖北、云南 | 5 个 |
| 21 | 河南 | 1 个 |
| 23 | 新疆 | 1 个 |
| 30 | 山西、甘肃 | 2 个 |

## （三）我国现行女职工生育假期的特点

**1. 时间延长和待遇水平提高**

经历法律法规的修改，以产假为主的女职工假期设置发生了两个重要变化：时间延长和待遇水平提高。国务院规定顺产 98 天，各地产假延长从 30 天到 267 天（西藏）不等；至于女职工产假待遇，各地根据行政法规确立了更高保护标准，产假待遇由“基本工资”提升为“工资和福利待遇”。

**2. 各地假期名称有别，长度各异**

梳理全国 31 个省、自治区、直辖市女职工假期，发现一个不解的现象：越是经济发达省份，婚假、生育奖励假越短；越是经济欠发达省份，婚假、生育奖励假越长。生育奖励假最少 30 天，最多 267 天。婚假从 3 天到 30 天不等。山西省甚至设置了“经期”休假，规定医疗机构证明患有痛经或者经量过多的，给予 1 ~2 日的休息，但假期设置的依据耐人寻味。

**3. 假期由多部法律、法规和地方规章规定**

规定假期的授权机构既有全国人大、国务院、各部委，也有省、自治区、直辖市。假期由多部法律、法规和地方规章规定。这些授权机构之间如何进行统筹协调，如何解读法律法规条文，如何推进法律的实施，如何对已生效的法律法规进行监督，并不清晰。这些法律规制之间如何协调，也不明确。

## 三、延长产假对企业劳动关系的影响

女职工的假期要在具体的用人单位得到落实，用人单位对女职工假期的落实状况会直接影响女性权益保护的状况。调查发现，不同用人单位对延长产假的反馈不同，延长产假增加了企业的用工成本，企业采取管理策略应对女职工假期延长，因此，作为全面两孩的重要激励措施之一，延长产假并不能达成劳资政三赢。

### （一）用人单位对延长产假的反馈不同

课题组发现，各种用人单位在女职工产假的落实方面的状况参差不齐，不同性质的用人单位对延长产假的反馈也不尽相同。产假执行情况最好的是国家机关和事业单位，其次是国有大中型企业，而非公企业的情况比较复杂。外商投资企业，特别是欧、美、日企业遵纪守法，虽然他们对女职工假期延长导致企业人工成本增加表达了强烈的意见，但依然会无条件落实女职工假期。民营企业呈现多种样貌，但总体上似乎对成本增加反应并不强烈，似乎有各种办法去消化成本。

#### 1. 机关事业单位和国企：延长假期打乱工作秩序

国家机关、事业单位，甚至国有企业，它们对全面二孩影响的反馈基本上是一致的，主要是孕产哺乳期员工增多造成的“产假式缺编”打乱了正常的工作秩序。在某省某市的调查显示，国有企业、机关事业单位女职工假期总体上执行状况较好，但教育行业面临严重的“产假式缺编”，导致产假执行落实上的困难。

访谈中发现，教育行业面临严重的师资短缺和工作秩序的乱象。中小学校校长、幼儿园园长说，由于教育行业集中了大量年轻女教职员工，放开“二孩”和产假延长之后，学校教学安排焦头烂额。一方面，由于学校不能增加教师编制，生育期教师的工作量被分担到其他老师身上，导致在岗教师工作负荷增加，教学质量难以保证；另一方面，学校规定处于孕期、哺乳期的老师不能当班主任，不能管毕业班，导致没有足够多的适宜工作可调配，有的学校图书馆全是处于孕期、哺乳期的教职员工。再者，有些专业性较强的教师岗位如专业的幼教老师，可替代性较弱，进一步加剧了师资短缺。

**2. 非公企业：延长假期难以落实**

相对于国家机关和事业单位侧重于工作任务安排、人员调剂的忧虑，非公企业的反馈，主要集中在企业成本的考量和对延长假期政策的应对。某省规定增加产假三个月，加上法定98天产假，一共188天，是除西藏之外延长产假最长的省份之一。一些企业主管在访谈中直接表示，假期太长了，难以负担假期延长的成本，延长假期无法执行。

访谈中发现，在一些女工集中的制造企业，对落实产假延长和地方哺乳假的规定①，存在岗位编制的难处。因为企业编制在年度预算时就已确定，当1人或多人休产假、孕检假、哺乳假或因保胎休病假等时，企业还需为孕产假员工空留岗位。企业并不想违法，但对一线女工只有采取协商的方法达成协议补偿后离职，因为在女工集中的公司，一线生产易导致员工流产或因孕期反应无法在本岗位工作，但公司又没有办法为这些人调整岗位。

其实，不仅仅是在教育行业和女工集中的制造企业，只要女性从业比例较高的行业都有可能存在"产假式缺编"的风险，这给用人单位带来的压力可想而知。2010年全国人口普查资料显示，女性比例超过50%的行业主要有农业、林业、牧业、渔业、批发和零售业、住宿和餐饮业、金融业、卫生业，这些行业中的用人单位相对于其他行业，用工成本增加与人员短缺压力会更大。

## （二）延长产假增加了企业的用工成本

延长产假（不包括生育奖励假）到底会给企业增加多少用工成本？以前的研究中未有明确答案。下面通过两个案例将女职工假期成本量化出来，或许会使政府和研究者真正了解企业的视角，明白生育假期，特别是延长产假给企业造成了哪些成本增加。这对于更大范围的女职工假期成本分析具有参考价值。

**1. 女职工假期管理及影响分析**

非常规范的企业，会通过内部规章制度，将女职工假期成本量化出来，并进行制度化管理。如调研中的某外商独资企业制作了《女职工假期管理及影响分

① 某市地方性法规规定，女职工生育假（产假期）满后，因抚育婴儿确有困难的，经本人申请，用人单位同意，可以休不超过六个月的哺乳假。

析》，清晰地说明了延长产假给企业造成了哪些成本的增加。该企业是制造企业，共有员工 512 人，其中女工 83 人，占比 16%，分布在不同的层级。通过全面梳理女员工婚育状况（未婚 23 人，已婚未育 15 人，已育一胎 40 人，已育二胎 5 人），预测未来 5 年生育 30 人。

女职工（每人）假期成本增加清晰地显示在图 1 中，该图从左到右显示：产检假成本（相当于 7 天产检假工资）、产前病假成本（2 个月病假工资和单位缴纳社会保险）、孕期成本（工作量影响 50%，怀孕期间工资及单位缴纳社会保险）、产假期间（产假 4. 8 个月，单位缴纳社会保险）、哺乳时间（20 个工作日，哺乳期工资及单位缴纳社会保险）、替代人员成本（替代期间 14. 8 个月）。累计增加人工成本 19. 2 万元。企业表示，考虑到地方性法规又规定了 6 个月哺乳假，哺乳假给企业用工成本增加 45553 元。这样算起来，孕产期加上哺乳期延长 6 个月后，累计人工成本增加 238510 元。

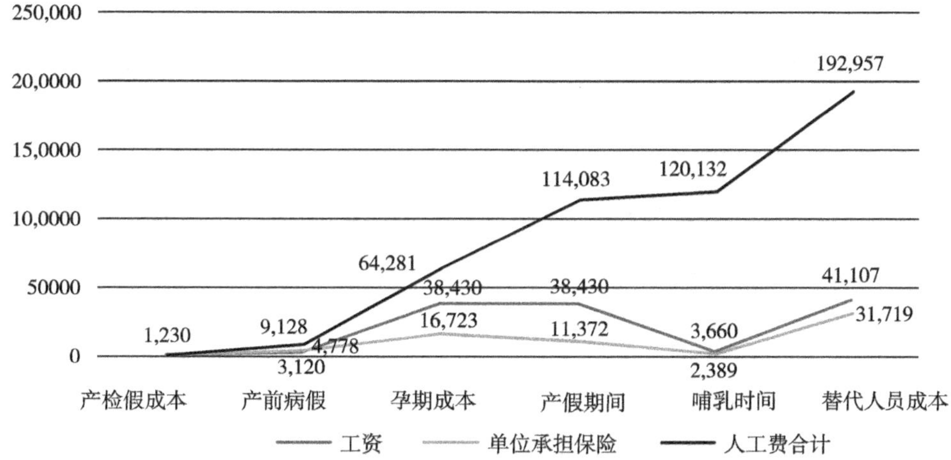


**图 1　女职工假期成本增加示意图（单位：元）**

该企业计算的依据是 2011—2017 年生育女员工的统计数据，发现很多女员工会选择在产前休病假，因长期休假，给企业部门工作安排和假期人员管理造成影响；还有部分员工会选择在产假期满后离职。从该企业成本计算可以看出，企业成本的增加主要体现在孕期成本和替代成本的部分，即女工由于生育不仅需要休产假，还包括产假之前的产检假、产前病假，以及产假之后的哺乳时间；而企业不仅需要为产假期间的女工支付社会保险，还需要承担期间的替代人员成本，再加上怀孕期间工作效率的损耗。

还有的企业通过对男女员工人工成本的核算，发现女工的人工成本要比男工高出8472元，即女工的人工成本是男工的1.8倍（见表3）。

**表3 男女员工人工成本对比** 单位：元

| 类别 | 单位承担保险 | 产假增加工资 | 哺乳时间工资 | 人工成本 |
|---|---|---|---|---|
| 女工 | 11467 | 3660 | 3660 | 18787 |
| 男工 | 10315 | | | 10315 |

**2. 女职工假期成本分析模型**

有的企业设计了女职工假期成本分析模型，对于更大范围女职工假期成本分析具有参考价值。该企业也是外商独资企业，属于制造企业，既有制造，也有高科技研发，员工11000人，大约半数是女工。女职工假期成本分析模型分析如下：

（1）设定成本增加测算的基本前提

前提1：职工起始工作平均年龄为20岁，退出工作岗位为57.5岁（女55岁，男60岁），共有37.5年生育保险缴纳积累过程。省或直辖市内所有企业全员缴纳社保/公积金平均基数为$N$（元）、职工总人数为$X$（人）、女工人数为$Y$（人）。

前提2：所有企业年综合奖金为2个月标准薪资、月加班按36小时计，标准薪资则为$N/1.53$。

前提3：以制造业测算，1/3的非一线岗位女工请产假时通过分解工作应对，2/3的一线岗位+少部分非一线岗位通过补充新人应对。

（2）2012年5月前90天产假一胎政策情形下，企业成本增加：

①企业缴纳的生育保险费为：$N \times 0.8\% \times X \times 12 \times 37.5 = 3.6N \times X$。

②女工享受的生育津贴+生育医疗费/产检费/计划生育费$= (N/30.4 \times 90 + A) \times Y = (2.96N + A) \times Y = 3.96N \times Y$（生育医疗费/产检费/计划生育费$A$约为$N$）。

以省/直辖市范围考量，$3.6N \times X > 3.96N \times Y$，即在一胎情形下，企业缴纳的生育保险费可满足女工生育津贴发放，并会有节余。

女职工请产假期间，企业需增加的成本：

①支付女职工产假的社保/公积金：$N \times (32\% + 11\%) / 30.4 \times 90 \times 2/3 \times$

$Y=0.85N\times Y$。

② 补充新人成本 = 招募成本 + 培训成本 + 离岗期间成本 + 替代成本 = $\{N/1.53\}\times3\times2/3\times Y=1.31N\times Y$（补充新人成本按最低经验值3个月成本计算）。

（离岗期间成本为离岗前的低绩效期 + 新人不适应组织环境的离职风险成本、替代成本为新人不能达到离岗女职工的工作绩效所造成的损失成本）

③非一线女工产假期间工作分解，在岗人员增加的加班费用：$(N/1.53/21.75/8\times1.75\times174-N/1.53)\times90/30.4\times1/3Y=0.48N\times Y$。

合计增加成本 $=0.85N\times Y+1.31N\times Y+0.48N\times Y=2.64N\times Y$。

（3）2012年5月起，产假提至128天并提倡二孩情形下，企业成本增加：

① 企业缴纳的生育保险费为：$N\times0.8\%\times X\times12\times37.5=3.6N\times X$。

②女工享受之生育津贴 + 生育医疗费/产检费/计划生育费 = $(N/30.4\times128+A)\times2Y=10.42N\times Y$。

二者平衡的状况为 $3.6N\times X=10.42N\times Y$，即 $Y/X=34.5\%$（即女职工占比在34.5%以下时，企业缴纳的生育保险费可支付生育津贴等）。

女职工请产假期间，企业需增加的成本：

①支付女职工产假的社保/公积金：$N\times(32\%+11\%)/30.4\times128\times2/3\times Y\times2=2.41N\times Y$。

②补充新人成本 = 招募成本 + 培训成本 + 离岗期间成本 + 替代成本 = $\{N/1.53\}\times3\times2/3\times Y\times2=2.62N\times Y$。

③非一线女工产假期间工作分解，在岗人员增加的加班费用：$(N/1.53/21.75/8\times1.75\times174-N/1.53)\times128/30.4\times1/3Y\times2=1.38N\times Y$。

合计增加成本 $=2.41N\times Y+2.62N\times Y+1.38N\times Y=6.41N\times Y$。

## （四）结论

二胎每胎128天产假较90天产假一胎，企业增加的成本为 $6.41NY-2.64NY=3.77NY$，估算在职女工1/4已生育一胎，折算系数为7/8，故企业增加成本为 $3.77NY\times7/8=3.3NY$。如果政策调整后不致明显增加企业成本的情况下，才会不影响女职工就业，故此增加的成本大部分最好由政府补贴给企业（实际操作可在支付生育津贴时同步补贴给企业，每人次按 $3.3N\times1/2$ 补贴）。

该成本分析模型首先设定测算成本增加的三个基本前提：一是职工起始工作平均年龄为20岁，退出工作岗位为57.5岁（女55岁、男60岁），共有37.5年生育保险缴纳积累过程；二是所有企业年综合奖金为2个月标准薪资、月加班按36小时计，标准薪资则为 $N/1.53$；三是以制造业测算，1/3的非一线岗位女工请产假时通过分解工作应对，2/3的一线岗位+少部分非一线岗位通过补充新人应对。

女职工产假由2012年5月的98天（一胎）调整至2016年1月的128天（二胎）①，企业因女职工产假增加了多少成本呢？如果将98天产假与128天产假企业需增加成本的计算公式加以比较，可以发现，企业考量的女职工产假成本主要包括三部分：支付女职工产假的社保/公积金、补充新人成本以及非一线女工产假期间工作分解导致在岗人员增加的加班费用。在缴纳社保/公积金平均基数 $N$ 和女工人数 $Y$ 相同的情况下，企业增加的成本需要多支付增加的女职工产假期间158天（30+128）的社保/公积金；需要多支付的补充新人成本，比一胎情况增加一倍；需要多支付增加的158天产假期间，因非一线女工产假期间工作分解、在岗人员增加而产生企业支付的加班费用。

从这个分析模型可以看出，企业女职工产假成本增加的原因有两点：一是生育“二孩”，导致女工休假的各项成本均加倍；二是每次产假时间从98天延长到128天，因而导致女职工每次生育增加了企业成本。

### （三）企业管理策略应对女职工假期延长

一些企业，特别是民营企业呈现多种样貌，遵纪守法的企业会抱怨生育假期的成本问题，但也有相当数量的企业对放开二孩生育、延长产假，反应并不强烈，似乎有各种办法去消化成本。这从另一层面反映出企业对女职工休假权益的规避行为。从各地企业调查中，可以从企业在招聘、培训、薪酬和社会保险的管理手段，了解他们如何应对女职工假期延长。

**1. 招聘：减少育龄女性，用实习生作为替代**

应该说，现在对企业而言是两难选择，一方面，用工市场求大于供，企业招聘合格的员工比较困难；另一方面，企业为了规避女职工假期成本，还要设置招聘门槛，从而加剧了招工的难度。有的调研企业说，现在企业好多工作是需要女性的，但没有招生育期女性的，平均年龄35岁以上的女性，也很难应聘上企业的岗位。有的调研企业的领导说：“我们和大专院校合作，设立实习基地。学校

① 这是增加生育奖励假最低的省份，按30天计算。

提供实习生，我们提供培训，这样一来能够缓解用工的压力，也能为学生提供就业机会。”某地方女工部部长坦言，法律有时虽然保护了女职工，但是没有保护企业，因此好多企业不愿意招女职工。

到底如何看待企业的态度和做法？一位雇主组织负责人说，二孩对女性就业肯定有影响，这种影响只体现在用工方如企业以及招聘群体如人力资源部门的反感态度和稍微消极的行为，但无实质性的普遍影响，未形成具有实质性影响的就业歧视，只是在女性就业歧视中增加了一个原因罢了。多数企业能理解和包容二孩女性。另外，不能混淆女工产假规定和二孩歧视两者的关系，即假期规定的合理性，以及企业对过长假期的意见甚至反对，都不能简单判断这类企业存在生育歧视，对于假期长短的意见是企业争取权益正当行为。

**2. 培训：不向员工宣传生育假期政策**

培训包括很多方面和内容，这里仅涉及职工对法律法规的知情权。如某省《人口与计划生育条例》第二十七条规定，除去正常的婚假外，如果是依法登记，可以增加婚假 18 天；如果参加婚检，可以再增加 7 天；如果合法生育子女，增加产假三个月，且配偶可享护理假一个月；上述婚假、产假和护理假期间均视为出勤。也就是说，婚假有可能达到 28 天；增加产假 3 个月，产假和增加产假之和约有 188 ~ 190 天；配偶护理假一个月。该条例是 2016 年 5 月 27 日修改发布的。

时隔一年半以后，课题组在职工座谈会上向职工询问她们的婚假有多长时间，职工回答各异，人力资源部主管解释说，规定婚假 10 天，但根据生产进度和身体情况可以另外增加或者减少。当问及产假有没有生育津贴时，职工回答，产假休了 4 个多月，没有收入。人力资源部主管解释说，最近单位刚刚参加生育保险，但只有部分人缴纳了。产假期间是有产假工资（按照最低工资标准发）的，超假了就没有产假工资了。意思是说，这个女工超假了，所以没有拿到产假工资。当问及休不休护理假时，职工回答，一般都是配偶请事假，陪产假 1 个月只能在国有企业才有可能。人力资源部主管说，企业内部陪产假规定是 10 天，但是不提倡，也不给职工宣传，休的人也很少。

员工对生育假期不清楚，对自己的休假权利不知情，首先，表现了人资部门在全面两孩政策背景下的人力资源管理策略手段，即对于生育假期不告知、不宣传。其次，也反映了员工对自己身处非公企业地位的无奈接受，她们知道有些假期只有国有企业的员工才可以享受。因此，她们对企业管理者并无怨言。当然，法律规定与企业现实的差距是一个更为根本的问题。

### 3. 薪酬和社保：企业与企业差异很大

即便是非公企业，在薪酬和社会保险方面，企业与企业差异之间的也非常大。且不要说生育奖励假期间的薪酬和社保，就是产假98天中的薪酬和社保，差异也比较大。在现实中，缴纳了社会保险特别是生育保险的企业，产假期间女职工会得到生育津贴；但是，调研中发现，一些很有规模的企业并不参加生育保险（他们也不参加社会医疗保险，而是让员工继续参加新型农村合作医疗，这种做法是企业和员工的一种默契）。

女职工产假期间，有的企业只提供当地最低工资标准的产假工资，有的提供基本工资（在职时，实行计件工资，或者底薪加提成），员工迫于经济压力放弃休假。正如员工们自己所说，收入与业绩挂钩，休假就没有奖金。制造业大多实行计件工资，休假只能拿基本工资；如果超假，连这些微薄的基本工资也不会再发。

在非公企业的调研中，员工提到最多的是“生活的成本高”，以及“生育假期是为机关事业单位定的”。她们说，如果让我们做一个调查，肯定是主动要求休98天的人要比休188天的人多得多。20～40岁女员工生活压力大，因为四线城市底薪很低，不上班就不能够承担生孩养孩的负担，她们只能来上班。她们也强调，法律假期是为事业单位和政府设置的，很多工人给她们6个月的休假，她们也不会休，因为会影响她们的收入。

### 4. 员工休假服从于企业生产管理需求

企业分布在各行各业，经营性质各不相同，但有一点是相同的，就是在激烈的市场竞争中，它们都以生产为中心，以业务为中心，以服务客户为中心，员工休假必须服从于企业的生产管理需求。当问及员工休假对企业生产经营是否有影响时，回答是肯定的。人力资源部主管说，对于私营企业来说，就是一个岗位一个人，甚至两个岗位一个人。在这种情况下，人力资源部都会去分析女职工3～5年内是否有生育的需求，如果有，就要提前做好准备找岗位的接替者。特别是像在五星级酒店，必须保持服务质量，因此，只能找人替代休假员工的工作。而休假员工也会想尽办法安排好婴儿，尽早返回工作岗位。对休假员工而言，一方面，休假时间长了，她的工作岗位有可能被他人彻底替代；另一方面，自己的工作和岗位技能也在退化，如果不参加培训，有可能难以胜任职位要求。

至于制造企业，一线员工如果休假不能做了，要么其他人分解她的工作（甚至线长或者中层管理人员承担分解工作），只有在不得已的情况下，才会采取招聘新人替代，为的是最大限度地节约成本。从员工的角度看，如果她认为这是一份不错的工作，她也会尽可能地缩短假期，尽早回到工作岗位，工作和收入是她考虑的最基本的两个要素。

### （四）延长产假并不能达成劳资政三赢

国家修改《人口和计划生育法》，规定生育奖励假或延长假期，目的是鼓励育龄女性生育二孩。但现实的情况是，政府“请客”，企业“买单”。企业认为生育假期使企业付出过多成本，不仅没有积极性，而且想办法规避法律义务，女职工权益的落实自然是纸上谈兵。

调研中发现，一部分非公民营企业不足额参加社会保险（或选择性参加保险，或不全员，或不足额参加保险）。在相对规范的企业，女职工最多休98天产假，基本上不知道生育奖励假；即便有生育奖励假也不会休，因为休假会影响收入和就业。更糟糕的是，一般企业并不参加生育保险，女职工怀孕5～6个月就自动离职。在这种情况下，这些企业因为不用负担女职工的生育成本，因此也未增加成本负担。深度访谈中，企业和职工普遍认为，生不生二孩，最重要的是经济上是否承担得起。养小孩的成本越来越高，单纯增加假期是有刺激作用，但是这不是根本。医疗和教育是相应的，国家应当大力投入。她们也指出，机关事业单位女职工喜欢休长假，是因为有经济保障。

因此，延长产假并不能提升生育意愿，对女职工而言，只有降低育儿成本，她们才敢生；对用人单位，特别是非公企业而言，只有政府和全社会能够合理分担这些成本，企业才有积极性，并惠及生育男女职工，最终实现中国人口战略的转型，达成劳资政三赢，真正“增强人民群众的获得感和幸福感”。

## 四、我国现行女职工假期对女性权益维护的影响

女职工假期延长，给相当一部分职工带来了福音，但多数非公企业无法落实女职工假期及其待遇，导致不同用人单位女性保护水平的差距拉大；同时，困扰工作女性的主要问题如工作与家庭的平衡更加突出，与二孩政策是否加剧了就业歧视的忧虑相比，一部分工作女性游离在生育保护之外却是不争的事实，更需要政府和全社会“尽力而为”加以解决。

### （一）不同单位女性（生育）保护水平的鸿沟扩大

自从2016年1月1日全面二孩政策实施以来，产假延长，生育奖励假和陪

产假的设置，给相当一部分职工带来了福音。国家机关、事业单位和国有企业的女职工享受了更长时间的产假，生育奖励假期间或者得到生育津贴，或者用人单位按照出勤支付工资和福利待遇。她们的配偶，如果也在机关事业单位，同样可以享受陪产假，得到按照出勤支付的工资和福利待遇。但是，多数非公企业的女职工和男职工的情况就大不一样了，用人单位不参加生育保险，在女职工产假期间支付给女职工的只有极低的基本工资。支付的前提条件是在90天或98天产假结束就上班，如果不按时上班就不再支付产假期间的基本工资了。

由于多数非公企业无法按照《人口与计划生育条例》的规定，落实女职工假期及其待遇，使得这部分男女职工的保护水平仍然停留在2016年以前，甚至更糟。以产假为例，2016年以前，两部分群体之间的差距，是98天带薪产假和无薪产假的区别；2016年以后，两部分群体之间的差距，是98天+（30～267天）带薪产假和98天无薪产假的差距，甚至90天无薪产假。一部分群体的保护水平确实提高了，有些提高的幅度还很大，但另一部分群体原地踏步，甚至倒退。不同单位女性（生育）保护水平的鸿沟扩大，是个不争的事实。

不同单位生育保护水平的差距拉大，也体现在陪产假的落实状况。在全国的电子问卷中，当问“您配偶所在的单位是否有护理假的规定？”回答“有”的占49.8%，“没有”的占50.2%。进一步分析发现，回答“有”的，基本上来自国家机关、事业单位、国有企业以及外商投资企业；回答“没有”的基本来自民营企业。在针对民营企业的纸质问卷中，当问及同一问题时，回答“有”的占13.16%，“没有”的占86.84%。两种问卷说明，基本上民营企业的女职工配偶都不能休陪产假。与女职工生育奖励假落实情况相比，他们配偶陪产假的落实情况更差。

全国总工会女工部的调查也从一个侧面支持了我们的观点。全国总工会女工部2016年重大课题《关于全面两孩政策下生育保障制度实施情况的调研》的结果显示，在法律法规执行不严格的条件下，非公企业产假落实情况并不乐观，非公企业仍有32.70%的女职工休产假为90天以下。也就是说，被调查的非公企业尚有1/3的女职工休产假未达到1995年我国《劳动法》规定的不低于90天的水准。

目前，经济新常态下中小微企业生存艰难，它们认为，企业外部的生育津贴仅能补偿产假工资，而计划生育奖励假、替补人员的费用等只能由企业补偿。因此，许多企业会尽力回避对生育高峰期女性的雇佣。这样，表面上一视同仁的法律条文，面对不同用人单位，就显示出它的不公平：中小民营企业存在人员调配空间小的问题，不易执行，而公务员等群体更容易享受到政策福利。

## （二）困扰工作女性的主要问题更加突出

中国工作女性的比重在世界上是最高的，在工作的同时，又肩负着孕育下一代的家庭责任，这些都要付出时间和精力。法律法规赋予女职工更长的生育奖励假，似乎并没有缓解她们遇到的主要问题，反倒强化了她们“主要承担照顾责任”，是“次要的收入来源”等。国际劳工组织早就指出，只强调妇女承担照顾责任的立法出发点，会强化妇女在劳动力市场上的不利地位。

在问卷中，当问到“作为女性，您在工作方面遇到的主要问题有哪些?”时，一共有以下七个选项：

（1）招聘及晋升中的性别歧视

（2）职业技术培训的性别歧视

（3）性骚扰

（4）经期工作的不便和困难

（5）结婚生子对工作的影响

（6）平衡工作和家庭责任

（7）没有问题

回收的问卷中显示，平衡工作和家庭责任、结婚生子对工作的影响，成为困扰女性的最主要问题（见图2）。

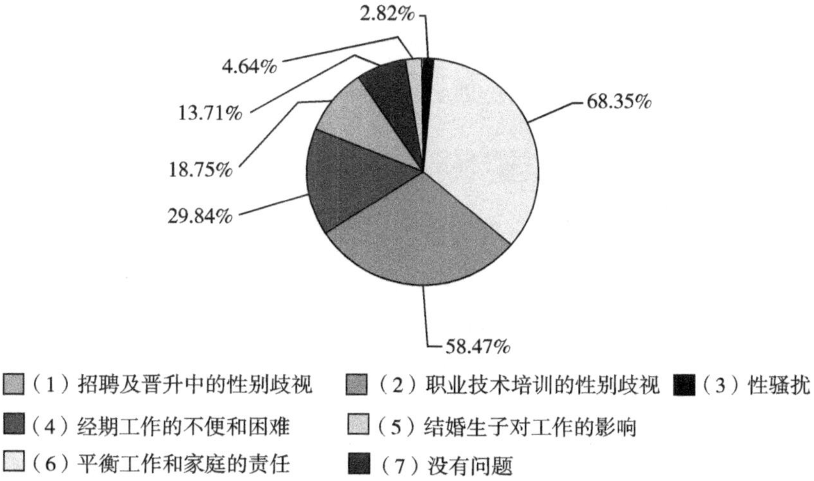


**图2　您在工作方面遇到的主要问题有哪些**

平衡工作和家庭责任、结婚生子对工作的影响，之所以会成为困扰工作女性的最主要问题，是因为我国平衡女性工作与家庭的社会支持体系缺失，导致工作女性面临三大压力：一是育儿的经济压力大。仅以学前教育为例，目前，3岁以前的幼托机构几乎都属于市场化的运作模式，价格昂贵已经是普遍的规律。二是育儿的时间压力大。女职工既要在职场上拼搏，又要照顾孩子，整天处于疲于奔命的忙碌中。三是育儿的责任压力大。和男性相比，女性担负着孕育下一代的重担。产假延长，更加强化了女职工育儿的责任。①

在对专家访谈中，专家明确表达了自己的观点：首先，我国98天产假从女性自身恢复来说是适宜的，不少女性希望延长产假，考虑的是母乳喂养、陪伴孩子，这涉及的是育儿问题。其次，一味地提倡延长产假，是把育儿责任全部归到妇女身上了，进而会影响妇女的就业权。对女性来说，生育后最困难的时期只有几年，但是劳动权一旦被侵犯，将会影响终身的劳动权益。再次，全面二孩政策意味着照料子女的家庭责任增加，如果没有一系列相应的配套措施，女职工的家庭负担将会增加，导致女性更有可能从职场回归家庭。

国外研究发现，生育对女性职业流动的影响，从长期来看，很可能进一步固化劳动力市场的性别隔离。大多数女性在生育后都倾向“母亲友好型”职业，即偏向工作时间较短、不要求加班或出差、能轻松请假或偶尔缺勤等特质，以便随时照应孩子（Budig & England，2001）②。即便如此，此类职业收入较低、培训匮乏、职业前景黯淡，对劳动者而言是一种向下的职业流动。这也是大多数女性为解决“工作者与照顾者”即工作与家庭之间的冲突而采取的行动偏好。因此，国际劳工组织强调，对女职工生育保护的核心问题是帮助妇女结合好生育与生产两个角色，防止因她们的生育角色而在就业中受到不公平待遇。

### （三）对女性就业歧视的忧虑加剧

关于延长产假政策，在新浪新闻中心一项调查“你认为二孩产假98天足够长吗”中，78.7%（1235票）的网友认为“不够，两个孩子妈妈要花更多的时间、精力”。“你赞成延长生二孩的产假时间吗”，有79.2%（1240票）的网友回答“赞成”。但当被问及“你觉得产假太长会导致女性就业难吗”，同样有

① 上海市总工会女职工委员会．单独二胎背景下上海生育期女职工权益保障状况及改进建议［J］．中国工运，2015（7）．

② Budig，England. *The wage penalty for motherhood.* ［J］. American Sociological Review，2011，66（2）：204－225.

60.8%（954票）的网友认为“会，老板不是慈善家，没理由养着你”。从这三个简单的问题，可以看到社会大众对延长产假的态度，一方面，支持延长产假政策，因为它给予女性更多的家庭时间扮演母亲的社会角色；但另一方面，公众也担心因为投入家庭的时间增多而导致劳动力市场竞争力的下降，就业难问题或更加凸显。因此，对就业歧视忧虑的加剧并不是政策本身造成的，而是缺少政策的支持措施，即涉及生育成本由谁承担的问题。由于目前的生育成本主要由企业承担，便可以理解大众对女性就业歧视加剧的担忧。

其实，基于性别的就业歧视由来已久。用人单位招聘时拒绝录用女性，或将女性安排在次要和低薪岗位上，男女虽然同工但事实上的薪酬、培训和晋升机会的不平等现象大量存在，甚至女职工的婚育也会受到种种限制。余秀兰的研究（2014）认为，女职工由于需要维持工作和家庭的平衡从而分散了工作精力，同时劳动力市场供大于求的现状等因素，也促使企业更愿意雇佣男职工，从而加剧了职场中的性别歧视①。目前，社会普遍认为，全面二孩政策实施后女性就业歧视会增加。

但是，这些或是没有确凿事实根据的揣测，或是对（政策出台前）原有事实的论述，目前并没有实证数据论证支持二孩政策加剧了就业歧视。

### （四）一部分工作女性游离在保护之外

与二孩政策是否加剧了就业歧视相比，一部分工作女性游离在保护之外却是不争的事实。由于制度设计问题，女性自主创业者、非正规就业女性等群体没有被涵盖在生育保护制度的受益范围内，受益对象也只有在符合生育政策规定和满足生育保险的各项要求时才可享受生育保险待遇。原国家卫生和计划生育委员会网站、人力资源和社会保障部网站的数据显示（见表4），2010—2016年，享受生育保险待遇与当年全国出生人口相比，占比不断提高，从2010年的13.25%，到2013年的31.83%，再到2016年的51.16%，但仍有接近一半的女性（48.84%）在生育时不能享受生育保险待遇。考虑到2016年的51.16%涵盖了体制内女职工生育二孩两次享受生育保险待遇的状况，会有超过一半的生育女性游离在生育保护之外。

① 余秀兰．女性就业歧视发生的机会结构［J］．甘肃社会科学，2014（6）：6－10.

**表4　享受生育保险待遇人数与出生人口之比**

| 年 | 出生人口（万人） | 享受生育保险待遇人数（万人） | 占比（%） |
|---|---|---|---|
| 2017 | 1723 | 尚未公布 | — |
| 2016 | 1786 | 913.7 | 51.16% |
| 2015 | 1655 | 641.9 | 38.79% |
| 2014 | 1687 | 613.0 | 36.34% |
| 2013 | 1640 | 522.0 | 31.83% |
| 2012 | 1635 | 353.0 | 21.59% |
| 2011 | 1604 | 265.0 | 16.52% |
| 2010 | 1592 | 211.0 | 13.25% |

我们回收问卷中的数据也说明了这个问题的严重性。在回收的纸质问卷（针对制造业民营企业）中，休过产假的共有134人，当问到“您产假期间是否享受生育津贴”，回答“有”的71人，占52.98%，“没有”的占47.02%。生产发生在1987—2016年。

再继续问“如果您享有生育津贴，在法定98天产假内，津贴的标准是什么?”，有5个选项：①按照单位上年度职工月平均工资，由生育保险基金支付生育津贴；②单位按照女职工产前工资标准支付生育津贴；③单位只发放基本工资；④没有经济收入；⑤不清楚。回答①的占8.45%，回答②的占28.17%，回答⑤的占9.86%，而回答③的高达53.52%，显示出有相当比例的工作女性游离在生育保护之外。

地方人社部门已经有针对落实女职工产假的问题展开调查。福建省邵武市人社局的调查表明，在招聘女职工时，约有21%的企业因女职工产假的因素而优先考虑男性；能够给予女职工158~180天产假的企业不足一半。有82%的企业为女职工购买了生育保险，但约有21%的企业生育保险覆盖率不足50%。产假薪资待遇标准也参差不齐，产假超过98天的约36%的企业不发薪资待遇（吴秀凤，2017）[①]。

① 吴秀凤．浅析县域企业落实女职工产假存在的问题及建议——以邵武市为例［J］．就业与保障，2017（15）：25-26.

## 五、对女职工假期落实存在问题的分析

女职工假期落实存在问题有两个层面：一个是假期规制的问题，如假期地区差异影响权利公平，假期性质含糊不清，假期成本承担主体单一，政出多门缺乏监管；另一个是假期落实的问题，不同用人单位对延长假期的态度不同，不同单位女性保护水平不同，相当一部分工作女性游离在生育保护之外。这些问题背后的原因主要是法律修改缺乏充分讨论，假期设置存在先天不足；用人单位苦乐不均，对生育假期的成本分担不同；而且，现存问题多是原有生育保护问题的延续。

### （一）法律修改缺乏充分讨论，假期设置存在先天不足

中国的全面二孩政策从2015年10月26日中共十八届五中全会提出政策主张，到2015年12月27日人大审议通过，到最终2016年1月1日正式开始实施，仅用时两个月。两个月的时间，就把党的政策主张通过立法机关的法定程序变成为法律，上升为国家意志，实现了重大人口政策的转型。

法律修改缺乏充分讨论，讨论中缺少企业代表，特别是中小企业代表的声音。调研中，许多企业表达了这样的观点，无论是立法修法讨论，还是法律实施状况调查，都要注重了解和听取企业特别是中小非公企业的意见和困难。它们占比在70%以上，只有它们履行法定义务了，在其中工作的女职工的权益才能真正得到维护。同样，政策的出台和法律的颁行过于急速，未给法律和政策执行人群特别是用人单位充分的准备时间，也是一个问题。

2016年6—12月，国家卫计委在全国组织开展了《人口与计划生育法》落实情况专项监督检查，发现部分地区新增生育假奖励和生育津贴落实困难，单位用人成本增加，影响了女性平等就业。这种状况与法律修改缺乏充分讨论，假期设置存在先天不足不无关系。这些不足主要表现在以下几方面：

第一，《人口与计划生育法》和《劳动法》的关系不清晰。我国并没有专门的劳动基准立法，存在各层面、不同类别的不同法律法规不一致甚至冲突和矛盾的现象，典型的如前述对产假和延长产假的规制方面。迄今为止，没有形成一个和谐一致、衔接顺畅的制度体系，给法律的实施造成了一定障碍。

第二，产假与计划生育奖励假的性质和功能不清晰。修改后的产假分为两个部分，第一部分是原有的产假，其依据是《女职工劳动保护特别规定》，目的是

保护女职工和婴儿的健康；第二部分是奖励性产假，其依据是《人口和计划生育法》，目的是鼓励符合条件的夫妇生育。奖励产假期间的待遇各地规定不同，且待遇的支付主体均不明确。结果实践中就形成政府发福利、企业来买单的局面。我国现行女职工假期设置的最突出特点，就是通过延长产假奖励生育，表明立法者并不明晰二者的关系。产假只是生育过程的一个组成部分，产假是妇女在妊娠、分娩和产后阶段休假的权利。不少社会舆论在将女职工产假与育儿假和计划生育奖励假相混淆的情况下，甚至提出了延长产假1~3年的主张。

第三，假期地区差异影响权利公平①。2016年1月1日以来，全国31个省（区、市）均对本地的人口与计划生育条例在取消晚婚假，明确产假、婚假和男方陪产假天数等方面进行了修改。但目前各地规定的假期差距较大，最短为3天（如天津、浙江等），最长的30天（如山西、甘肃等），两者相差27天；生育奖励假最长267天（西藏），亦有3个月的（河南、海南），最短为30天（北京、上海等），相差237天。其中，湖南、广东明确由用人单位承担，北京、天津等15个省市由生育保险基金承担，其余如内蒙古、辽宁、吉林等14个省、自治区、直辖市没有规定，即默认由企业承担。配偶护理假（陪产假）方面，最长为30天（如云南、河南等），最短为7天，两者相差23天。而北京等多地实行产假弹性调节，经组织同意，可以再增加假期1~3个月。照此计算，职工产假在原来的98天外，还可弹性调节，最长可达1年。

各地因地制宜来制定本地的假期天数和待遇的做法会造成同一企业不同地区的部门间成本负担不一致，也导致跨地区企业用工单位执行法律时的选择性困难，更不利于不同地区之间企业的公平竞争。因此，从全国范围考虑，提高立法层次，规范婚产假，势在必行②。

第四，未对保障假期实施的法律责任和监督管理部门等做出规定，导致这些假期在实际执行中缺乏监管。由于法律法规未做出规定，一些企业特别是非公、中小企业女职工权益保护，更多取决于企业主的守法意识，而不是强制性的执行。因此，实践中，有人总结说，生育假期制度，谁（用人单位）有条件谁执行，不执行也无所谓，反正也没人管（监管）。

总之，无论是在国家层面，还是省级层面，这种快节奏颁行的法律和地方性法规中，一些必须加以规制的问题却没有规制，一些必须加以讨论、统一意见以

① 劳君雨．浅谈我国结婚生育假期制度现状及发展［J］．中国人力资源社会保障，2017（4）．

② 黄桂霞．中国生育保障水平的现状及影响因素分析——基于第三期中国妇女社会地位调查的实证研究［J］．妇女研究论丛，2015（5）：103－111．

避免后患的问题却没有讨论。这是导致生育假期无法全面落实的主要原因。

## （二）用人单位对生育假期的成本分担不同

关于生育假期成本分担涉及两个层面的问题，一是用人单位和政府的关系，用人单位承担过多，政府承担过少；二是用人单位和用人单位的关系，不同用人单位苦乐不均。

### 1. 不同用人单位对生育假期的成本分担不同

目前劳动者享有的结婚生育休假中，除用人单位参加生育保险的，其单位生育女职工在98天产假中的生育津贴和医疗津贴，明确由生育保险基金承担外，全面两孩政策前，劳动者的晚婚假、女职工的产检假、产前病假、孕期成本（工作量影响50%）、哺乳时间成本以及98天产假期间的社会保险等，一直由用人单位承担。全面两孩政策后，劳动者的婚假、女职工生育奖励假、男职工的陪产假等假期成本大部分也由用人单位承担，造成用人单位负担增加，影响劳动者假期权益的落实。奖励性产假待遇各地规定不同，或由生育保险基金支付，或由用人单位支付，或没有规定。从道理上讲，既不应由生育保险买单，也不应由用人单位买单，应该是谁奖励、谁买单。否则，如果由生育保险基金负担，势必会大幅增加生育保险基金的压力（据人力资源和社会保障统计公报数据，2016年我国生育保险基金首次出现支大于收的状况）。而如果提高用人单位缴纳生育保险的系数，又会进一步加重企业成本，并没有真正解决成本分担的问题。

女职工假期落实状况，之所以在国家机关、事业单位、国有企业、非公企业中参差不齐，一个重要原因就是这些用人单位的人力成本来源各不相同。国家机关和一部分事业单位是全额财政拨款，其生育假期成本，包括生育奖励假及陪产假期间的工资部分，也从财政拨款中支出。当一部分女职工处于孕产期时，由于没有编制，所以需要临时聘用人员，签订劳动合同，参加社会保险。这些编外人员的工资和社会保险，成为机关事业单位的成本。比如在中小学、幼儿园，这些替代成本会出自办公经费。在这种情况下，他们的要求很简单，即当女职工达到一定比例时，适当增加富余编制，以解决生育女职工的工作替代问题。国有企业一般规模较大，管理更加规范，也能按法律规定落实女职工生育奖励假期间的各项费用。而在非公企业，特别是中小企业则存在更多问题，这类企业一般成本压力较大，出于利润最大化的目的，不愿意承担女职工生育奖励假期间的各种待遇成本。

**2. 生育津贴等实际均为企业承担**

全面两孩政策出台后，一般企业（特别是中小微企业）的最现实看法有两点：一是由一胎产假98天调整为二胎每胎产假128天，直观表现为产假女职工离岗天数从98天提高至256天；二是二孩政策下，女职工产假前后的产检离岗时间及哺乳离岗时间增加1倍，怀孕及哺乳期间内不得安排加班及夜班的用工问题增加1次。

用人单位一般通过两种方式解决女职工产假期间对工作的影响问题：①调整其他职工的工作安排，将产假女职工的工作分摊给其他职工完成。这种方式主要适用企业的非一线岗位，且组织内同类相关岗位人力充裕的情形（按加班不超过36小时的法规下，组织内同类相关岗位在岗人力至少5人以上时，才可能分担1名请假离职女职工的工作）。②新招聘人员替代产假女职工的工作。这种方式主要为企业的一线岗位（如制造业的流水线或机台操作岗）、人力紧张的非一线岗位（特别中小微企业）。

两种方式各有利弊，企业通常会进行权衡。如果不补充人力，通过在岗人力分担，在绝大多数计时薪资制下，增加了在岗员工的工作负荷（中小微企业会更突显），而薪资待遇未同比增加，会影响在岗员工的情绪并导致工作质量难以保证；同时，也需要相应增加其他职工的待遇，如支付更多的加班费。如果假期离岗女职工的工作重要度或复杂度较高，短期替代性难，替代员工有适应期，就会严重影响工作。如果补充新人替代离岗女职工，除了要继续承担假期离岗女职工的社保费用和公积金外，还会涉及补充新人的招募成本、培训成本、离岗期间成本和替代成本，而且会遗留产假女职工复职后的工作安排问题。

调研企业最终强调的是不论98天一胎还是128天二胎，生育津贴等实际均为企业承担，现有政策只是由政府社保部门通过统筹代替企业支付，其他增加的产检及哺乳期时间等相关损失工时、用工不便等困扰均是企业在承担，期待政策调整多综合、深入考量对女职工实际就业及对企业用工成本的影响。

**3. 当事人的权利无法通过劳动监察获得救济**

如果用人单位不落实生育奖励假，当事人的权利是否可以通过劳动保障监察方式获得有效救济？在法律层面，答案是否定的。国家《人口与计划生育法》在法律责任一章中，没有对不落实生育奖励假的行为主体规定法律责任。地方人口与计划生育条例中，如《北京市人口与计划生育条例》第三十七条规定，如果用人单位不落实生育奖励假，当事人的权利救济途径是“可以向卫生和计划生育行政部门举报”，然后，“卫生和计划生育行政部门应当督促落实，并对当事人维护合法权益予以支持”。在现实社会中，卫生计生部门怎么可能去企业检查生育奖励假的落实情况，又怎么督促落实呢？这就是不少企业对职工生育奖励假不理不睬的深层原因。

在现实层面，地方劳动监察部门明确表示，职工生育奖励假或延长产假等《人口与计划生育法》和《人口与计划生育条例》规定的内容，劳动监察不管。因为没有明确规定由劳动行政部门管，所以他们执法无据。劳动监察主要关注的是企业是否安排女职工参加不适宜参加的劳动（等级），是否安排女职工每天1小时哺乳时间，是否允许劳动时间内带薪产检。而有关生育津贴和生育医疗待遇的争议，劳动保障仲裁会受理。《人口与计划生育法》一般由计生部门贯彻执行，所以违反计生法的行为也由计生部门管。地方劳动监察部门说，其实管也行，毕竟也是与劳动相关，也是一种用工违法行为，但确实执法无据。这也是计生法的不足之处。

由此，如果用人单位不落实生育奖励假，其违反的不是我国的劳动标准，而是《人口和计划生育法》，当事人的权利无法通过劳动保障监察方式获得有效救济。

### （三）现存问题是原有生育保护问题的延续

现在女职工假期落实存在的问题，多是原有生育保护问题的延续。20世纪90年代初实行市场经济以来，女职工生育保护面临着一系列突出问题。以生育保险的覆盖面为例，从企业方来说，非公有制企业和个体户的参保率较低；从劳动者方面来说，农民工、非正规就业群体的参保率较低。女职工无法享受产假待遇，既有企业出于成本的考虑不缴纳生育保险，也有女工自身因流动性大、工作环境危害等原因而不愿意缴纳保险，甚至怀孕就选择离职。这种情况下，我们很难说，女性因生育选择退出劳动力市场是自愿的选择。

2010年，全国妇联妇女研究所开展“《女职工劳动保护规定》修改调查”项目，调查选择了哈尔滨、南京、成都和北京4个代表性地区，黑龙江、江苏、四川3省妇女研究所参与调查研究。关于生育保险的覆盖范围，调查发现，生育保险较多覆盖到国企和用工制度比较健全的单位，但较少覆盖到非正规就业部门、用工制度不够规范的单位和农民工群体。生育保险是五险中执行最弱的一项。一方面，由于女工流动性大，异地续保难，女职工参保意愿不强，很多女职工怀孕后就会自动离职；另一方面，许多外企、私企、个体户，在招聘时不会接受怀孕的女职工，导致有相当部分的女职工无法享受生育保险（全国妇联妇女研究所《女职工劳动保护规定》修改课题组，2011）①。

黄桂霞从分娩费用、产假时间和生育津贴三个部分描述中国生育保障水平的现状（黄桂霞，2015）。在分娩费用部分，私营或个体全部自费的比例最高，达到72.9%；生育保障水平的城乡差异、体制内外的差异、正式和非正式员工之间的差异均较大。

无论是国家层面的法律法规，还是地方性的法规，都把女职工假期的法定义务赋予用人单位，如《女职工劳动保护特别规定》中对用人单位规定了22项义务，而政府责任未有充分体现。2015年度全国参加生育保险人数为17771万人，仅占当年参加全国城镇职工基本养老保险人数35361万人的50%左右。这种状况与生育保险“一手托两命”重险的地位很不相称。

因此，从上述分析可见，现在除了全面两孩，除了假期延长，其他的状况都没有改变。以生育保险的覆盖面为例，以往未参保的重灾区，非公企业、农民工、非正规就业群体，情况并未好转。在这种情况下，这些无法得到保护或保护不完整的群体，只能自食其力生育小孩。她们生育意愿不高，也是情理之中。

## 六、在借鉴国际经验基础上的政策建议

在全面两孩的政策背景下，保护女职工不能单纯从延长假期入手，随着男女之间地位和家庭责任的改变，一定要从工作生活平衡和男女共担家庭责任的角度，全面考虑假期设置；同时，落实女职工生育假期保护问题的关键在于用人单位，因此，如何使用人单位有落实政策的积极性，就显得格外重要。目前，改革和完善生育假期设置，要从我国的国情出发，全面客观地吸收和借鉴世界各国的先进经验，在制度建设和覆盖面上要“尽力而为”，而在假期长度和福利水平方面则要“量力而行”。

### （一）理念引领：厘清保护对象

假期设置表面上是长度和待遇问题，实质上是要厘清保护对象问题，以及用何种方法或措施实现保护的目的。中国强调女职工保护，认为女性是弱者、是易

① 蒋永萍．社会性别视角下的生育保险制度改革与完善——从《生育保险办法（征求意见稿）》说起［J］．妇女研究论丛，2013（1）．

受侵害的对象。与国内强调女职工保护不同，国外围绕生育保护设置相关假期，要保护的是参与生育行为和过程的主体。保护对象不仅涉及女性，也涉及男性；保护过程不仅涉及生殖，也涉及抚育；假期设置既有产假，亦有陪产假、育儿假。从这个意义上看，如何在假期设置中体现性别平等，首先是个理念问题。生育责任仅仅是女性的，还是女性和男性的共同责任？什么样的制度设计有利于消除性别歧视，平衡工作和家庭？这些问题是世界性的话题。

国际劳工组织认为，在制定法律和政策时，要注意避免强化对妇女的成见，过度强化对女性的保护，只强调妇女承担照顾责任的立法出发点时，会强化妇女在劳动力市场上的不利地位。比如，要求拥有一定数量女职工的企业设立托儿中心，却忽视了男性也有照顾子女责任这一点。因此，国际劳工组织强调，旨在促进工作与家庭责任平衡的措施，如育儿服务等，不应只针对妇女。这种立法容易促使雇主将女职工的数量控制在要求设立托儿站的标准之下。总体而言，所有将生育津贴的成本直接转嫁给雇主的措施都可能强化妇女在劳动力市场上的不利地位。社会保险要想有效覆盖从事非典型工作的妇女，必须让这个制度对她们以及男性都具有吸引力，并在经济上负担得起。

### （二）顶层设计：统一假期标准，分担假期成本

对于涉及基本劳动权益保障和具有普惠性质的假期种类和天数的设置，建议由国务院牵头负责，或由一个部门统一协调，以保障我国各类假期制度衔接顺畅、和谐一致①。女职工假期标准的统一，不仅涉及权利主体的公平，也涉及义务主体在市场经济中的公平竞争。

女职工假期的长短对用人单位的人工成本、生产经营发展具有直接影响。因此，如果不能解决合理的成本分担，女职工假期延长反而会对女性权益维护产生负面的影响。这个问题需要在国家层面加以明确和解决，否则，每一次延长假期都会加剧不同用工单位职工享受女职工假期的差距，造成更严重的不公平。

建议国家层面统一婚假、产假、陪产假等标准，同时，鼓励产业和企业通过劳资协商给予职工更优厚的假期。如可以考虑制定《关于生育保护的假期规定》，规定在《女职工劳动保护特别规定》确定的产假标准之上，统一顺产产假天数为 128 天，男性护理假为 15 天。同时，鼓励用人单位在法定产假之外，设置内部有薪或无薪育儿假，经双方协商保留岗位，计算为连续工龄，用人单位按

① 劳君雨．浅谈我国结婚生育假期制度现状及发展［J］．中国人力资源社会保障，2017（4）．

照最低缴费基数缴纳全部社会保险费，女职工或者男职工可以申请休育儿假至哺乳期期满或一定年龄。此项灵活的休假制度可以兼顾双方需求和权益。

假期设置要与经济社会发展相适应。当前我国劳动者每年休息时间（包括法定节假日和双休日）为115天、带薪年休假为5~15天，每周工作时间40个小时，已经基本与世界发达国家持平。产假不宜过长，产假待遇也不宜过高。实际上，产假128天已经超过了国际劳工组织191号《生育保护建议书》18周的建议水平。当然，将来随着我国经济社会发展水平的不断提高，假期设置也可随之做出必要的修改。

探索假期成本承担主体多元化和公平性。国际劳工组织183号公约就强调应由强制性社会保险、公共资金等与雇主共同承担生育津贴。而当前在我国主要由企业承担职工的结婚、生育、休假等各类假期成本，负担较重。建议考虑我国企业实际负担状况，建立职工假期成本共担机制，明确各类假期的成本担负主体和形式以及比例等要素①。总之，要明确假期中的政府责任，特别是政府的财政投入。同时，通过政府财政或税收手段，将不同用工单位女职工假期成本的不同，变为大体相同，为中小非公企业创造更加公平的环境。

根据世界范围的经验，雇主责任制不利于女职工的权利，因为雇主可能不愿意雇用孕妇，或者寻找理由辞退怀孕职工，以避免支付产假期间生育工资的成本。雇主责任还会给小企业带来过多的成本负担，因此雇主责任制一直被认为会损害劳动力市场上促进男女公平待遇的努力。考虑到我国中小企业员工人数众多，更需要避免雇主责任制对育龄女职工的不利影响，使女职工产假保护落到实处。

为了解决这个问题，一些国家的政府承担一定比例的社会保险支出作为辅助，以便保护低收入职工或中小企业。比如，在韩国中小企业的产假津贴可以受到特殊照顾。通常情况下，产假期间，女职工可以获得100%原工资水平的津贴（除去奖金、加班费外，劳动合同规定的工作时间收入）。前60天的产假津贴由用人单位承担，剩余30天由就业保险基金（Employment Insurance Fund）承担，最大额度为1350000韩元（约合8000元人民币）。为了减轻中小企业的负担，女职工前60天的产假津贴也由就业保险基金承担，最大额度为2700000韩元（约合16000元人民币）。如果职工的原工资水平高于2700000韩元，原工资与产假津贴的差额将由用人单位承担。关于中小企业的确定在各个行业中有所不同，比

---

① 劳君雨．浅谈我国结婚生育假期制度现状及发展［J］．中国人力资源社会保障，2017（4）．

如制造业中低于500人的企业为中小企业，建筑行业中低于300人的企业为中小企业。就业保险基金主要由用人单位和职工共同缴纳，政府只缴纳很少的比例。

## （三）修改和完善现有女职工假期体系

中国女职工假期主要围绕“四期”甚至“五期”保护，而国际上侧重生育保护和儿童早期教育和发展，因此应该逐步发展完善成体系的假期。根据经济合作与发展组织（OECD）的生育假期体系（Parental Leave Systems），这些假期大体可以分为四类：第一，产假（Maternity Leave），功能是确保妇女孕期健康和新生儿健康，以及经济得到保障，亦被称为在新生儿出生（或收养）期间的女性就业保护假期。第二，陪产假（Paternity Leave），旨在鼓励父亲履行更多家庭职责，照顾新生儿和产妇，是平衡工作和家庭职责有效措施之一，亦被称为在新生儿出生期间的男性就业保护假期。第三，育儿假（Parental Leave），是指父母任何一方离开工作较长一段时间，照顾婴幼年子女。孩子的健康成长是一切育儿假制度的主要出发点。因此，社会政策关注最年幼的儿童及其家庭。提供育儿所需的收入、服务（照顾和支持）和时间对孩子拥有更好的开始、促进工作与家庭责任的平衡非常重要。有的国家育儿假是针对父母中的每一方；有的国家育儿假是双方共享的，并且部分假期是必须由父亲或母亲休息的；还有的国家育儿假如果父母双方休假分配符合一定比例，将会获得额外的奖励假期（如德国和奥地利）。第四，家庭照料假（Home Care Leave），是指少数国家规定在育儿假之后，父母中至少一方可以在家中照料孩子直到2岁或3岁。通常家庭照料假是无薪的，而且福利和补贴较低。此外，还有哺乳时间或哺乳假。

因此，我国专家们建议，在制定和实施保护措施时，一方面，应当将儿童成长和家庭照料功能纳入立法的初衷，将育儿假和家庭照料假纳入法律体系当中，形成更加完善的家庭政策体系。在兼顾用人单位经营需求的情况下，给男职工和女职工更灵活的工作时间选择。另一方面，需要平衡男女双方的假期分配，适当给父母双方自主分配生育假期的权利。延长陪产假，或设置男女双方协商的育儿假，使男性成为生育保护假期中的重要承担者，从而使工作场所中的女性就业权利得到保障，性别歧视现象得到缓解。

至于是否设立经期假存在争议，鉴于经期假在实际执行中很难操作，并且不是所有的女性经期都会痛经，应该让痛经的女性通过休病假解决这个问题，而不是给所有女性都设经期假。

### (四)建立和完善女职工假期的配套措施

延长假期并不能提升生育意愿，建立和完善全面二孩政策配套措施，才能缓解生育小孩的后顾之忧。继2016年之后，“完善全面二孩政策配套措施”再次出现在2017年的政府工作报告中。配套措施主要包括两个方面：一是给企业减负，二是帮助女职工消除后顾之忧。

**1. 关于给企业减负**

调研中，所有企业都表达了如果政府能够通过减轻税负或给予财政补贴的方式来减少女职工延长产假给企业带来的成本负担，用人单位就会减少甚至消除招聘用工时的性别歧视，从而最终实现女性的充分就业。

某企业依据女职工假期的成本分析（参见三（二）延长产假增加了企业的用工成本，女职工假期成本分析模型），建议政府人社部门可通过大数据测算，并可依企业总人数、女工人数占比，设定不同补贴系数，给企业以补贴，缓解企业的“性别亏损”状况（见表5）。

**表5　依据企业职工人数、女职工人数占比，设定不同补贴系数**

| 企业职工人数 | 女职工占比 | | | | |
|---|---|---|---|---|---|
| | 19.5%以下 | 19.5% ~29.5% | 29.5% ~39.5% | 39.5% ~49.5% | 49.5%以上 |
| 50人以下 | 3.3*NY*×0.7 | 3.3*NY*×0.8 | 3.3*NY*×0.9 | 3.3*NY*×1 | 3.3*NY*×1.1 |
| 50~200人 | 3.3*NY*×0.65 | 3.3*NY*×0.75 | 3.3*NY*×0.85 | 3.3*NY*×0.95 | 3.3*NY*×1.05 |
| 200~500人 | 3.3*NY*×0.6 | 3.3*NY*×0.7 | 3.3*NY*×0.8 | 3.3*NY*×0.9 | 3.3*NY*×1 |
| 500~1000人 | 3.3*NY*×0.55 | 3.3*NY*×0.65 | 3.3*NY*×0.75 | 3.3*NY*×0.85 | 3.3*NY*×0.95 |
| 1000人以上 | 3.3*NY*×0.5 | 3.3*NY*×0.6 | 3.3*NY*×0.7 | 3.3*NY*×0.8 | 3.3*NY*×0.8 |

**2. 关于帮助女职工消除后顾之忧**

女职工假期设置需要多种配套的制度建设，如考虑安居房、幼儿园、托儿所、小学、中学等。在中国，特别要考虑农民工融入城市以及农民工生育保护的特殊困难。调研中，有的受访者动情地说，如果住房问题不能解决，农民工只能回老家生小孩，然后成为留守儿童，这些农民工不能够真正地养育自己的孩子。有企业建议政府提供公租房，这样年轻父母既能上班，又能照顾小孩，即使没有6个月的哺乳假也行。同时，女职工假期设置要考虑小孩的成长需要，比如母乳喂养、半岁开始吃辅食等，需要医学专家的研究和建议。

我国早教体系0～3岁处于真空地带，处于该阶段的婴幼儿一般是其父母自行解决照管和教育问题（据全国妇联调研结果显示，我国0～3岁婴幼儿99%是由家庭照管和教育)。这个阶段的年轻父母们特别辛苦，尤其是女性双重角色的担子十分繁重。3～6岁可以送托幼园所照管和教育，但现在孩子入托幼园所的费用比入小学、中学、高中读书的费用还高。入园要交纳建园费、赞助费等，加重了家庭负担。随着我国国力的增强，应该将3～6岁幼儿的教育纳入义务教育当中去。如果现阶段还解决不了纳入问题，应该鼓励企业（如一些大的、效益比较好的外企、合资企业和私企）兴办婴、幼儿园，还要鼓励工业园区等管委会兴办幼儿园，为整个园区的孩子服务，国家可以适当给一定的补贴，家庭和企业也各自交纳一部分，共同解决入托难问题，解决职工的后顾之忧。

# 第三类劳动者：制度比较、理论反思与路径选择[①]

肖　竹[②]

**摘　要**：零工经济时代，平台工作是否构成雇佣（劳动）关系成为全球劳动法学界和实务界面临的共同难题，将平台工作者归类为处于雇佣与自雇佣中间地带的依赖性自雇佣劳动者，即作为第三类劳动者而给予特别保护，被作为解决问题的路径之一。第三类劳动者制度存在于一些英美法和大陆法国家，例如加拿大的“依赖性承包人”、英国的“非雇员劳动者”、德国的“类雇员人”、西班牙的“经济依赖性自雇佣劳动者”以及意大利的“准从属性劳动者”；而并不存在该制度的国家，例如日本和美国，也对“契约劳动”及是否需要设立第三类劳动者的理论问题存在激烈争论。通过对上述制度和理论的梳理可以发现，该分类无论是在制度设计上还是理论构造上都存在诸多困难和争议，体现为第三类劳动者界定与区分规则构建的模糊性、劳动权利和保护规则设计的复杂性以及制度效用和实践结果的非预期性。而我国特殊的制度背景与薄弱的理论基础，更为该制度在我国的适用性与可行性增添了不小的障碍。因此，对处于灰色地带的用工关系带来的法律调整难题需提供不同的路径选择，应在甄别和规范“隐蔽性雇佣”的必要基础上，以劳动权利的具体化扩展作为基本思路。

**关键词**：第三类劳动者　制度比较　理论反思　路径选择

全球化、技术的进步、商业模式的创新和企业组织形式的变化，不断冲击着传统标准用工方式及其固有劳动法律规制模式。当前，平台工作是否构成雇佣关系，是全球劳动法学界炙手可热的讨论话题，也是互联网经济迅猛发展的国家中

① 此文已刊于《环球法律评论》2018年第6期，《人大复印报刊资料》（经济法、劳动法学）2019年第2期全文转载。本文为2018年度教育部人文社会科学研究规划基金项目“众包工作的法律调整路径与制度构建研究”（18YJC710029）的阶段性成果。

② 肖竹，中国劳动关系学院法学院副院长，教授。

立法和司法共同面临的难题。在世界上大部分国家的劳动法律体系中，“雇佣”和“自雇佣”之间存在着“二元区别”，而“雇佣”是劳动法规的基础。但零工经济（gig economy）用工对这一“二元区别”提出严峻挑战，这正如美国加州审理Uber案的地方法院法官Vince Chhabria所言，陪审团面临在两个圆形的孔中选出一个，钉入一个方形桩的难题。在我国，对共享经济、平台经济用工经历了雇佣还是合作、劳动还是劳务关系的讨论后①，有学者渐渐将思路转向借鉴在其他国家已经存在的、在雇佣与自雇二元架构之外设立第三类劳动关系或劳动者的路径，建议抽象出“工具化自治性劳动”②“非典型劳动关系、准从属性独立劳动”③的类型并给予单独的、特别的劳动法规范。同样的讨论也存在于以美国为代表的西方劳动法学界，作为对现实中亟待解决的平台工作雇佣关系认定以及劳动者权益保护问题的一种解决方案。

国际劳工组织（International Labour Organization，ILO）（2016）将处于雇佣与自雇佣中间地带的工作形式称为“依赖性自雇佣”（dependent self - employment），一些国家对其建立了专门的法律调整，体现为在雇员和自雇佣劳动者二分法外创设第三类劳动者，而本文即以其为研究对象。目前，国内学界对该问题的关注主要集中于德国“类雇员人”、意大利“准从属性劳动”和日本“契约劳动”的概念或基本理论介绍④，本文将研究视野扩展至同样具有代表性却缺乏关注的加拿大、西班牙、英国和美国，对上述国家具有理论启示和实践参考意义的立法脉络、制度概况，特别是实践效果与学术反思进行比较研究，从而推进对该制度的认识与理解，继而全面思考及恰当判断该制度的合理性及其之于我国的适用性，并在制度比较与理论反思的基础上，提出不同于创设第三类劳动者的方案选择。

---

① 有关这一主题的论文，如常凯．雇佣还是合作，共享经济依赖何种用工关系［J］．人力资源，2016（11）；彭倩文，曹大友．是劳动关系还是劳务关系？——以滴滴出行为例解析中国情境下互联网约租车平台［J］．中国人力资源开发，2016（2）；王天玉．基于互联网平台提供劳务的劳动关系认定——以“e代驾”在京、沪、穗三地法院的判决为切入点［J］．法学，2016（6）．

② 粟瑜，王全兴．我国灵活就业中自治性劳动的法律保护［J］．东南学术，2016（3）：108.

③ 王全兴，王茜．我国“网约工”的劳动关系认定及权益保护［J］．法学，2018（4）：66.

④ 相关论著包括王倩．德国法中劳动关系的认定［J］．暨南学报（哲学社会科学版），2017（6）；王全兴，粟瑜．意大利准从属性劳动制度剖析及其启示［J］．法学杂志，2016（10）；田思路，贾秀芬．契约劳动的研究——日本的理论与实践［M］．北京：法律出版社，2007.

## 一、第三类劳动者的制度实践

在英美法系和大陆法系的一些国家，第三类劳动者以不同的名称、形式、设立标准及制度安排而存在。基于学界对该制度缺少综合与多样本比较的研究现状，本文选取国外劳动法比较研究文献中最受关注和具有代表性的制度样本，包括加拿大、英国、德国、西班牙和意大利作为研究对象，重点关注第三类劳动者和雇员与自雇佣劳动者的类型关系、认定标准、权利配置，制度效果以及理论评价。选择国家的多样性也许会对制度介绍的深入与细致有一定影响，但笔者认为对制度概貌的全面认知，对制度共性与差异的总结，须以多样性为基础，且将其当作对制度借鉴与适用性分析做出理性判断的首要前提。

### （一）加拿大的“依赖性承包人”

传统上，加拿大对雇员身份的判断同其他英美法系国家一样，以“控制检验”（control test）为基本方法。1947 年 Montreal v. Montreal Locomotive Works 一案，体现了加拿大传统的“四要素”控制检验方法，即“控制、工具的所有权、盈利的机会以及损失的风险”①，而立法对“依赖性承包人”（dependent contractor）概念的采用使得这一传统方法发生转变。这一概念由加拿大顶尖劳动法学家 Harry Arthurs在 1965 年提出，他认为被排除出传统雇员范围的、只为一家公司全职工作的小商人、工匠、水管工、手艺人及其他类似群体，对公司具有经济上的依赖性。他们被视为独立承包人（即自雇佣劳动者）而非雇员，就无法联合起来进行集体谈判并受产业关系法的保护，因为根据竞争规则他们这样做会被送进监狱，因而需对他们适用类雇员的保护以使其享有集体谈判权。②

受 Arthurs 教授的影响，20 世纪 70 年代加拿大许多辖区陆续采用依赖性承包人的概念来概括这些劳动者，将其纳入雇员的概念之中以赋予其集体谈判的权利。随后，加拿大中央和各省政府将这种中间类型引入集体劳动关系立法，加拿大《劳动法典》第一部分“产业关系”（industrial relations）规范中，对雇员的界定即包括被雇主雇佣的雇员、依赖性承包人以及私人巡警，而依赖性承包人是

---

① Brian A Langille, Guy Davidov. *Beyond Employees and Independent Contractors : A View from Canada* [J]. Comparative Labor Law & Policy Journal, 1999, 21 (1): 19 -22.

② Harry W Arthur. *The Dependent Contractor : A Study of the Legal Problems of Countervailing Power* [J]. The University of Toronto Law Journal, 1965, 16 (1): 89 -117.

指“无论是否签订雇佣合同而为某人开展工作或提供服务的人，只要他们与其建立了经济依赖关系，且需向其承担开展工作的责任”。安大略省《劳动关系法》也将依赖性承包人纳入雇员的范畴，指“无论是否在一份雇佣合同之下，无论是否提供工具、车辆、设备、机器、材料或者由依赖性承包人拥有的任何东西，其为另外一人提供服务或履行工作以获得报酬，而根据履行的条款或条件，依赖性承包人处于经济从属性地位，那么该人就更应该被视为雇员而不是独立承包人”。这样的概念界定有两个显著特点：第一，关系的法律形式并不具有决定性意义，而需要考察关系的现实；第二，这一概念非常清楚地排除，至少显著减少了作为“四要素检验法”标准之一的“工具的所有权”的区分意义，而其是阻碍这类劳动者被认定为雇员的主要障碍。① 立法的变化使原来集体谈判法律无法覆盖的大量劳动者因此而受益，在产业关系法的框架下，依赖性承包人为雇员概念所包含而享有了同雇员基本一致的集体劳权。

而实践中还需将依赖性承包人与独立承包人区分开来，为此一些新的考量要素被引进。安大略劳动关系委员会列出了11项指标：①使用或有权使用替代的人；②拥有工具或提供原材料；③企业家行为；④向市场出售服务的一般行为；⑤拒绝工作机会的经济流动性或独立性；⑥费用收取存在的差别；⑦被受雇组织整合的程度；⑧专业化程度、技术、专业或创造力的投入；⑨完成工作方式方法的控制权利；⑩薪酬、合同条款或支付方式是否类似于雇佣关系；⑪工作条件是否类似于雇员。这些要素中“控制”和“经济性依赖”这两个基本标准贯串始终。而一些劳动委员会对经济依赖性赋予了更具实质性的内容：将从雇主获得收入的比例作为一项重要指引，即一名工人至少需要从雇主处获得80%的收入，才可以被认定为依赖性承包人。

加拿大“依赖性承包人”的突出特点，是其明确从属于雇员范畴，但只针对集体劳动关系而享有集体劳权。虽然“依赖性承包人”概念被广泛采用，大量的劳动委员会却转向了另一种态度——以这种立法方式覆盖相应劳动者的方法没有必要。② 有学者认为，该概念的引入仅仅是加拿大法庭和劳动委员会对雇员概念进行目的性解释失败的结果，如果目的性解释方法能被加拿大劳动法所采纳，那么就没有必要创设特别的依赖性承包人概念。更重要的是，这一立法使得

---

① Brian A Langille, Guy Davidov. *Beyond Employees and Independent Contractors: A View from Canada* [J]. Comparative Labor Law & Policy Journal, 1999, 21 (1): 26.

② Michael Bendel. *The Dependent Contractor: An Unnecessary and Flawed Development in Canadian Labour Law* [J]. University of Toronto Law Journal, 1982, 32 (4): 374-381.

为其他目的而对雇员概念进行解释的路径无法实现。例如，那些对某个特定的雇主具有经济性依赖的劳动者，无法因劳动标准法的目的而被纳入雇员范畴，这显然并不合理。[①]

## （二）英国的“非雇员劳动者”

学理上，英国劳动法学者认为普通法对雇员身份的界定所产生的不确定性，导致了保护性立法适用范围的延伸，包括学徒、实习生、家庭工作者、代理劳动者，以及在交易中对另一方存在经济性依赖的自雇佣劳动者。这些不拥有自己生意的个体被雇佣，而并不必须满足雇员身份检验所要求的从属标准。因此，他们仅仅因特定的目的而被视为雇员，“准依赖劳动”（quasi－dependent labor）这一名称就被用来指代这一群体。[②] 立法上，英国同时存在“雇员”（employee）和“劳动者”（worker）的概念，根据《就业权利法》（1996），雇员［230（3）（a）项］是指一位进入一项雇佣合同或根据一项雇佣合同工作的个人（或者在就业已中断的情况下，曾经根据一项就业合同工作的个人）；劳动者不仅包括雇员，还包括无论明示或暗示，无论口头或书面，而进入一项非雇佣合同的其他合同的个人［230（3）（b）项］，此时该人向合同另一方承担或履行任何工作或服务，但该合同并非由个人履行的“专业人士—顾客”合同与“客户—商业”合同。

因此，英国“个人工作合同”分为“雇佣合同”、“专业人士—顾客”合同、“客户—商业”合同，以及“劳动者的合同”。而劳动者包括雇佣合同下的雇员，与“劳动者的合同”下的“非雇员劳动者”，后者是准依赖劳动群体中对另一方存在经济依赖性的自雇佣工人，也是传统雇佣——自雇二分法之外的中间类型。英国判例法在界定“非雇员劳动者”时，会考虑两方面的因素：首先，因为双方都有较宽的自由度来决定是否以及何时实际参与工作，所以虽然工作关系中并没有充分的双方义务使得合同成为雇佣合同，但也达到了足够将个人界定为劳动者的程度；其次，虽然劳动者可以被其他个人所替代而使得合同的“个人性”不足以将合同认定为雇佣合同，但是也达到了足够将个人界定为劳动者的个人性。

英国学者认为，“劳动者”概念的建立延展了雇员内涵中的依赖性，从而将特定的立法扩展适用于具有经济依赖性的劳动者群体。第一类相关的立法包括最

① Brian A Langille，Guy Davidov. *Beyond Employees and Independent Contractors：A View from Canada*［J］. Comparative Labor Law & Policy Journal，1999，21（1）：26.

② Simon Deakin，Gillian S Morris. *Labour Law*［M］. Sixth Edition. Hart：Hart Publishing，2012：172.

低工资、任意扣除工资的保护，以及加班工作的保护。立法通过劳动者概念的使用表达了这样的观点：零工（casual workers）不能因为不被归类为雇员而被剥夺这些基本的保护，因为这些保护的有效功能并非建立在雇佣关系的常规化与长期性上。第二类是集体性权利的保护，包括因组织产业行动和组建工会而豁免侵权责任的权利，以及在工会承认程序中和作为独立工会成员时，不被非正当解雇以及不被歧视的权利，但因参加产业行动而不受歧视性对待的权利仅适用于雇员。[①]

虽然立法对“个人工作合同”进行了清晰的分类，但仅根据界定“非雇员劳动者”需考虑的两方面因素而区分雇佣合同、劳动者的合同、“专业人士—顾客”与“客户—商业”合同，是一件极其困难的事情。[②] 值得关注的是，2016 年伦敦劳动法庭就司机与 Uber 公司之间的纠纷做出裁判，裁定原告是 Uber 伦敦公司“雇佣”的《就业权利法》230（3）（b）、《工作时间条例》36（1）和《国家最低工资法》54（3）款中的“劳动者”（worker），有权享受全国最低工资和带薪休假等待遇。Uber 随即上诉，但被劳动上诉法庭驳回，维持原判。因此，英国劳动法中非雇员劳动者的分类，为 Uber 司机身份问题的解决在司法上提供了一种可能。

### （三）德国的“类雇员人”

德国对劳动者的分类采取三分法，即经济和人格都独立的自雇者、人格独立但经济上有从属性的类雇员、人格不独立的雇员。[③]

类雇员人对雇主并不具有人格从属性，与其他自雇佣劳动者相反，他们具有两个特征：一是经济依赖性，二是有获得与雇员类似的社会保护的需求。这两个要件并未被严格界定，与对雇员身份的界定一样，法官对类雇员的判断因素也体现了综合性与个案性，甚至对相同的合同情形会出现不同的判决。

经济依赖性基于这样的事实：一人仅向一位委托人提供服务，收入构成其主要生活来源。即便为几位委托人工作，只要从一位委托人那里获得的收入构成了其主要生活来源，也能被认定为具有经济依赖性。司法实践中判断经济依赖性的指标，是经此种关系而获得的收入超过所有收入的 50% 。社会保护需求的判断标准是“与雇员类似”，即达到了通常只存在于雇主—雇员关系中具有的经济依

① Simon Deakin, Gillian S Morris. *Labour Law* [M]. Sixth Edition. Hart: Hart Publishing, 2012: 174 - 176.

② Mark Freedland Fba, Nicola Kountouris. *The legal Construction of Personal Work Relations* [M]. Oxford: Oxford University Press, 2011: 282.

③ 王倩. 德国法中劳动关系的认定 [J]. 暨南学报（哲学社会科学版），2017（6）: 44.

赖性的程度，以及完成的工作任务与那些关系中的雇员类似。[①] 对此要视不同情形而定，低收入通常会被认为是需要社会保护的强烈指征，然而相对高的收入也不必然让法庭排除对类雇员人身份的认定。

德国对类雇员人的法律保护分为三类规则覆盖，一是适用于包括类雇员人在内的所有服务提供者，而又未以雇员为限的民法典中的雇佣合同规则。二是并非适用于所有自雇者而仅适用于类雇员人的规则。例如受劳动法院的管辖，根据《联邦休假法》享有每年 24 天的带薪年休假，以及受《职业健康和安全法》《集体协议法》以及《社会法典》中有关法定意外保险的特别调整。三是针对类雇员人中的特殊群体——家内工作者和商业代表的特殊规则。[②] 除此之外，适用于雇员的其他劳动保护规则对类雇员人基本上不适用。

作为类雇员人的特殊群体，“家内工作者”主要是指那些基于经营者的委托在家中或者其他自己选定的工作场所，独自、与家庭成员或者不超过两名其他帮工共同工作并将劳动成果交付给经营者处置的人员。《家内工作者法》及其他的法律规定对家内工作者提供的保护已经和雇员没有很大差别。[③]“商业代表”是为一家或几家企业安排和订立交易的个人。尽管他们对于其他企业存在经济依赖性，但他们的法律地位却离劳动法规则很远，主要受《商法典》的调整，而只有少数的劳动法规则对其类推适用。

德国学者认为，类雇员人虽然增加了法律制度的灵活性，但这并非事情的主要方面。由于大部分类雇员人基本上被排斥在法定社会保险制度之外，雇主仍有很大的动力用类雇员人替代雇员。因为雇主能够决定生产过程，在很多情况下他们有足够的管理权力来安排工作中的个人，以使他们符合类雇员的要件而不被纳入社会保障体制。此外，处于受薪工作和自雇佣灰色地带的工人往往不会去法院主张他们的权利，这就依赖于工会和国家机关履行职责。因此，推广适用与雇员拥有类似保护水平的家内工作者的相关规则，是解决问题的一条可行之径。

### （四）西班牙的“经济依赖性自雇佣劳动者”

西班牙的雇佣立法最开始也采用了雇佣与自雇的二分法。1980 年颁布实施的《工人法》仅适用于雇员，即为了获得报酬而在一个组织之内，或在一个自

---

① Stefanie Sorge. *German Law on Dependent Self – Employed Workers : A Comparison to the Current Situation under Spanish Law* [J]. Comparative Labor Law & Policy Journal, 2010, 31 (2): 249 – 250.

② 同上：250 – 252.

③ 王倩. 德国法中劳动关系的认定 [J]. 暨南学报（哲学社会科学版），2017 (6)：45.

然人或法人（雇主）的指示之下自愿履行义务的人，而自雇佣劳动者则在宪法、民法以及法律的商事条款中予以规定。判例法对雇员身份的确认考虑须满足以下因素：①被组织整合的水平；②对雇主的依赖；③固定的工作时间；④工具以及制服的提供；⑤雇员可行使决策的权限。①

**1.《自雇佣劳动者法》的制定**

企业出于灵活性和流动性的考虑，出现了大量以自雇佣劳动者替代传统雇员的现象。这种趋势引起了西班牙劳动组织和政府的关注。2007 年西班牙立法机构制定了一项新法——《自雇佣劳动者法》（*Self - Employed Workers' Statute*），该法规范了所有形式的自雇佣工作，也是欧盟内对自雇佣劳动者进行综合、系统规范的首部立法。

“自雇佣劳动者”是指个人承担日常的盈利性经济或职业活动，且不受其他人组织管理的自然人，其是否雇佣第三方不作为考虑因素。他们享有以下三种基本劳动权利：

（1）非特别的基础权利（如平等、非歧视、医疗保险、身心健康、宗教信仰自由以及有效的法律保护）。

（2）公共的职业权利（工作的权利、个人职业选择的自由、追求经济利益及自由竞争的权利；对工作成果的知识产权以及受保护的服务）。

（3）提供服务所涉及的职业权利（合同安全、等价回报、职业和个人生活间的平衡，职业培训与再培训）。②

此外，自雇佣劳动者基本享有工作终止时的一些利益、产假和陪产假、暂时性疾病以及其他特殊群体（残疾人、手艺人或者年轻的承包人）可以享受的社会保险项目。在危险行业的自雇佣劳动者能够提前退休而不丧失社会保险福利。同时，自雇佣劳动者享有结社和其他团体性权利，包括罢工和集体谈判的权利。③

**2.《自雇佣劳动者法》对经济依赖性自雇佣劳动者的规范**

《自雇佣劳动者法》确立了雇员和自雇佣劳动者外的第三种类型——“经济依

---

① Miriam A Cherry, Antonio Aloisi. *"Dependent Contractors" In The Gig Economy: A Comparative Approach* [J]. American University Law Review, 2017, 3 (66): 671.

② Esther Sanchez Torres. *The Spanish Law on Dependent Self - Employed Workers: A New Evolution in Labor Law* [J]. Comparative Labor Law & Policy Journal, 2010, 31 (2): 235 - 241.

③ Jaime Cabeza Pereiro. *The Status of Self - Employed Workers in Spain* [J]. International Labour Review, 2008, 147 (1): 96 - 97.

赖性自雇佣劳动者”（Trabajador Autonomo Economicamente Dependiente，TRADE），以提高对该类型劳动者的劳动保护水平。决定一名工人是否是 TRADE 的决定性因素，是对“经济依赖性”的判断，即符合法律规定的一项门槛性要求——该人主要直接为委托人提供经济或专业服务，且至少 75% 的收入来源于此。[①] TRADE 与雇员区分的四要素包括：①以自主组织的形式开展工作，不接受委托人的技术指导；②以个人服务履行义务，没有进行转包；③承担经营性的风险；④对生产工具和设备拥有实际的所有权。与自雇佣劳动者区分的三要素包括：①收入中至少 75% 依赖于委托人；②除休产假和陪产假可将工作予以转包外，没有雇佣转包人；③经济或专业服务的履行直接或主要针对一个委托人进行。[②]

虽然 TRADE 并没有与雇员一样的同等保障和法律地位，但他们享有包含并超出一般自雇佣劳动者所拥有的权利，例如享受每年 18 天的带薪休假且可根据集体协议而增加、有权调整工作日程以协调工作和私人生活、享有因合同不当解除而获得赔偿的权利、在法定情形下临时中止履行的权利，以及合同纠纷为社会与劳动事务法庭所管辖，并可使用强制仲裁等专门的非诉纠纷解决机制的权利。[③] 因此，TRADE 分类是对自雇佣劳动者提供的一种真实而特殊的法律安排，以实现立法对其扩大化保护的目的。

### 3. 经济依赖性自雇佣劳动者的制度实践

实践中，经济依赖性所要求的 75% 收入来源的比例要求在证明上产生了许多困难。这要求建立确认该类群体各项收入来源的有效机制，特别是从非依赖性委托人那里所获收入的信息披露。此外，《自雇佣劳动者法》对 TRADE 的认定提出了许多形式性与程序性的要求。该法要求劳动者在订立合同以及在社会行政机构登记身份时，须向委托人披露其 TRADE 身份，并向委托人和行政机构披露任何会影响其 TRADE 身份变化的情形（例如经济依赖性的比例变化），而委托人须核实这些信息。这一严格要求对劳动者和企业来说都是一种巨大的负担。2011 年西班牙劳动程序法规定 TRADE 合同必须具有书面形式才有效，否则劳动者将被推定为雇员。在上述烦琐的形式与程序性要求下，实践中只有很少数量的

① Esther Sanchez Torres. *The Spanish Law on Dependent Self – Employed Workers : A New Evolution in Labor Law* [J]. Comparative Labor Law & Policy Journal, 2010, 32 (2): 231 – 234.

② Miriam A Cherry, Antonio Aloisi. *"Dependent Contractors" In The Gig Economy : A Comparative Approach* [J]. American University Law Review, 2017, 3 (66): 672.

③ Esther Sanchez Torres. *The Spanish Law on Dependent Self – Employed Workers : A New Evolution in Labor Law* [J]. Comparative Labor Law & Policy Journal, 2010, 31 (2): 246.

工人最终被归类为 TRADE。[①]

西班牙学者认为，对 TRADE 的判断纯粹基于经济依赖性会非常模糊，而且这一类型所植根的社会形态多样而多变，为其判定更添不确定性与困难性。[②] 西班牙工会认为，TRADE 分类不适当地覆盖了本应属于传统雇佣关系的劳动者，而雇主组织却有着相反逻辑的质疑，即这一分类会吞并那些真实的自雇佣劳动者，而使得企业成本增加。[③]

### （五）意大利的"准从属性劳动"

1942 年《意大利民法典》为形式多样的劳务活动确立了"从属性劳动"（il lavoro subordi－nato）与"自治性劳动"（il lavoro autonomo）二元体系。前者是指"基于报酬，通过依从于企业主并在其领导下给付自身体力或脑力劳动，而有义务在企业中合作的人"（第 2094 条），后者则涵盖了劳务合同、承揽合同、委任、代理合同等。[④] 二元体系之外的"准从属劳动"制度，则经历了漫长而复杂的立法变动。

#### 1. 持续协同的合作者（co. co. co）

1973 年修改后的《民事诉讼法》（533 号法律）将适用于从属性劳动的劳动诉讼程序扩展至自治性劳动者中最弱势的一部分群体，即代理关系、商业代表关系以及其他虽然不具有从属性，但主要由本人完成的体现持续与协同的合作关系。正是在解读这类规范现象的过程中，意大利劳动法学提出了从属性与自治性劳动外的中间类型——"准从属性劳动"。这一类型的确定需要同时满足四个要素：①合作；②关系的延续性和持久性；③与委托人的功能性协同；④个人提供服务的显著特征。准从属性劳动者通常被称为"持续协同的合作者"（continuous and coordinated collaborators，co. co. co）。[⑤]

由于法律只是将原本适用于从属性劳动者的程序性权利而非实体性劳动权利

---

① Miriam A Cherry，Antonio Aloisi. *"Dependent Contractors " In The Gig Economy：A Comparative Approach*［J］. American University Law Review，2017，66（3）：674.

② Esther Sanchez Torres. *The Spanish Law on Dependent Self－Employed Workers：A New Evolution in Labor Law*［J］. Comparative Labor Law & Policy Journal，2010，31（2）：238.

③ Miriam A Cherry，Antonio Aloisi. *"Dependent Contractors " In The Gig Economy：A Comparative Approach*［J］. American University Law Review，2017，66（3）：674.

④ 王全兴，粟瑜. 意大利准从属性劳动制度剖析及其启示［J］. 法学杂志，2016（10）：103.

⑤ Nicola Countouris. *The Changing Law of the Employment Relationship：Comparative Analyses in the European Context*［M］. Aldershot：Ashgate Publishing，2007：72.

扩展至 co. co. co，企业渐渐开始以准从属性劳动者的身份来雇佣那些之前是雇员的工人，这导致准从属性劳动者的数量迅猛增长。这一分类被企业用来隐藏真实的雇佣关系，以降低成本和规避劳动者在民法典第 2094 条项下的保护。这种状况持续了近 20 年而没有任何立法干预，直到 1995 年养老保险改革法案的出台，才赋予自治性和准从属性劳动者一些原本为雇员所享有的社会保险福利。

**2. Biagi 改革与项目工作**

为应对 co. co. co 的泛滥，2003 年 276 号法令对准从属性劳动的内容进行修改，被称为 Biagi 改革。[①] 为了对抗企业将雇员错误分类为准从属性劳动者的行为，立法要求企业和雇员必须在至少一个项目上进行合作，并对项目的真实性提出要求。一个或多个由委托人确定的，由劳动者自主管理的特定劳动项目或方案，或该项目或方案的某一阶段的完成，是检验项目劳动合同有效性的必要因素。委托人与合作者必须以书面方式明确项目、方案或阶段的活动内容及其给付期限，如果一个项目并不真实存在，例如，工作具有连续性且在企业的管理之下，那么劳动者就应当被重新归类为雇员。同时，立法也将一系列的劳动保护与社会福利扩展适用于准从属性劳动者，包括合理给付报酬、合同中止与解除时的权利、健康与安全保护的权利等。

虽然以项目为中心的概念非常具有创新性，但 Biagi 改革并没有像其支持者所期望的那样成功。立法努力保障准从属性劳动者的权利，但总体上他们的权利与受保护水平比雇员要低。Biagi 改革因为“有问题的立法技术、不适当的选择要求、有缺陷的保护方式，以及不适宜的、严苛且无效的最终制裁机制”而饱受批评，废除项目工作制度日益成为持续良久的政治运动的一个目标。

**3. Monti – Fornero 改革**

2012 年，意大利立法机构又通过了第 92/2012 号法律，被称为 Monti – Fornero 改革，该法案通过设置雇员地位的默认状态来抵消“项目工作”概念的滥用。法案规定项目不应该与雇主的核心业务相重叠，且只能适用于低技术水平或日常性任务。如果项目并不存在，从关系开始之时，劳动者就应被认定为雇员。[②] 该

① Michele Tiraboschi. *The Italian Labour Market After the Biagi Reform* [J]. International Journal of Comparative Labour Law & Industrial Relations, 2005 (2): 149.

② Michele Tiraboschi. *Italian Labour Law After the So – Called Monti – Fornero Reform (Law No. 92/2012)* [J]. E – Journal of International and Comparative Labour Studies, 2012, 1 (3 – 4): 62 – 63.

法赋予准从属性劳动者一系列实质性的权利，例如通过国家集体谈判协议设置劳动条件，并与由协议确定的雇员的最低工资水平保持一致。Monti – Fornero 改革清楚地表明了对准从属性分类的不赞成与不鼓励。但该项改革不仅提高了使用该类工人的成本，也为此设置了繁重的规制。①

最终，2015 年的《工作法》改变了立法思路，其根本废除了起源于 2003 年 Biagi 法的项目工作概念，并对雇佣关系给予了高强度的推定（strong presumption）。2015 年 6 月以后，工人仍然可以签订 co. co. co 合同，但立法引入了对合作的新定义——“由委托人组织合作”，即工作主要（并非绝对）由个人履行，并与委托人相协调而完成。而从 2016 年起，立法机构将雇佣法规的范围延伸至由个人持续开展活动、由委托人组织、参考工作时间地点的准从属工作关系，但该规则存在一些例外，比如不适用国家集体谈判协议规则，而其他准从属工作关系仍被排除在雇佣关系之外。②

意大利准从属性劳动的立法和实践，是一段充满了斗争、事后批评和不断修改的历史。尽管期间经过数次法律改革并不断地扩展法律保护，却始终无法扭转企业将其作为对标准雇佣关系的廉价替代的局面。正如意大利劳动法学家 Perulli 所言，准从属性分类的历史本身就是“一系列不成功的立法干预”③，虽然立法的本意是通过确立和支持准从属性分类来扩展劳动保护和提高灵活性，但这些目标从来都没有实现。④

## 二、第三类劳动者的理论争论

各国第三类劳动者制度的创设，是以一种类型化的路径，向无法被（完全）归类为雇员和自雇佣劳动者的劳动者群体，提供或扩展劳动保护。这些国家中，对第三类劳动者制度设立的必要性、第三类劳动者身份界定的困难性，以及该制度的实践效果等存有诸多讨论，已如前述。而在一些国家虽然没有第三类劳动者

---

① Miriam A Cherry, Antonio Aloisi. *"Dependent Contractors" In The Gig Economy: A Comparative Approach* [J]. American University Law Review, 2017, 66 (3): 666.

② ILO. *Non – standard employment around the world: Understanding challenges, shaping prospects* [R]. International Labour Office, Geneva, 2016: 38.

③ Adalberto Perulli. *Subordinate, Autonomous and Economically Dependent Work: A Comparative Analysis of Selected European Countries, in Giuseppe Casale ed., The Employment Relationship: A Comparative Overview* [R]. International Labour Office, 2011: 167.

④ Miriam A Cherry, Antonio Aloisi. *"Dependent Contractors" In The Gig Economy: A Comparative Approach* [J]. American University Law Review, 2017, 66 (3): 667.

的制度实践，但实务和理论上对该问题同样存在持久的关注和争论，并因互联网技术发展背景下零工经济的兴盛而将该问题的讨论推向风口浪尖。这种具有历史性和现实性的争论，以日本和美国最为典型，其中各方观点的碰撞与交锋，对我们今天对该问题的思考和解决具有丰富而有益的启发。

## （一）日本——“契约劳动”理论与立法、司法回应

### 1. “契约劳动”的概念

1997 年 ILO 第 85 届大会曾提议就“契约劳动”（contract labour）制定专门的公约①，但由于成员方对该概念的理解存在理论、实践甚至语言表达上的巨大差异而并未成行。日本劳动立法虽并未有针对契约劳动的专门规范，但其是劳动者认定理论的重要组成部分。劳动法学界认为，现实中的劳务供给契约（雇佣、承包、委托）往往存在混合性的要素以致出现区分困难，由此产生了契约劳动的问题。对契约劳动的一般定义是“基于委托、承包契约依从用户企业的指示提供服务的人”，其处于雇佣契约和个体经营的中间领域（雇佣的个体经营）②。

### 2. 契约劳动的理论争论与现实法律调整

如何对契约劳动进行法律调整，日本学界曾产生过激烈的争论。“法的体系的再构成论”提出要像德国法“类雇员人”那样把契约劳动者划入第三范围，通过立法给予一定的保护。“劳动者概念统一论”“劳动者概念相对论”与“劳动者概念扩大化论”③，实质上是对立法与司法应对契约劳动问题的不同侧面分别进行总结，可分别与日本法关于劳动者界定的“灵活化路径”“多样化路径”及劳动者权利的扩展相对应。上述路径使立法和司法能游刃有余地应对契约劳动问题，从而大大降低了创设第三类劳动者的必要性。

（1）“劳动者概念统一论”下的灵活化路径

“劳动者概念统一论”基于从属劳动的理论，统一把握劳动者的概念。日本《劳动基准法》第九条规定，劳动者是指不论其从事何种职业而受雇于前条所列的企业或事务所并被支付工资的人。劳动者的身份认定基于“雇佣（使用）从

---

① 根据 ILO 拟制定的公约，契约劳动是指“个人（契约劳动者）（contract worker）为了自然人或法人（使用者企业）（user enterprise）而从事的劳动。该劳动由契约劳动者个人在对使用者企业具有依赖或从属性的条件下履行。这些条件与国内法和实践中的雇佣关系特征相似，但是契约劳动者却并不是使用者企业的雇员”。

② 田思路，贾秀芬．契约劳动的研究——日本的理论与实践［M］．北京：法律出版社，2007：33.

③ 田思路，贾秀芬．契约劳动的研究——日本的理论与实践［M］．北京：法律出版社，2007：99－102.

属性”，法院和学者对抽象雇佣标准的具体化做出了很多努力，提出了劳动者身份认定的从属性判断要素和补充性要素。[①] 在实践中，法庭可对上述要素予以灵活解释和适用，根据服务类型和个案事实，考量不同行业和工种的差异，灵活地决定哪些因素占较多权重，形成劳动者概念判断的“灵活化路径”，使得保持这种传统的定义具有很强的合理性。

（2）“劳动者概念相对论”下的多样化路径

“劳动者概念相对论”依据各法律规定的目的来相对把握劳动者概念。例如，日本《劳动组合法》第三条将“劳动者”定义为“不问职业的种类，依靠工资、报酬和其他收入生活者”，该定义并未要求雇佣关系的存在，因而比《劳动基准法》对劳动者的定义要广泛。这种更宽泛的界定是基于《劳动组合法》鼓励集体谈判的立法目的，而雇佣合同“指挥和监督”的特征与集体谈判关系的确定并不那么相关。基于各个法律不同的立法目的而使劳动者的定义及实际适用存在差别，被称为“多样化路径”。采用“多样化路径”而不是创造一个新的统一定义的合理性在于确定劳动标准的保护程度依赖于被保护的具体客体，例如艺术家需要集体谈判以及赔偿金，而不是加班工资、滥用解雇规则的保护，这可以避免不必要的、过度的保护。[②]

（3）“劳动者概念扩大论”与劳动者权利的扩展

“劳动者概念扩大论”是指扩展和增加从属性内涵（经济从属性、组织从属性），或者将劳动者的概念向其周边部分（所谓灰色地带）扩张。一些立法和判例将最初只有雇员才有的保护扩展至特定的非劳动者，例如劳动者意外伤害保险以及不被滥用解雇的保护。这些劳动者权利向非劳动者的扩张是基于后者在对这些保护的需求上，与前者具有非常强的相似性。因此，当传统的定义不能使某些独立承包人获得他们所需要的劳动保护时，一种可行的选择就是修改现存立法的

---

① 从属性要素包括两个：一是在另一方的指挥和监督下劳动，包括对工作上的指示没有承诺和拒绝的自由、工作时存在具体的指挥和监督、对提供劳务的时间和地点存在限制条款以及其从事的劳动不能委托给他人（不可替代性）；二是就提供的劳务而获得报酬，并与劳务存在对等性。补充性要素包括，对作为非劳动者的独立承包人身份认定的确定性程度（通过生产资料以及工具的所有、报酬的多少以及损害责任的负担来综合衡量），以及针对某一特定客户的排他性关系，即专属性程度。此外，司法实践还总结出其他补充因素，包括与正式雇员有相同的雇佣程序；同雇员一样被代缴所得税；适用劳动保险的规则，薪金中被扣除工伤和失业保险；被适用工作场所的规则和纪律；享受离职遣散费和其他额外福利。参见 Ryuichi Yamakawa. *New Wine in Old Bottles ? Employee/ Independent Contractor Distinction Under Japanese Labor Law* [J]. Comparative Labor Law & Policy Journal, 1999, 21 (1): 104 – 106.

② Ryuichi Yamakawa. *New Wine in Old Bottles ? Employee/ Independent Contractor Distinction Under Japanese Labor Law* [J]. Comparative Labor Law & Policy Journal, 1999, 21 (1): 108 – 125.

部分内容，以实现劳动权利的扩展和保护范围的扩大。①

## （二）美国——对新设第三类劳动者的激烈争论

是否应当仿效其他国家在雇员和独立承包人外设立第三类劳动者，是美国零工经济带来的雇佣和劳动法问题中的一个争论焦点，总体分为支持者和反对者两大阵营，而个中观点碰撞尤具时代性与启发性。

### 1. 支持者

在美国，隐蔽性雇佣（disguised employment）② 导致工人错误分类（worker misclassification）诉讼。针对这类以 Uber 和 Lyft 为代表的零工经济中的诉讼难题，一些学者主张应在雇员和独立承包人之间设立第三类劳动者，被称为“依赖性承包人”“依赖性自雇佣人”或“独立劳动者”。③ 其中，以 Harris 和 Krueger 提出的“独立劳动者”（independent workers）概念最具代表性和影响力。

“独立劳动者”是指那些处于雇员和独立承包人中间地带的劳动者群体，虽然该概念的提出主要针对在线零工经济的劳动者，但其范围构成并不仅限于此。设立“独立劳动者”分类的理由包括以下几方面：

（1）确定在线零工经济的劳动者是雇员还是独立承包人需要持续、代价巨大的法律战斗，结果的不确定性使劳动者和平台双方都面临来自诉讼和政府强制干预的高交易成本。

（2）不同立法对雇主和独立承包人法律地位的规定，使劳动者和雇主面临不同的检验。这些检验和法庭的解释因立法目的的不同而不同，且只是一些因素的集合而非清晰的界定阈值，对因素的衡量往往留给个案的决定者，影响了司法裁判的可预期性。

（3）实践中平台公司多将独立劳动者划为独立承包人的做法，使其无法寻求雇员所拥有的保护和利益，也使得雇主因不必提供相应保护和福利而获得不当利益。

（4）最为根本的是，独立劳动者并不具有独立承包人和雇员的那些最本质

---

① Ryuichi Yamakawa. *New Wine in Old Bottles ? Employee/ Independent Contractor Distinction Under Japanese Labor Law* [J]. Comparative Labor Law & Policy Journal, 1999, 21 (1): 124 – 126.

② 根据 ILO《雇佣关系建议书》（第 198 号），“隐蔽性雇佣”是指当雇主以独立个体而非雇员方式对待工人，以隐藏其真实的雇员法律状态的情形。

③ Valerio de Stefano. *The Rise of The "Just – In – Time Workforce": On – Demand Work, Crowdwork, And Labor Protection In The "Gig economy"* [J]. Comparative Labor Law & Policy Journal, 2016, 37 (3): 495.

的特征。如果劳动和雇佣法的双重目标是提高效率和基于不公平的谈判实力而保护劳动者，那么目前的二分法对独立劳动者的规范现状将无法实现任何一个目标。①

**2. 反对者**

反对设立第三类劳动者的理由主要基于以下两个方面：

（1）创设新的劳动者类型具有更强的模糊性和复杂性。对于中间类型劳动者的保护，以及相关的身份判断规则在不同的国家之间存在显著差异，对该类劳动者的检验和判断比对雇员身份的控制检验还要更加复杂。② 这种尝试可能将灰色地带转移到别的方面，而并没有消除相关的仲裁和诉讼风险。雇佣关系和错误分类的问题远远超出零工经济的范畴，为这一部分工人提供一个专门的分类会割裂劳动力市场和雇佣规制。③

（2）控制检验和立法并非已经过时。那种认为普通法的控制检验是狭隘的，以至于在当代不能够为雇佣保护提供指引的观点是错误的。④ 一些基础性立法为雇佣关系的确定及适用提供了更广泛的定义。例如，《公平劳动标准法》（FLSA）对“雇佣”和“经历和允许工作”提供的定义比“控制检验”更广泛。FLSA 制定于 1938 年，当时控制检验可以包含大部分的工作行为，而立法者仍然通过立法确保劳动保护规则的最广泛适用。这样的广泛定义在裂缝化的工作场所和管理分层体制对工人的控制日益削弱的今天，非但没有过时，反而比在 1938 年更具意义。⑤

---

① Seth D Harris, Alan B Krueger. *A proposal for modernizing labor laws for twenty – first – century work: the "Independent Worker", The Hamilton Project, Discussion Paper 2015* [M]. Washington DC: Brookings Institution, 2015: 7 – 12.

② Robert Sprague. *Worker (Mis) Classification in the Sharing Economy: Square Pegs Trying to Fit in Round Holes* [J]. ABA Journal of Labor & Employment Law, 2015, 31 (1): 53.

③ Valerio de Stefano. *The Rise of The "Just – In – Time Workforce": On – Demand Work, Crowdwork, And Labor Protection In The "Gig economy"* [J]. Comparative Labor Law & Policy Journal, 2016, 37 (3): 496 – 498.

④ David Weil. *The Application of the Fair Labor Standards Act's "Suffer or Permit" Standard in the Identification of Employees Who Are Misclassified as Independent Contractors. Administrator's Interpretation* [EB/OL]. (2015 – 07 – 15). https://www.blr.com/html_email/AI2015 – 1.pdf.

⑤ Valerio de Stefano. *The Rise of The "Just – In – Time Workforce": On – Demand Work, Crowdwork, And Labor Protection In The "Gig economy"* [J]. Comparative Labor Law & Policy Journal, 2016, 37 (3): 498.

## 三、第三类劳动者的制度反思及其对我国的适用性

在对我国各类网约工劳动关系认定问题的争论中，裁判者和学者越来越意识到这种用工形态所具有的混合性与模糊性，而为处于灰色地带的劳动者创设新类型的观点，成为被建议的路径选择之一。但当我们对第三类劳动者的制度实践与理论争议进行比较研究时，会发现该制度在规则设计与理论支撑上尚存在诸多困难和争议，这一路径对我国是否具有适用性，则更需谨慎考量我国现实的制度基础和理论积累水平。

### （一）第三类劳动者界定与区分规则构建的模糊性

设立第三类劳动者，不仅其本身需要合理的认定标准，还需建立可将其与雇佣和自雇佣清晰区分开的规则。从已有的制度实践观察，对该问题尚未存在普遍共识。其一，作为类型化的存在，第三类劳动者与雇员和自雇佣劳动者的关系归属呈现不同样态。加拿大将其纳入雇员范畴，而西班牙将其归属为自雇佣劳动者，德国与意大利采用“三分法”将三者并列，英国以“劳动者”的上位概念将其与雇员同时纳入麾下。其二，对第三类劳动者的界定规则存在较大差异。最大的共识，是加拿大、德国和西班牙以“经济依赖性”作为认定第三类劳动者的本质属性，但在实践中如何确认“经济依赖性”且与雇佣关系之“从属性”相区分成为首要难题，三国实践中将收入来源比例（分别为80%、50%、75%）作为客观衡量标准，也充满了质疑（为什么不是60%或90%？）和操作困惑（收入信息披露与具体计算问题）。此外，德国在认定标准中须同时考量劳动保护的“社会需求性”，英国以未达到“雇佣合同”但达到“劳动者的合同”标准的“双方义务性”和“个人性”作为模糊的认定因素。而意大利则以“持续、协同与合作”“项目工作”和“由委托人组织合作”作为不断修改的认定标准，但一直在实践中遭遇挫败。因此，对第三类劳动者的认定无论是立法呈现还是实践判断都异常复杂与困难，且介于雇佣与自雇佣之间又要与二者相区别的标准设置，使其比对雇员身份的判断更加让人迷惑。

第三类劳动者的制度设计与实践须以雇佣与自雇二分法本身的廓清作为必要的制度和理论基础，对此在上述国家中并不存在问题和障碍，困难主要来自“中间类型”必然固有的模糊与复杂性。我国的特殊之处在于，雇佣与自雇二分法本身尚未有成熟的制度与理论基础，从而对该制度的适用与可行平添了更多的未知

与阻碍。

首先，我国在立法上并未明确定义及解释过“劳动关系”“劳动者”的概念，实践对是否成立劳动关系的判定主要依据司法和行政部门的相关规定。立法主要明确了用人单位的范围，劳动者的范围主要通过是否建立劳动关系确定。立法规范语言对“劳动者”一词的使用在内涵与范畴上并不一致①，在劳动者之外还存在“职工”“雇工”的概念。② 除“劳动者”概念界定缺失与立法混乱外，我国《合同法》有名合同中，“提供服务类”的合同没有雇佣合同一类③，立法上缺少雇佣与委任，雇佣与承揽的界定与区别、雇佣合同与劳动合同的比较与区别在制度上就更无从谈起。虽然雇佣规则缺失，但法律实务上却存在劳务关系与劳动关系的判定和区别问题，问题在于立法对劳务关系也未做出明确界定。实务上一般认为劳务关系即雇佣关系，“劳动关系认定”“劳动关系与劳务关系”问题，实质上就是雇佣合同与劳动合同的区分问题。④ 这里需要特别注意的是，西方语境下的雇佣关系（employment relationship）与我国立法中的“劳动关系”范畴基本一致，而我国目前劳动法实务上的劳务（雇佣）关系则接近于西方语境下的自雇佣或独立承包人的范畴。这种用语使用上的巨大差异提醒我们在参考域外立法和理论时需格外谨慎，也在实质上增添了对话与借鉴的难度。

其次，在理论上学者们对“劳动者”也有不同的范畴界定。⑤ 对于劳动关系，将“从属性”作为其根本特征和判断标准不存在争议，但由于裁判依据对劳动关系的界定过于粗泛，司法实践和理论总结尚未形成成熟、系统的“从属

---

① 例如，《劳动法》和《劳动合同法》中的劳动关系，既包括标准劳动关系，也包含非标准劳动关系（劳务派遣和非全日制），而劳动者是处于劳动关系中的一方主体。而最高人民法院《全国民事审判工作会议纪要》（法办〔2011〕442号）第五十九条规定：“建设单位将工程发包给承包人，承包人又非法转包或者违法分包给实际施工人，实际施工人招用的劳动者请求确认与具有用工主体资格的发包人之间存在劳动关系的，不予支持。”上述文件中的“劳动者”又并非处于劳动关系中的一方主体，可见劳动者与劳动关系并非一一对应。

② 例如，我国《社会保险法》第十条规定，“职工应当参加基本养老保险，由用人单位和职工共同缴纳基本养老保险费。无雇工的个体工商户、未在用人单位参加基本养老保险的非全日制从业人员以及其他灵活就业人员可以参加基本养老保险，由个人缴纳基本养老保险费”。一般认为，职工是指与用人单位存在劳动关系（包括事实劳动关系）的各种用工形式、各种用工期限的劳动者，与《劳动法》和《劳动合同法》中的劳动者范畴基本一致。

③ 我国立法对雇佣关系、雇佣合同并未直接规定，只是《最高人民法院关于审理人身损害赔偿案件适用法律若干问题的解释》第九条规定：“从事雇佣活动，是指从事雇主授权或者指示范围内的生产经营活动或者其他劳务活动。雇员的行为超出授权范围，但其表现形式是履行职务或者与履行职务有内在联系的，应当认定为从事雇佣活动。”

④ 郑尚元．民法典制定中民事雇佣合同与劳动合同之功能与定位［J］．法学家，2016（6）：57.

⑤ 侯玲玲，王全兴．劳动法上劳动者概念之研究［J］．云南大学学报（法学版），2006（1）：71.

性”判断要素规则。更为关键的是，雇佣合同规则的缺失，导致劳动关系与雇佣关系二者关系不清，理论上存在二者独立、前者适用后者的一般性规定以及后者为前者特殊形态这三种不同的观点。[①] 西方国家劳动合同经由雇佣合同发展而来，历经大工业化时代和经典产业关系发展阶段，经由不同立法历史进程演变，在不同大陆法系国家二者呈现出不同的立法体例和归属关系。但正是立法与历史演进的主客观一致性，使得雇佣关系（合同）与劳动关系（合同）的外在范畴大体一致，“二者几乎同义”亦为日本和我国台湾地区劳动法学界的主流观点。[②] 我国没有经历过西方雇佣合同发展和适用的历史阶段，劳动立法从一开始就直接进入了公私融合的法律调整模式。如何在厘清劳务关系、雇佣关系和劳动关系概念与范畴的基础上[③]，对三者进行符合我国发展实际的界分，是劳动法的重大课题，而这显然还需要经历不短的时间和过程才会在理论和立法上形成共识。

应当说，通过设立第三类劳动者来解决雇佣与自雇二者间的模糊化问题，在全球范围内并未形成主流之势。不多的立法经验已经反映出该类型设立标准的复杂与实践判定的艰难。而我国雇佣概念从未在立法中明确确立，雇佣关系与劳动关系的历史演进与西方完全不同，对雇佣（劳动关系）与自雇（劳务关系）二分法的区分在我国尚未有成熟的立法、理论与实践。在发展背景、制度积累和理论总结完全不同的情况下，贸然借鉴成熟的雇佣与自雇二元体系之下对劳动者的第三种分类，恐怕会让本已混沌不清、迷雾重重的局面变得更加让人无所适从。因此，未来制度完善应当首先厘清雇佣（劳务）、承揽、委任、劳动关系这些基本概念，而只有在雇佣与自雇二元体系逐渐廓清的基础上，讨论和设立第三类劳动者才不至于成为无源之水、无本之木。

### （二）第三类劳动者劳动权利和保护规则设计的复杂性

除类型界定与区分规则十分模糊外，对第三类劳动者赋予哪些劳动权利和保护可能更为复杂。如果说“经济依赖性”尚可作为类型界定特质的一项共识，劳动权利与保护水平的配置在制度经验上则难寻规律。加拿大“依赖性承包人”目前只享有集体劳权，英国“非雇员劳动者”享有最低工资、加班工资以及与

---

① 董保华．雇佣、劳动立法的历史考量与现实分析［J］．法学，2016（5）：13.

② 谢增毅．民法典编纂与雇佣（劳动）合同规则［J］．中国法学，2016（4）：99.

③ 也有学者认为应当区分劳务关系与雇佣关系，“劳务关系”指一系列需要付出体力、脑力劳动或提供服务类的社会关系，既包括雇佣关系，也包括承揽关系、委任关系，居间、代理、演出等，雇佣合同只是基础性劳务类合同。（参见郑尚元．民法典制定中民事雇佣合同与劳动合同之功能与定位［J］．法学家，2016（6）：62.）这种更广范畴上的劳务关系与日本民法“利用他人劳务为目的的契约”相类似。

雇员相区别的集体劳权，而德国“类雇员人”的不同群体享有不同权利保护水平，家内工作者最接近于雇员，商业代表最少适用劳动法，其他类雇员人仅享有带薪年休假以及职业健康和安全、集体协议、社会保障立法中的特定保护。西班牙“经济依赖性自雇佣劳动者”除享受自雇佣劳动者享有的休假、特定保险和集体劳权外，还在合同不当解除、中止履行以及争议解决上享有法定权利。意大利“准从属性劳动者”所拥有的权利范围随每一次改革而扩大，但因一再失败而最终走向了对雇员身份高强度推定的路径上。

因此，制度规则需要决定第三类劳动者是否享有集体劳权，以及在平等就业、劳动报酬、休息休假、劳动安全卫生与保护、社会保险和福利、劳动争议处理问题上，享有或排除哪些雇员所拥有的具体权利和保护。然而，这种努力存在严重的风险：如果给予第三类劳动者较少的权利，那么企业会有强大的制度刺激将雇员变为第三类劳动者；如果权利赋予过于慷慨甚至接近于雇员，则既要面临如何与雇员相区分的难题，也会因必然伴随的界定的严格性，使得实际上适用该分类的劳动者数量非常有限。

德国“类雇员人”的界定要素除“经济依赖性”外，还包括“与雇员类似的社会需求性”。的确，基于需求匹配权利应为制度设计的基本思路，但这种权利配置应是微观、个别与具体的。对抽象出的一类劳动者笼统地赋予权利，会因该类型包含群体的多样性与变动性而在实践中不断遭受挑战。而在理论上，做出是否应赋予权利的判断也非易事。在美国，有学者提出因为很难确定平台工人的工作时间，所以不应该对“独立劳动者”赋予最低工资保障，但立马有学者反驳说，这显示了作者对众包工作技术缺乏了解，因为平台收集所有有关工作和工人数据的能力和范围是史无前例的。除最低工资外，是否应对平台豁免适用禁止雇主歧视的法律规定？零工工人因完成工作而受伤时，是否有权请求工伤赔偿？确定应该排除哪项权利是一项不可能的两难问题，这些法律原本就是为了平衡工人与雇主实力而提供的基本权利保障。仅仅为了创造一个被打了折扣的工人种类而将这些保护性权利排除出去非常武断，也不符合零工经济中理性的关系现实。①

与美国不同，我国标准劳动关系法律调整的刚性化是学界共识，主张对劳动者予以分类、分层保护的各种提议是为打破铁板一块、全有或全无的刚性用工体制，为企业与劳动者关系的灵活与自由寻找一种弹性化的出口。但笼统而抽象的

---

① Miriam A Cherry, Antonio Aloisi. *"Dependent Contractors" In The Gig Economy: A Comparative Approach* [J]. American University Law Review, 2017, 66 (3): 680.

第三类劳动者制度，会面临为其统一配置相应劳动权利和决定劳动保护水平的艰难选择，而这种配置和选择的理论基础、制度实践与合理性目前尚未成熟甚至充满争议。

### （三）第三类劳动者制度效用和实践结果的非预期性

除规则本身的模糊与复杂外，第三类劳动者的制度效用也一直存在争议。如前所述，加拿大学者认为新设类型，实质上是为扩张劳动法适用范围而进行目的性解释的努力失败的结果，并非必须之举。英国第三种类型的模糊标准一直是实践操作的一大难题，这一分类在西班牙则出现对工会和企业两头不讨好的尴尬局面，而德国学者则担忧该制度会成为对雇员的廉价替代，而主张推广适用与雇员保护最为接近的家内工作者的相关规则。

此外，第三类劳动者规则适用可能出现的非预期后果——更多的错误分类和隐蔽性雇佣，提醒我们对该制度的借鉴需要更严谨的思考与更慎重的选择。在相关文献中，意大利的制度经验总是被当作例子，准从属性劳动者与雇员权利的实质性差异为雇主提供了以前者替代后者的套利空间，这比将工人错误分类为自治性劳动者更具隐蔽性和模糊性。虽然从逻辑上说，设立第三种类型可能会有助于解决灰色地带的用工关系和劳动者归类问题，但如果该制度会导致套利，甚至比二分法创造出更多的套利空间，将本应被归类为雇员而又明显不能被认定为自雇佣工人的劳动者降低至中间类型，就不仅无益于原有问题的解决，还会产生新的矛盾。

意大利的实践让我们很容易对中国的相似情形产生联想。基于灵活化的考虑，我国《劳动合同法》规定了两种非标准劳动关系——非全日制和劳务派遣。立法对非全日制劳动者的权利配置，与ILO《非全日制工作公约》所要求的非全日制与全日制工人获得同等对待的基本原则还相去甚远。非全日制用工过度灵活，工人基本权利缺少保障，实践中以非全日制工替代全日制工的情况正在大量发生。而劳务派遣在我国作为隐蔽性雇佣形式而存在的非正常繁荣，对我们思考第三类劳动者的设立问题有更重要的借鉴意义。消除隐蔽雇佣关系的内在动力在于改变“正规用工”这一体制内的用工刚性化问题[①]，在标准劳动关系刚性化背景下，非标准劳动关系（包括依赖性自雇佣关系）中权利配置和保障的“灵活性”必然会刺激其成为隐蔽雇佣的肥沃土壤。立法对该类劳动关系复杂的确认标

① 董保华．“隐蔽雇佣关系”研究［J］．法商研究，2011（5）：112.

准和要求，会因为处于组织优势的雇主通过不断改变经营方式以迎合规则而导致对其做出隐蔽雇佣的判断日益艰难。设立第三类劳动者，也许会使一些目前处于劳务关系的劳动者被重新分类并享有部分劳动权利和保障。但正如意大利的经验和我国劳务派遣的制度实践所反映出的那样，其也极有可能导致大量标准劳动关系下的劳动者被第三类劳动者的身份所替代的新型隐蔽雇佣的出现，也会使得本就处于名为劳务关系、实为标准劳动关系的隐蔽雇佣中的劳动者获得真实的身份认定和完整权利保障的道路变得更为曲折和艰难。

## 四、另一种思路——从劳动者抽象类型化到劳动权利的具体扩展

在仍为主流模式的雇佣与自雇二元结构下，如何规范与调整处于灰色地带和中间地位的工作关系与劳动者，是许多国家正面临的挑战。解决路径的制度选择与权衡，须以特定价值目标的实现为指引。美国主张设立第三类劳动者的代表性人物 Harris 教授提出，工人分类制度选择的价值目标，包括社会契约的公平适用、效率、创新和创业、避免监管套利，以及横向平等。[①] 在他列出的政策清单中，除仍将设立“独立劳动者”的“Harris - Kruege 方案”作为首选外，还提出了“确立从业者被推定为雇员，但雇主可明确反驳的任意性规则”，以及“建立和扩张为所有独立劳动者和类似主体提供福利和保障的公共福利体系”这两种可行的备选方案，因为二者也能实现大部分的价值目标。设立第三类劳动者，并非应对灰色地带用工关系问题的唯一选项，在明确价值目标和问题指向后，我们需要提出与衡量可供选择的其他路径。

### （一）以甄别和规范“隐蔽性雇佣”为必要基础

首先，需要指出的是，灰色地带的用工关系问题，并非雇佣与自雇之外的第三类用工关系所能概括，ILO 对这类“依赖性自雇佣”关系的讨论，与“隐蔽性雇佣”紧密关联。[②] 不断被创造出的、有别于标准雇佣的各种新型用工方式伪装之下的隐蔽性雇佣，在互联网科技的推波助澜下变得更加具有迷惑性，隐蔽性雇佣与依赖性自雇佣的边界日渐模糊，并总会让人产生需要以一种新的分类和标准

① 赛思·哈瑞斯. 美国“零工经济”中的从业者、保障和福利［J］. 环球法律评论，2018（4）：28 - 37.

② ILO. *Non - standard employment around the world : Understanding challenges , shaping prospects* ［R］. International Labour Office, Geneva, 2016：1 - 2.

加以规范的冲动。但应当首先判断的是，其是否是被隐藏在一种未曾出现过且为双方合意的外表下的隐蔽性雇佣。历史发展中每一次隐蔽性雇佣的出现都是全新的，如今众多平台经济雇员身份的确认诉讼，可能只是经济发展至今的一个阶段性产物而已，过分强调其特殊性也许并不理性。而隐蔽性雇佣的甄别依赖完善的雇佣（劳动）关系判断规则，英美法系和大陆法系国家对此呈现出极强的一致性，主要体现在不考虑工作合同本身标签的“事实第一原则”和雇佣（劳动）关系确认标准的多因素性与灵活性两方面。在我国，“事实第一原则”虽未有立法和司法解释上的明确依据，但也被不少学者支持①，而“好厨师”“闪送”等平台用工案件的司法判决也呈现出法院对这一原则的认同。② 雇佣（劳动）关系确认标准的多因素性及适用的灵活性，可以确保该标准与由科技主导或推动的企业结构变化同步，成为我国劳动法学者对解决“网约工”用工关系判定难题的主要建议，而实践也逐步显示出规则模糊之下积极的司法能动性。因此，在制度和判例指引上完善劳动关系判断规则，将隐蔽性雇佣从灰色地带的用工关系中甄别出来并加以规范，而不是笼统地将设立第三类劳动者或用工关系作为解决方式，是制度权衡与选择的第一步。

## （二）以劳动权利的具体化扩展为路径

对灰色用工关系中的隐蔽性雇佣予以甄别和规范后，就需要考虑对真实的依赖性自雇佣采取何种调整路径。作为一些国家对第三类劳动者认定核心标准的“经济依赖性”，是对雇佣关系传统判断规则——“控制检验”与“从属性”的一种延展，其是对该种关系下的劳动者对用工主体依附与依赖程度的一种抽象概括，并结合劳动者的客观需求，共同构成劳动法突破传统雇佣关系界限、扩展保护范围和权利覆盖的正当性基础。从这一意义上来说，劳动权利合理及合法的扩展是目的，第三类劳动者的设立是手段，此手段并非唯一，也非最优。而我国的复杂性在于设立第三类劳动者的制度建议可能不单纯是为了解决依赖性自雇佣问题，而是被当作解决劳动法律保护一刀切、法律调整模式单一化问题的一个出口。特别是劳动关系—劳动权利—社会保险在制度上存在极强的对应和捆绑，对

① 例如，认为“要避免人民法院在裁判口径上蒙蔽于一纸民事承包协议，以‘合意缺乏’为由‘去劳动关系’”。参见江峰，刘文华．边界型民事雇佣劳动法律规制研究［J］．中国劳动，2017（7）：21.

② 例如，在“好厨师”案中，终审法院认为“劳动关系认定与否是由强制性规范予以认定的范畴，不能仅凭当事人的书面约定就排除劳动关系，仍要结合双方的‘合作’模式和劳动者的具体工作内容予以确定”。

劳动和社会保险权利的争取被迫首先转化为劳动关系认定争议时，对这一出口的需求就更加迫切。从逻辑上说，第三类劳动者的设立可能会减轻裁判者和监管者在劳动关系与劳务关系之间二选一的压力，但正如前文讨论和强调的，这也许会导致更大范围的、新的隐蔽性雇佣的产生，结果可能既未提升劳务关系中劳动者的权利保护水平，又可能将劳动关系中劳动者的权利保障水平整体拉低。因此，笔者认为，无论是对依赖性自雇佣的回应，还是为了实现劳动法律调整的灵活化，实现路径应当是在劳动基准法提供底线保护的基础上，通过对特定而非抽象类型主体和具体劳动权利法律调整的专门化，实现对劳动者的区别保护，而核心规则是要打破劳动权利和社会保障与劳动关系是否成立的“全有或全无”的捆绑关系，根据实践需求实现劳动权利的具体化扩展。从其他国家的经验来看，劳动权利的扩展有两种方式：一是通过具体劳动法律适用范围的差别来实现，其或基于不同立法目的而对雇员（劳动者）概念予以不同范畴的界定，或直接由立法明确规定；二是针对具体职业、行业的劳动者，将具体的劳动权利和保障对其扩展适用。

**1. 具体劳动法律适用范围的扩展**

劳动法律适用范围的差异性，可以实现对不同劳动者群体在不同劳动权利上的差别对待与保护，其合理性基于劳动权利和社会保障的不同层次与价值目标，且不以劳动关系的成立为必要前提。ILO 监督机构认为，任何劳动者（包括自雇佣劳动者），无论其雇佣状态是什么，都不应被排除核心劳工标准公约的基本权利，这些权利应当是普遍适用的。我国学者认为，除上述基本权利外，“宪法规定的和劳动直接相关的重要权利，诸如劳动的权利、有关劳动保护、工资、工作时间、休息的权利等应普遍赋予所有劳动者”①。而社会保险法因其具有不同于劳动法的社会安全和公法属性，更不应完全依赖劳动关系的认定而展开其制度逻辑。

许多国家的劳动法基于不同立法目的，对雇员（劳动者）予以不同范畴的界定，以实现法律适用范围的差异化。前文提到的日本劳动者概念相对论下的多样化路径即为典型。美国国家劳动关系委员会为实现《国家劳动关系法》的立法目的，用严格的普通法测试区分雇员与独立承包人，但《公平劳动标准法》对“雇员”（雇主雇佣的任何个人）和“雇佣”（经历和允许工作）的定义比普

① 谢增毅．我国劳动关系法律调整模式的转变［J］．中国社会科学，2017（2）：138.

通法的“控制实验”所提供的定义更加广泛。① 德国联邦劳动法庭认为“雇员”在几乎所有劳动法中都具有相同的含义，但社会保险法规定其调整对象为“依赖性劳动，特别是雇员”，因此非雇员也可以享有社会保障。② 加拿大“依赖性承包人”概念虽仅为产业关系法而非劳动标准法的雇员范畴，但其健康和安全以及社会保险立法中更多地使用“劳动者”（worker）的概念而获得比雇员更广泛的适用范围。例如安大略省《职业健康和安全法》就将“劳动者”定义为为了获得货币性薪酬而从事工作或提供服务的人，以及并非为获得货币性薪酬而从事工作或提供服务的特定群体（例如在学校注册且获得授权的实习生等）。

在我国，由于立法和司法实践并未明确界定和总结出劳动关系和劳动者的含义与界定标准，因此基于不同立法目的而对劳动者进行不同范畴的解释，从而扩展适用范围的路径不太具有可行性。但我国目前劳动法领域有个别法律规范并未与劳动关系实现捆绑，从而能将其适用范围扩展至未被劳动关系涵盖的劳动者。例如我国《工会法》第三条，将参加及组织工会的权利赋予所有在“企业、事业单位、机关中以工资收入为主要生活来源的体力劳动者和脑力劳动者”，从而为实践中处于灰色地带的劳动者群体加入及组织工会提供了基础性法律支持，也符合 ILO 核心劳工标准广覆盖的基本精神。因此，未来应首先松绑劳动关系、劳动权利与社会保险的绝对对应关系，以立法价值目标与劳动者群体需求为导向，区别对待具体立法的适用范围，就实践中存在广泛争议和迫切需求的法律制度（例如工伤保险）的扩展适用纳入修法或立法日程。

**2. 具体身份、职业劳动者权利的扩展**

此外，对非雇员劳动者通过立法或司法赋予其个别、具体的劳动权利，也是其他国家的典型做法。前文已述，西班牙《自雇佣劳动者法》将相应的劳动权利和保护赋予所有或特定的自雇佣劳动者；意大利在 1995 年出台的养老保险改革法案中，通过赋予自治性和准从属性劳动者一些原本为雇员所享有的社会保险福利，来对企业的套利行为进行温和的立法干预。日本亦通过立法和司法将一些原本只为劳动者享有的权利，例如意外伤害保险和不被滥用解雇的保护，扩展至非雇员。我国也有学者认为，应对实习（见习）人员和继续就业的超龄人员，

---

① Alek Felstiner. *Working the Crowd: Employment and Labor Law in the Crowdsourcing Industry* [J]. Berkeley Journal of Employment & Labor Law, 2011, 31 (1): 181.

② Wolfgang Däubler. *Working People in Germany* [J]. Comparative Labor Law & Policy Journal, 1999, 21 (1): 80.

在劳动报酬、工作时间、劳动保护和社会保险方面设立特别的制度安排。①

对自雇佣、依赖性自雇佣劳动者进行劳动权利的具体化扩展和设立抽象的第三类劳动者并给予特殊的权利配置，就劳动保护效果而言是殊途同归的。二者的不同之处在于前者能紧贴社会实践需求，规则设计更为直接与简单，并更具开放性和动态性；而后者需以成熟的雇佣与自雇二分法为制度基础，规则设计更为模糊与复杂，并可能导致企业套利的非预期后果。在已存在劳动者第三种分类的英国，学者仍认为为个人工作合同建立家族或松散式的合同类型的组合，比将其定位为一种单独的合同类型——个人工作合同，或者两种合同类型——准依赖性劳动者合同和完全独立个体的工作合同更好。② 而在以单独立法的方式实现劳动权利向自雇佣劳动者扩展的西班牙，学者更是提出了“我们不应该再谈论劳动法，而应谈论劳动权利”的命题。③ 因此，笔者认为不应采用抽象的第三类劳动者制度，而应根据实践要求，针对需要特别规制和保护的、拥有具体身份和职业的劳动者，综合考量其工作过程、用工双方主体地位及特质，建立开放、可不断进化与改变的关系类型，并赋予其相应的劳动权利与社会保障水平。也许我们可以大胆构想，在雇佣与自雇二元边界日益模糊的未来，抽象的雇员、第三类劳动者的类型化路径将日益转变为对具体的、个性化劳动者的劳动权利的覆盖与赋予，这或许才是应对如今已经出现、将来仍未可期的种种用工形式所带来的问题和挑战的基本思路和方向。

## 五、结 语

在仍为主流模式的雇佣与自雇二元结构下，如何规范与调整处于灰色地带和中间地位的工作关系与劳动者，是许多国家正在面临的挑战。而全球化、互联网科技的发展和企业商业模式的不断创新，将会不断加速这一挑战的力度和广度。从全球实践经验来看，设立第三类劳动者作为解决路径之一，至今并未有明显的制度优势，反而因制度设计的复杂性和制度效果的不可预期性而一直备受质疑。加之我国特殊的制度背景与理论基础，更为第三类劳动者在我国的适用性与可行

---

① 江峰，刘文华．边界型民事雇佣劳动法律规制研究［J］．中国劳动，2017（7）：20.

② Mark Freedland Fba，Nicola Kountouris. *The legal Construction of Personal Work Relations*［M］．Oxford：Oxford University Press，2011：289.

③ Esther Sanchez Torres. *The Spanish Law on Dependent Self－Employed Workers：A New Evolution in Labor Law*［J］．Comparative Labor Law & Policy Journal，2010，31（2）：239－248.

性增添了不小的障碍。

现代经济中的工作已日益变得临时化、外包化及碎片化。[①] 平台经济或零工经济不应被看作经济体中的独立舱，其许多重要面向与其他非标准雇佣形式具有很强的相似性，须将其纳入对非标准劳动提高保护的整体政策和战略中。“这种认识能够避免某种过激的立法反应，如为零工经济中的工作创立特别的雇佣关系以及工人种类，或者需要放松现有的管制从而有利于该部门的繁荣及发展。”[②] 因此，我们应将思路从设立第三类劳动者制度转向劳动权利的具体化扩展上，这一路径选择更为开放、动态与实际，也能够避免抽象的类型化规制所导致的套利与规避。而在笔者提出的路径方案中，如何确定具体身份、职业劳动者的特别规制需求，并配置相应劳动权利与社会保障水平的依据、标准及理论基础等问题，还需要另做深入、严谨的研究与思考。而这也是雇佣形式灵活化、雇佣关系模糊化、雇佣与自雇二元体制被不断突破的趋势下，全球劳动法学者都须面临和解决的重大课题。

① Judy Fudge. *Fragmenting Work and Fragmenting Organizations : The Contract of Employment and the Scope of Labour Regulation* [J]. Osgoode Hall law journal, 2006, 44 (4): 609 -616.

② Valerio de Stefano. *The Rise of The "Just - In - Time Workforce": On - Demand Work , Crowdwork , And Labor Protection In The "Gig economy"* [J]. Comparative Labor Law & Policy Journal, 2016, 3 (37): 500.

# 技术工人升级是新时期产业工人队伍建设的难点及突破点[①]

## ——基于广西壮族自治区南宁市企业的调研

王　祎　郭子涵[②]

**摘　要：** 目前，中国的实体经济特别是制造业面临巨大的压力，除了产业结构本身的原因外，产业工人队伍的建设成了经济科技创新再提升的制约因素。产业工人呈现政治地位不明显、经济地位有所下降、权益保护不足的现状。笔者经过实地调研，发现技术工人的建设是产业工人队伍建设的重点和难点，技术工人占比较低、流动存在潜在风险，接受培训的程度也不足。本文进一步分析了阻碍技术工人升级的因素在于薪资体系不完善、成才通道不畅通、技能培训体系不成熟，为突破新时期产业工人队伍建设的难点，给出了相关的建议。

**关键词：** 产业工人　技术工人　南宁市

目前，我国经济面临国内外错综复杂的环境，国内产能过剩和需求结构升级矛盾突出，实体经济特别是制造业面临巨大的压力，除了产业结构本身原因外，产业工人队伍的建设成了制约经济、科技创新再提升的因素。技术工人的建设是产业工人队伍建设的重点和难点，只有从理论和实践上都有所突破，才能实现制造强国战略、最终振兴实体经济。

---

① 本文已刊于《天津市工会管理干部学院学报》2020 年第 2 期。

② 王祎，女，汉族，北京市人，任职于中国劳动关系学院，主要从事劳动与社会保障研究；郭子涵，男，汉族，天津市人，中国国际货运航空有限公司人力资源部职员。

# 一、新时期产业工人现状

## （一）政治地位体现不明显

工人阶级是我国的领导阶级，产业工人是工人阶级的主体力量。数十年来，产业工人基本上代表了先进生产力，产业工人在生产实践中创造了宝贵的工作经验，培养出许多优秀的人才。这些优秀的人才，不仅在工作岗位上发挥自己的技能，在政治上也拥有很大的进步空间，众多技术能手、青年专家、优秀工人积极加入党组织，木匠李瑞环、建筑工人张百发等产业工人，就先后走上了重要领导岗位。而近40年来，产业工人的结构发生了变化，改革开放使得许多农民得以进城成为产业工人，进城务工人员的高流动性，使得产业工人队伍变得不稳定，难以持续发展，从而影响了产业工人政治地位的体现。在全国人大代表中比例下降是产业工人队伍政治地位不高的具体表现①，减少工人群体表达自己合理诉求的渠道，降低了产业工人的自信心和自豪感。

## （二）经济地位有所下降

产业工人目前的收入状况总体上已经是市场化的体现。经济收入的多少，无疑是反映社会地位高低的一个重要方面。

20世纪90年代中期以来，我国的经济增长率年均保持在较高水平，产业工人的生活水平和生活质量也有所提高，但是同社会其他群体相比，如私营企业主、个体户、国家公务员等，工人的收入停滞不前，甚至有所下降，并没有享受到经济发展的成果。传统产业工人与下岗工人的收入最低。

在企业内部，一线技术工人的平均收入相对于研发、市场营销、管理岗位较少，工作环境方面也存在较大差异，部分岗位劳动强度较大，发生工伤事故的概率较大。一线工人的劳动付出与回报不成比例。

## （三）权益保护机制不足

计划经济时期，产业工人的政治地位高，经济地位也高，还享受着其他社会阶层享受不到的特殊待遇。成为产业工人，就意味着捧上了“铁饭碗”：不会失业，生老病死有依靠，终生享受劳保福利待遇、免费医疗、国家分配住房等优厚

---

① 王奎．产业工人队伍人才供给不足的因素分析［J］．科技视界，2019（11）：79－82.

待遇。然而，随着经济体制改革，与产业工人经济地位跌落相伴随的是权益保护机制的缺失。劳动合同制用工打破了“铁饭碗”，生老病死的社会风险由单位保障转为社会保障，取消了福利分房。产业工人的安全感缺失，危机感增加，经济权益维护及工资平等协商、正常增长、支付保障等机制都需要进一步加强。

## 二、产业工人队伍中技术工人队伍建设严重滞后

为了真实了解产业工人的现状，笔者在南宁对六家企业进行了实地调研。六家企业的所有制形式、员工规模、技术人员数量和经营范围等情况如表 1 所示。笔者采用观察法、访谈法、问卷法等方法，针对企业中技术工人薪资、福利待遇、离职率、人员培训等方面的情况进行了资料的搜集和整理。最终发现产业工人队伍中，技术工人队伍建设严重滞后，具体表现为技术工人占比较低、流动率有潜在的风险、普遍接受培训的程度不够等。

**表 1　南宁市六家调研企业基本情况一览表**

| 企业名称 | 所有制形式 | 员工规模 | 技术人员数量 | 经营范围 |
|---|---|---|---|---|
| 胜美达电机（广西）有限公司 | 外资 | 3000 余人 | 150 余人 | 从事电子产品中的线圈研发、制造及销售 |
| 皇氏集团股份有限公司 | 民营 | 1200 余人 | 200 余人 | 液态乳制品的生产、加工、销售以及与此相关的奶牛养殖、牧草种植 |
| 富士康科技集团（南宁）科技园 | 台资 | 20000 余人 | 1200 余人 | 计算机、通信、消费电子等产品的研发制造 |
| 南宁哈利玛化工有限公司 | 外资 | 49 人 | 8 人 | 生产、销售以松香为主要原料的各种油墨、涂料、黏合剂用树脂以及其他高附加产品 |
| 大赛璐（南宁）食品添加剂公司 | 外资 | 150 人 | 91 人 | 主要生产和销售山梨酸、山梨酸钾等食品添加剂产品 |
| 广西华兴食品有限公司 | 私营 | 310 余人 | 21 人 | 集孵化、养殖、加工、销售、进出口贸易为一体的股份制食品 |

## (一) 技术工人占比较低

6家企业可以分为两类：一类是简单的加工型企业，特点是大多采用劳动密集型的流水线作业，普通工人仅需简单的培训就可以独立操作完成相关的工作，技术工人一般负责机器的维护和修理；另一类是制造型企业，特点表现在流水线自动化程度较高，不需要太多的普通操作工人，技术工人主要负责保养维护机器，检测产品质量等复杂工作。两种类型的企业技术工人占比不同。

如图1所示，以胜美达电机（广西）有限公司、富士康科技集团（南宁）科技园、广西华兴食品有限公司为代表的几家加工型企业的技术工人占比普遍偏低，分别为4%、5%、7%。

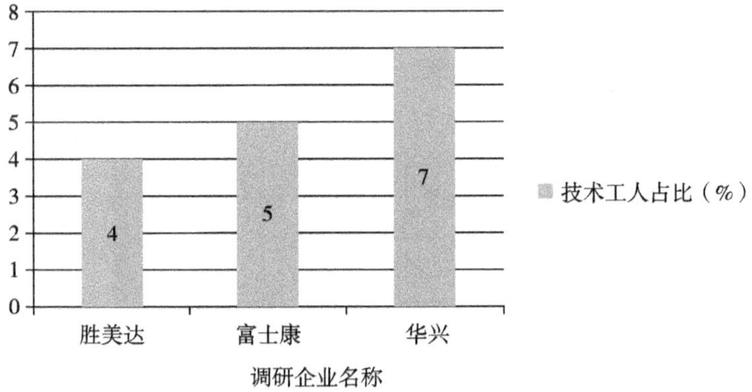


**图1　加工型企业技术工人占比**

如图2所示，以皇氏集团股份有限公司、南宁哈利玛化工有限公司、大赛璐（南宁）食品添加剂公司为代表的制造型企业技术工人占比较高，分别为17.6%、16.7%、19.6%。

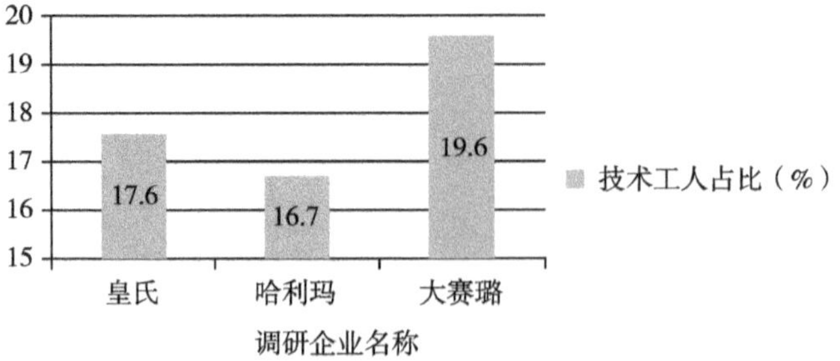


**图2　生产型企业技术工人占比**

由此可见，加工型企业主要依靠一线普通操作工人，对于技术工人的需求程度不高，而制造型企业，由于自动化程度高，对于技术工人的需求程度也比较高。但无论哪种类型，技术工人在企业整体劳动者中的比例都有待提高。

南宁市的调查数据和国家公布的数据基本一致。2018 年，人力资源和社会保障部公布的数据显示，全国就业人员有 7.7 亿人，技术工人有 1.65 亿人，其中高技能人才 4700 多万人。① 技术工人占就业人员的比重大概为 20%，高技能人才只占约 6%，与其他国家相比，这两个比例都是比较低的。

## （二）技术工人流动存在潜在风险

如图 3 所示，在笔者走访调查的几家企业中，各家企业技术工人的离职率都保持在较低水平，其中胜美达电机（广西）有限公司、富士康科技集团（南宁）科技园、广西华兴食品有限公司的离职率分别保持在 2%、5%、3%。离职率可以反映出企业内技术工人的流动情况，从而反映出技术工人对于企业的忠诚度和归属感。② 虽然整体离职率不高，但是需要特别注意的是，这些离职人员主要集中在年轻工人群体，以 90 后的员工最为突出。工厂正逐渐失去对年轻人的吸引力，这样会造成产业工人出现断层，严重影响企业稳定、可持续性的发展。

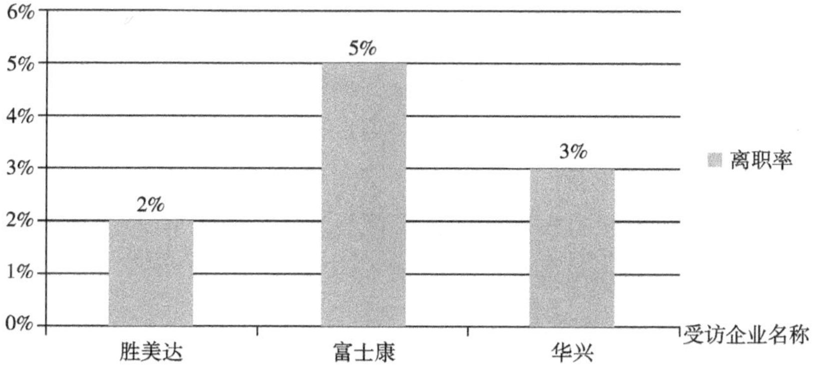


**图 3 调研企业技术工人离职率**

① 国新办举行提高技术工人待遇《意见》有关情况发布会 人社部副部长汤涛发言［EB/OL］. 人力资源和社会保障部网站，2018－03－26.

② 秦贵军. 新生代员工离职倾向影响因素分析［J］. 人力资源，2018（8）：127－128.

### (三)技术工人接受培训的程度不够

企业对于技术工人的培训方式会根据其自身定位、所属类型、发展方向的不同而选择不同的培训方式。① 表 2 统计了参与的调研企业通常采用的培训方式。

**表 2　调研企业培养方式统计**

| | 内部培训学习 | 师徒制 | 外聘专家讲学 | 外出交流培训 | “产学研”合作模式 |
|---|---|---|---|---|---|
| 胜美达 | √ | √ | × | × | × |
| 华兴食品厂 | √ | √ | √ | √ | × |
| 富士康 | √ | √ | √ | √ | √ |
| 哈利玛 | √ | √ | √ | × | × |
| 大赛璐 | √ | √ | √ | × | × |
| 皇氏 | √ | √ | √ | × | √ |

我们可以看出，企业比较青睐以自身为依托、为主体的培训，内部培训学习和师徒制是最普遍被采用的方法。这样的培训方式最简单、最直接，工人通过短期的培训就可以按照标准作业流程进行操作。

然而，如果企业需要让技术工人掌握该岗位所需的专业技术并随着技术革新而不断进行技能升级，企业内部的培训是不够的，企业需要从外部聘请专家，派技术工人外出交流培训。外部的培训相对内部培训而言，成本较高，时间较长，但所学的知识技能更加高端。

“产学研”合作模式目前在企业中还没有普及。“产学研”合作是指企业、科研院所和高等学校之间的合作，三者之间，企业是排在第一位的，企业是技术需求方，科研院所或高等学校为技术供给方，供需合作促进技术创新所需各种生产要素的有效组合。“产学研”需要三方的合作，目前还没有达到预期的效果。

值得注意的是，在访谈过程中，几家企业都不约而同地提到，技术工人接受培训的积极性难以调动。

① 尹冠飞．产业工人职业教育问题与对策［J］．现代经济信息，2018（12）：433.

## 三、阻碍技术工人升级的因素

### （一）薪资体系不完善难以体现劳动价值

走访几家企业中，企业类型不同，各企业中薪资结构也有所不同，但是从整体上看，技术工人的工资水平较低，技术工人与普通工人甚至与相应保障部门的员工（保安、保洁人员等）之间的薪资并无显著差别，造成技术工人的技能价值无法体现。

从表3中，我们可以发现，技术工人和普通工人之间的薪资差距不大。但是随着技术工人专业技术水平的不断提高，中高级技术工人和普通工人之间的薪资差距在不断拉大。不同等级的技术工人的薪资差别也是逐级增加的。

**表3　各企业技术工人等级薪酬划分**　　单位：元

| 企业名称 | 具体等级薪酬划分 |
|---|---|
| 胜美达 | 暂无数据 |
| 华兴 | 普通工人2200～2400、技术工人2300～2500 |
| 富士康 | 初级1780、中级2200、高级3500 |
| 哈利玛 | 普通操作工2500、主反应工3500、班长4200 |
| 大赛璐 | 技术工人3000起，每一级别差300～500，一共四级<br>普通工人2100 |
| 皇氏 | （津贴）机械操作：初级200、中级300、高级500<br>化验：初级200、中级400、高级600<br>品控、检测：初级300、中级600、高级900 |

### （二）技术工人成才通道不畅通

我国至今没有建立起技术工人的成才通道，导致技术工人与企业管理人员待遇差距悬殊、技术工人职称晋升机遇不平等、技工鉴定工作滞后、职业资格证书制度落实困难的现实问题。

很多企业在人才评价体系和薪酬设计体制中，对技术工人发展设限。技术工人最高的职称只是高级技师，而高级技师只相当于副高职称，论收入水平而言，也远低于管理岗的起点级——副科级。大师级的技术工人在企业中，顶多只能享受中层待遇。这就导致很多技术工人都努力把技能作为跳向管理岗的跳板，甚至有些公司的首席技师，属于为数不多的技术工人佼佼者，仍然要放弃技术岗位争取转到管理岗。技术工匠成长的周期较长，往往需要 10～20 年，甚至更长时间，这种转岗无疑是人力资源的浪费。

### （三）技能培训体系不成熟

企业尚未形成系统成熟的技术工人培养方案。多数企业更多从培训成本考虑，采用内部培训和学徒制，培养方式比较单一，“产学研”合作培训等“走出去”培训方式适用频率较低。从培训辐射范围来看，大多企业仅有计划地针对企业经营中需要技术培训的岗位选择部分技术工人进行短期的针对性培训，并未有规划地制订全面长期的培训方案，企业管理层思想尚未转变为宏观长远地形成企业内部人才储备的模式。

从技术工人技能激励制度来看，技术工人得不到政策的扶持，无法进行相应等级的评定，挫伤了技术工人学习技术的积极性。另一些有专项创新激励政策的企业，创新激励制度的物质奖励力度偏小，导致技术工人创新动力不足，其激励政策也有待改善。

## 四、新时期产业工人队伍建设的难点突破

改变技术工人发展滞后的现状是产业工人队伍建设的难点，针对阻碍技术工人升级的各种因素，需要通盘考虑，全面谋划，才能突破难点，达成产业工人队伍建设的目标。

首先，要努力提高产业工人待遇，构建激励保障机制，确保优秀的产业工人拿高薪，既要“多劳多得”，也要“技高多得”，对能够在技术上做出创新、改良的人才予以奖励。

其次，要打通技术工人晋升发展的渠道，让高技能人才在一线也有科学合理的晋升空间。只有技术工人也能在岗位上有出路、有尊严、有地位，更多高起点、高水平的人才会愿意扎根一线钻研技能，才能有效避免技术技能人才流失、浪费。

最后，要完善技术工人的技能培训体系。应改变传统教学模式，根据岗位需要创新培训形式，以校企合作、技能比拼、网络课程等多样化方式，提高产业工人的技术水平。

新时期产业工人队伍建设改革任务涵盖经济、教育、社会保障等多个方面。①新时期产业工人队伍建设是全社会的事，牵涉的部门众多，需要多方力量共同参与。工会必须率先发挥力量，为产业工人争取合理权益与政策支持，让他们感受到组织的关怀。

同时，还可以借鉴国外经验，参考德国、日本、美国等发达国家在产业工人技能形成上的经验，无论是在理论还是在实践方面，都可以为我国产业工人的技能形成提供具体参考。例如德国社会多元而包容，技术工人也可以申请进入应用技术大学继续深造，毕业后拿到国家承认的硕士文凭，实现职业的多维度流动。

## 五、结　语

党中央历来高度重视产业工人队伍建设，2017 年《新时期产业工人队伍建设改革方案》中强调，产业工人是工人阶级中发挥支撑作用的主体力量，是创造社会财富的中坚力量，是创新驱动发展的骨干力量，是实施制造强国战略的有生力量。从战略角度把产业工人的社会地位提到如此高度，党中央对于提高产业工人地位的坚定决心一目了然。要按照政治上保证、制度上落实、素质上提高、权益上维护的总体思路，改革不适应产业工人队伍建设要求的体制机制，充分调动广大产业工人的积极性、主动性、创造性，为实现“两个一百年”奋斗目标、实现中华民族伟大复兴的中国梦更好地发挥产业工人队伍的主力军作用。

**参考文献：**

[1] 李玉赋．新的使命和担当——《新时期产业工人队伍建设改革方案》解读［M］．北京：中国工人出版社，2017.

[2] 王奎．产业工人队伍人才供给不足的因素分析［J］．科技视界，2019（11）：79－82.

① 邵程林，袁敏，王书静．新时代我国产业工人技能形成的升级路径研究——基于德、日、美三国职业教育与培训经验［J］．高等职业教育探索，2019，18（3）：6－11.

［3］秦贵军．新生代员工离职倾向影响因素分析［J］．人力资源，2018（8）：127－128.

［4］尹冠飞．产业工人职业教育问题与对策［J］．现代经济信息，2018（12）：433.

［5］邵程林，袁敏，王书静．新时代我国产业工人技能形成的升级路径研究——基于德、日、美三国职业教育与培训经验［J］．高等职业教育探索，2019，18（3）：6－11.

# 三、经济新常态下的工会工作

# 工会成为员工持股载体和平台的职能创新研究

## ——兼论重视华为公司的经验尽快进行“劳动股份制”立法

陈阵香　陈乃新①

**摘　要：**在一个拥有4亿职工的社会主义中国，如果推行华为公司的“劳动股份制”，使员工能分享其活劳动所创造出来的利润，并由工会作为员工持股载体和平台，使工会在维护职工劳动力再生产权益的基础上，进一步参与维护职工劳动力扩大再生产的权益，这对调动亿万劳动人民决胜市场经济的积极性与创造性，更好发挥工会在社会主义现代化建设事业中的作用，具有极其重大的意义。强调华为公司实行的“劳动股份制”以及工会成为员工持股载体和平台的可复制性，尽快进行“劳动股份制”立法，在市场主体中同时实行“资本股份制”与“劳动股份制”，促进资本积累与劳动力扩大再生产的平衡，引领我国上亿市场主体增强活力，促进经济高质量发展，亟须我们将其提上全面推进依法治国、全面深化改革和加快社会主义现代化建设的议事日程。

**关键词：**资本股份制　劳动股份制　工会　劳动力扩大再生产　职工合法权益

华为技术有限公司（以下简称华为公司）实行的员工②持股制度，本质上是一种与“资本股份制”不相同的“劳动股份制”，因此，不能以“资本股份制”为标准来看待华为公司实行的员工持股制度。华为公司实行“劳动股份制”，以

---

① 陈阵香（1989— ），女，汉族，浙江诸暨人，任职于上海立信会计金融学院法学院，主要从事经济法学、财税法学研究。陈乃新（1946— ），男，汉族，浙江诸暨人，任职于湘潭大学法学院，主要从事经济法学研究。

② 员工是指从事市场经济活动的企业（单位）等组织中各种用工形式的人员，包括固定工、合同工、临时工，以及代训工和实习生，既包含我国《劳动法》所规定的劳动者，也包含更为广泛的民法确认的雇佣劳动者。

奋斗者为本，坚持以习近平总书记所说的“人世间的一切幸福都是要靠辛勤的劳动来创造的”为导向，符合我们顺利完成宪法规定的国家的根本任务即“沿着中国特色社会主义道路，集中力量进行社会主义现代化建设”之需要，我们应当深刻把握其正当性，尽快进行“劳动股份制”立法。华为公司工会作为员工持股的载体和平台，依法维护员工的合法权益，增强企业活力的行为，具有正当性、合法性和创新性；伴随“劳动股份制”立法，《工会法》也将进一步完善工会维护员工“劳动股份制”权益职责的规定，使工会在维护职工劳动力再生产权益的基础上，进一步维护职工劳动力扩大再生产的权益，这也有利于我国工会更好地为我国社会主义现代化建设服务。

## 一、华为公司员工持股制度实质上是“劳动股份制”

### （一）华为公司职工持股制度的发展变化

华为公司的员工持股制度，从 1990 年起到现在经历了一些变化：一开始是员工以每股 1 元参股（内部融资，离职时退还），以税后利润的 15% 作为分红（股权激励）；后来股权激励逐步由实体股转为虚拟股，（通过员工持股会）由工会持股，代行股东表决权，华为公司在工商局注册的两个股东为华为公司工会和任正非（2003 年，华为投资控股有限公司成立，任正非持股 1. 0708% ，其余为华为控股工会持有，华为公司原有的内部员工持股、期权激励都被平移至华为控股的平台）；最后，从 2013 年起华为公司为外籍员工推出 TUP（奖励期权计划），并使它与虚拟股并行。这当中，华为公司虽然还有一些别的具体的做法，但华为公司实行的是让提供活劳动创造出利润的员工能分享企业利润（其开始时每股一元的融资功能后来也失去了实质意义），实质上这就是所谓的“劳动股份制”。在实际生活中，华为公司这种让员工以活劳动取得股份分红的形式，也被某些企业直接称为“劳动股份制”。例如，将劳动以量化的形式变成股份，使职工不用投现金便成为入股的股东的齐齐哈尔力强集团①，以及将红利分给公司里所有不持股的正式员工的慧聪集团有限公司②，就已直接将其定为“劳动股份制”。

① 康柏青，费冕，刘亿．劳动股份制［J］．中外企业家，1997（4）：25.

② 劳动股份制的先行者：慧聪集团［EB/OL］．文档库，2019－06－23.

## （二）华为公司“劳动股份制”的本质特征

华为公司实行员工持股制度，任正非只占极小部分股份，企业利润让与员工分享，但保留股东的控制权。华为公司实行的这种员工持股制度作为“劳动股份制”具有以下三大特征。

**1. 它作为以活劳动出资的“劳动股份制”不同于以物化劳动出资的“资本股份制”**

现代企业法包括《公司法》《合伙企业法》等，主要是确认“资本股份制”，即确认投资得利润，即以物化劳动出资的主体，就有权取得活劳动提供者创造的剩余价值。那么，为什么投资可以用物化劳动出资来表述呢？这是因为投资者除了用货币出资之外，用实物、知识产权、土地使用权等出资，包括以人力资本出资，[①] 它们作为非货币财产出资，都应满足可用货币估价并可以依法转让作价的这个条件，所以，用货币出资，以及用实物、知识产权、土地使用权等可以用货币估价并可以依法转让的非货币财产作价出资，就可以归结为以物化劳动出资（以人力资本出资实际上也是以人力资本投资所耗费的物化劳动来出资，但人力资本转让有其特殊性），从而，我们也才能从物化劳动出资与活劳动出资的区别上，说明“劳动股份制”不同于“资本股份制”这一本质特征。

当前，我国《公司法》《合伙企业法》等主要就是对投资得利润的“资本股份制”的规定，如我国现行《公司法》第二十七条对出资方式就规定：“股东可以用货币出资，也可以用实物、知识产权、土地使用权等可以用货币估价并可以依法转让的非货币财产作价出资；但是，法律、行政法规规定不得作为出资的财产除外。”这就是说举办公司都需要以物化劳动出资。但是，它也有一个例外，即我国《合伙企业法》第十六条规定：普通合伙企业的“合伙人可以用货币、实物、土地使用权、知识产权或者其他财产权利出资，也可以用劳务出资”。当然该法第六十四条又规定：有限合伙企业的“有限合伙人不得以劳务出资”。这说明，用劳务出资仅仅适用于普通合伙企业。

---

① 当前，“资本股份制”已扩大到以人力资本出资的试点，如珠海、温州、上海浦东及中国（天津）自由贸易试验区等出台了人力资本出资办法。但这仍然属于“资本股份制”范围。人力资本作为非物质资本，虽然不同于物质资本，但人力资本是靠人力投资形成的，主要包括①用于教育的支出；②用于卫生保健的支出；③用于劳动力国内流动的支出；④用于移民入境的支出等投资。因此，以这些支出构成的人力资本出资，也是以物化劳动出资。

根据上述分析，华为公司员工持股制度，作为“劳动股份制”，其本质就是对活劳动出资人也可以参与分享企业利润的肯定，这与“资本股份制”肯定以物化劳动出资的主体有权取得活劳动提供者创造的剩余价值（投资得利润）相比，当然是不相同的。

**2. “劳动股份制”弥补了“资本股份制”的根本性缺陷，具有促进市场经济发展的特殊功能**

以物化劳动出资的“资本股份制”有优点，但也存在根本性缺陷。它的优点是用于投资的物品可以交付，可以偿债，可以作为物质生产的基础性条件发挥作用等。但它也存在根本性缺陷，这就是以物化劳动出资，实行同股、同权、同利得同风险、同亏损，这看起来公平，实际上回避了对企业的同贡献、同职责、同受益这一关键问题，不但使投资者之间矛盾丛生，而且因忽视活劳动提供者应分享他们所创造的剩余价值的利益，从而可能带来经济危机等问题。“劳动股份制”强调活劳动提供者创造剩余价值有权分享剩余价值的权益，实行同贡献、同职责、同受益，这就触及了增强企业活力的根本，它弥补了“资本股份制”的根本性缺陷。

因此，“劳动股份制”是具有其特殊功能的。一方面，它能动员和依靠亿万员工从自身发展利益的关系出发，致力于用人单位资产的保值增值，从而使企业充满活力；另一方面，它也是应对资本正当逐利带来的穷富差距拉大和引发的经济危机、市场失灵等，以保障市场经济可持续正常运转的根本性措施。

**3. “劳动股份制”与“资本股份制”可以并行不悖**

“劳动股份制”与“资本股份制”在同一企业中是可以并行不悖的。对此，我国《合伙企业法》第十六条与第六十四条的规定已经明确地告诉了我们。一方面，普通合伙企业的合伙人，可以用劳务出资即以活劳动出资；另一方面，法律允许在普通合伙企业中，合伙人用劳务出资即以活劳动出资，可以与用物化劳动出资，在同一个企业中并行不悖。

当然，“劳动股份制”与“资本股份制”在同一企业中也是需要并行的。其一，这既是物化劳动出资人追求投资得利润的需要，更是物化劳动出资人追求投资可持续得利润的需要。因为活劳动出资人如能分享他们共同创造的剩余价值，就既有利于增加有支付能力的消费和形成消费升级，从而扩大市场容量，又有利于作为活劳动出资人的劳动者的劳动力扩大再生产，增加劳动力的数量和提高劳动力素质，可从供给侧为物化劳动出资人逐利提供取之不尽用之不竭的高素质劳动力资源。其二，这也是物化劳动出资人为享有投资可持续得利润的权利而应尽的义务。因为物化劳动出资人追求投资可持续得利润和进行资本积累，哪怕在市场经济中全都是正当的，也必然导致穷富差距拉大和引发经济危机、市场失灵等，所以，必须使投资可持续得利润和进行资本积累，与劳动者的劳动力扩大再生产保持平衡。当今世界，让追求投资可持续得利润和资本积累的主体，承担起实行“劳动股份制”的法定义务，这在经济危机等频频发生的背景下，也可称为继续保障各国和平与发展的必需。

当然，“劳动股份制”与“资本股份制”的这种兼容性，在无产阶级专政（我国即人民民主专政）下，才比较容易通过法制加以全面推行,[①] 因为社会主义坚持把人的劳动力从它作为商品的地位解放出来。但从治理经济危机的客观需要来看，资本主义国家在转嫁经济危机受阻和在资本关系所能允许的范围内，也可能通过推行“股权激励制度”[②] 等，变相推行“劳动股份制”。

## 二、工会成为员工持股载体和平台的历史使命

### （一）工会将在推行“劳动股份制”中成为员工持股的载体和平台

推行“劳动股份制”合乎世界潮流，符合中国国情。从而，工会就将成为员工持股的法定载体和平台，承担起维护职工劳动力扩大再生产合法权益的职责。

一是为什么实行“劳动股份制”合乎历史潮流呢？这是因为在资本主义社会中，资本积累的历史趋势，必然导致剥夺者被剥夺和“重新建立个人所有制”。[③] 人类社会自从进入资本主义时代以来，随着社会化生产代替个体生产，并作为商品生产的一种新形式出现，形成了日益全球化的市场经济；但由于社会

---

① “劳动股份制”在无产阶级专政（我国即人民民主专政）下通过法制加以全面推行，国有企业推行“劳动股份制”时须把握其几个特点：第一，凡是国有企业承担向全社会提供公共物品与公共服务的，可直接通过实行按劳分配和公共服务均等化，保障职工劳动力再生产与扩大再生产的经济利益；第二，凡是国有企业依法垄断经营（如自然垄断）可获得垄断高额利润的，必须将超出平均利润的部分直接归入国有，只对平均利润在物化劳动出资人与活劳动出资人之间进行合理分配；第三，凡是对国有资产按照所有权与经营权分开，自主在市场经济中进行资本逐利的，均可直接适用“劳动股份制”的规定。此外，对于小微企业，以及其他微利企业等，为支持劳动就业坚持经营的，可在国家支持下，实行“劳动股份制”。

② 股权激励制度仍以人力资本出资理论为基础，并没有以劳动价值论、活劳动创造剩余价值理论为基础。

③ 马克思．资本论（第一卷）[M]．北京：人民出版社，2004：874.

化的生产资料和产品还像从前一样被当作个人的生产资料和产品来处理，市场经济又充满了以生产社会性与私人占有性相对立为基础的种种矛盾，这使实行“劳动股份制”带上了历史的必然性。

市场经济，一方面，它依赖资本逐利的驱动而运转，资本的利润、资本积累以及转嫁经济危机等，使得某些时候某些国家的生产力迅速发展；另一方面，它以穷富差距拉大为代价进行资本积累，也不断制造出日益全球化和不断深化的经济危机等，这日益严重阻碍了社会化生产所包含的生产力的发挥。在这个过程中，以往资本的稀缺开始因不断发生经济危机而变得相对过剩，劳动力尤其是高质量的劳动力则变得稀缺。因此，力求以法律保障劳动力扩大再生产（尤其是提高劳动力素质）的权益，重新建立以保护劳动力权益为核心的个人所有制便日益提上议事日程。

二是为什么实行“劳动股份制”在我国也具有必然性呢？我国作为革命前资本主义生产发展水平较低、革命胜利后走上社会主义道路的大国，将长期处在社会主义初级阶段，我们将坚持公有制为主体、多种所有制经济共同发展的基本经济制度，坚持按劳分配为主体、多种分配方式并存的分配制度，实行社会主义市场经济，沿着中国特色社会主义道路，集中力量进行社会主义现代化建设。因此，我国重新建立个人所有制尤为迫切与复杂。

从经济的角度说，我国重新建立个人所有制的复杂性和迫切性在于我国尚不具备实行单一的全面的全民所有制的生产发展水平的条件，现在国家还需要通过实行市场经济、承认资本正当逐利和积累的合法性来发展生产力。但是针对人类社会不断发生经济危机、资本积累与劳动力扩大再生产常常失去平衡、资本已经不再绝对稀缺的现实，我们完全能够通过不断完善保护劳动力权益的法制来缩小穷富差距，促进扩大消费和不断提升劳动力质量，保障生产力的可持续发展。

同时，现在我国依赖从国有经济中筹集上缴利润，连同税收等财政收入，还不足以满足全国人民的劳动力扩大再生产之需要，况且国有资本还肩负着自身做强做优做大不断积累、不断壮大全民所有制经济的重任。人们在很大程度上还须在市场经济中主要依靠自己付出劳动力，自行解决劳动力再生产尤其是劳动力扩大再生产的费用。此外，在市场经济中市场主体之间资本逐利，也要求公平承担劳动用工的费用，即劳动报酬、劳动安全卫生保护、休息、社会保险和福利等劳动力生产与再生产的费用，还要求公平承担劳动者分享利润的劳动力扩大再生产的费用，实行公平竞争。

基于这种分析，以及根据华为公司等一些企业实行“劳动股份制”收到很好效果的启示，我们应当设法改变目前的“劳动股份制”的散发的状态，积极总结经验进行“劳动股份制”立法，在全国推行“劳动股份制”。实行“劳动股份制”，必将有助于我们调动亿万劳动人民决胜市场经济的积极性与创造性，顺利完成“沿着中国特色社会主义道路，集中力量进行社会主义现代化建设”的根本任务。在实行“劳动股份制”具有正当性的框架中，工会作为员工持股的载体和平台，必将承担起在实行“劳动股份制”中维护职工劳动力扩大再生产的合法权益的职责。

## （二）工会成为员工持股载体和平台的合法性及工会复兴

工会与工会法是伴随西方的工业革命而产生和发展起来的，工会最早产生于18世纪中叶的英国，1871年英国颁布世界上第一部《工会法》。历史上，由于农民被剥夺土地而不得不涌入城市，为工厂雇主打工，由于资本的绝对稀缺，工人工资低廉且工作环境极为恶劣，于是工潮频频发生，进而催生了工会组织，以利于单个的被雇佣者联合起来对付强有力的雇主，可以与雇主谈判工资薪水、工作时限和工作条件等。工会首先是在经济斗争中，以职工为主体，为维护和改善劳动条件，提高经济地位和增加经济利益的自愿结合的团体。随着20世纪后期新自由主义的兴起与盛行，工会的力量有所衰减，工会会员率下降，集体谈判影响力减小，职工尤其年轻人对工会的认同感下降。但当前“工会复兴”实践也已有所展开。

为什么会出现“工会复兴”这种现象呢？这种现象很可能与以往的工会在经济上重点只关注劳工的劳动力生产与简单再生产的利益这个生存利益的底线，但经济社会的发展已经进入了需要关心劳工劳动力扩大再生产利益的阶段有关。从世界发展趋势看，随着1825年英国发生第一次经济危机，人类社会从那时起就开始了资本的绝对稀缺逐渐向相对过剩的转变。投资者、雇主凭借资本绝对稀缺，残酷压榨劳工剩余价值，剥夺他们的生存利益已经难以为继。因而，工会和工会法仅仅维护劳工的劳动力生产与简单再生产的经济权益，已经日益显现其不足，而能否维护劳工分享剩余价值的劳动力扩大再生产的经济权益，即维护经济发展权益，则变得日益重要。

实行“劳动股份制”，工会作为员工持股的载体和平台，完全符合我国《工会法》的立法宗旨和对工会基本职责的规定，这也将是世界各国工会法演进与“工会复兴”的总趋势，我们可以在这方面为国际社会做出贡献和提供中国方案。

一是工会作为员工持股的载体和平台，体现了《工会法》第一条关于要

“发挥工会在社会主义现代化建设事业中的作用”规定的宗旨。在企业等市场主体中实行“劳动股份制”，让劳动者参与分享他们所创造的利润[①]，是调动亿万劳工致力于资产保值增值的积极性、创造性，从而推动社会主义现代化建设的重大举措，工会理所当然地可作为员工持股的载体和平台，发挥其推动“劳动股份制”实施、增强企业等市场主体活力、推动社会主义现代化建设的作用。

二是工会作为员工持股的载体和平台，体现了《工会法》第二条规定的精神，其行为合法。该条规定：“工会是职工自愿结合的工人阶级的群众组织。中华全国总工会及其各工会组织代表职工的利益，依法维护职工的合法权益。”在资本绝对稀缺的时期，企业等市场主体及其投资者自然把利润当作资本的产物，同劳动完全无关。此时，资本作为能带来剩余价值的价值被法律化，《公司法》等只确认“资本股份制”就是证明；但马克思在其《资本论》中已经证明，劳动力“这个商品独特的使用价值，即它是价值的源泉，并且是大于它自身的价值的源泉”[②]。从1825年人类社会出现第一次经济危机以来，资本也随之出现相对过剩的走势，社会对劳动力才能够创造剩余价值的认识开始普遍化；资本离开劳动是不会产生剩余价值的，否则就不需要劳动者了。当然，认为资本增值、积累与劳动无关，还因为投资者认为他购买劳动力商品时已支付了对价（工资薪金），但事实证明，因为劳动力不能离开人体独立存在，企业等市场主体如果要求劳动者运用自己劳动力既生产出自身的价值，又生产出剩余价值，这就违反了民法之等价有偿的原则；而始终控制着自己劳动力的劳动者如果不能分享企业等市场主体的利润，也不会致力于企业等市场主体资产的保值增值，这就会与宪法“集中力量进行社会主义现代化建设”的要求相冲突。所以，企业等市场主体实行“劳动股份制”，正是遵循价值规律的正当行为；工会代表职工的利益，成为员工持股的载体和平台，维护职工（企业等市场主体员工）劳动力扩大再生产的合法权益，也正是符合工会法规定的行为。

三是企业等市场主体有义务实行“劳动股份制”，企业等市场主体的员工有权利通过工会作为员工持股的载体和平台，推动“劳动股份制”的实行。我们认为，在市场经济中运用资本正当逐利可能带来穷富差距拉大和引发经济危机、市场失灵等，从而造成投资者自身、劳动者和政府等各方面的损失，因此，劳动者、政府等都有权要求投资者承担防范与治理穷富差距拉大以及经济危机、市场

① 利润与剩余价值相比，不仅在质上是相同的，在量上也是相等的。两者所不同的只是剩余价值是对可变资本而言的，利润是对全部成本而言的。

② 马克思．资本论（第一卷）[M]．北京：人民出版社，2004：226.

失灵等义务。可是，投资者在市场经济中资本正当逐利具有合法性，因为民法、商法确认主体的财产及其孳息以及投资盈利的权益，所以，他没有直接承担民事赔偿和接受行政处罚的义务；同时，劳动者、政府等也不能通过民事追责和行政处罚等来挽回损失。因而，各方应当针对导致穷富差距拉大以及经济危机、市场失灵等的最终原因，即针对资本积累与劳动力扩大再生产失衡、社会生产与社会福利两个杠杆不能合成的问题，共同施策，通过实行“劳动股份制”明确各自相应的权利义务，加以处理。

这就是说，实行“劳动股份制”，企业等市场主体及其投资者如果要享有可持续投资盈利的权利，就有实行“劳动股份制”的义务；职工有在实行“劳动股份制”中享有分享自己所参与创造的剩余价值的权利，也须承担用人单位资产保值增值的义务；政府有推动和支持企业等市场主体实行“劳动股份制”，增强企业等市场主体活力的义务，也有在防范和治理（包括应对别国转嫁经济危机）穷富差距拉大，以及在应对经济危机、市场失灵等之时，挽回所受损失和共享经济发展成果的权利。

总之，实行“劳动股份制”是劳资政等多方合作共赢的选择。在企业等市场主体实行“劳动股份制”的过程中，工会有承担起员工持股的载体和平台的历史使命，《工会法》应当明确规定工会的这项职责。

## 三、实行“劳动股份制”中工会成为员工持股载体和平台的职能创新与可复制性

### （一）实行“劳动股份制”中工会成为员工持股载体和平台的职能创新

华为公司实行“劳动股份制”，是对股份制的创新。学界通常从《公司法》等对“资本股份制”的确认的立场出发来看待“劳动股份制”，因此就把“劳动股份制”逐出了股份制之外。实际上，股份制不过是份额制，它只是一种数学表达，它并非为“资本股份制”所专用。股份制只有明确了它是针对什么标的物的时候，我们才能明确它是有关什么的股份制而理解其质的规定性。

华为公司实行“劳动股份制”的做法，是以一元钱一股的形式派发给员工，但每股一元钱不是作为投资，不形成资本股，持股员工不是股东，没有所有权，并且要通过员工持股会，由公司工会集中托管，并由工会代行股东表决权；以一元钱一股派发给员工有过内部融资的作用，但它主要是用来按其股份的多少，计算红利进行分享，员工离职时以一股一元退还，后来则是按照当年的每股净资产

价格购回，持股员工既享有分红权，又享有资产增值收益权。

华为公司实行的“劳动股份制”，只是意味着员工运用其劳动力提供活劳动，对企业利润做出贡献，可分享利润并取得相应份额的回报（包括分红与资产增值收益）。这是通过员工持股会，由公司工会集中托管，工会成为员工持股载体和平台来组织实施的。由于公司工会成为员工持股载体和平台，须办理员工持股计划各事项，包括公司工会所持股份的登记注册，参与组织员工运用其劳动力提供活劳动、对企业利润做出贡献（也参与防范资产流失而影响企业盈利），代表持股员工与公司法上的股东（物化劳动出资人）共同决定公司利润分享比例和确定员工每股分享利润所得，处理员工离职退股等事宜，但不干涉《公司法》上的股东（物化劳动出资人）会职权的行使等。这是工会第一次从企业职工对自己发展利益的关心上，深入增强企业活力这一中心环节发挥作用，这就大大创新了工会的职能。

2017 年，习近平同志在党的十九大报告中强调，中国特色社会主义进入新时代，我国社会主要矛盾已经转化为人民日益增长的美好生活需要和不平衡不充分的发展之间的矛盾。我们如何来促进解决不平衡不充分发展的问题呢？这一问题值得研究。如果我们在企业等上亿市场主体中实行“劳动股份制”，由工会承担起员工持股的载体和平台，从劳工对自己发展利益的关心上，最大限度地调动我国 4 亿劳工决胜市场经济的积极性、创造性，这无疑是我们增强企业等市场主体活力、促进我国经济高质量可持续发展的关键一招。

在经济上，工会一方面要更好地维护职工的工资薪金、劳动安全卫生保护、休息、社会保险和福利等劳动力生产与再生产的权益，这方面工会的任务并不轻，但它涉及职工的主要是生存方面的利益；另一方面实行“劳动股份制”，工会也参与维护职工分享企业等市场主体利润的权益（劳动力扩大再生产的发展权益），制约分配的不平衡，这是工会职能的创新，因为工会由此介入了新时代我国社会“人民日益增长的美好生活需要和不平衡不充分的发展”主要矛盾的处理，工会因此将发挥出更大的作用，其价值无论怎样估计都不会过高。

### （二）实行“劳动股份制”以及工会成为员工持股载体和平台的可复制性

华为公司实行“劳动股份制”，以及工会成为员工持股载体和平台，它的可复制性如何，是“劳动股份制”立法必须面对的问题。如果从公司法所确认的“资本股份制”的角度来看，也许是不可复制的。但从资本只有在稀缺时才能带来剩余价值，资本不创造剩余价值，劳动力才是价值和剩余价值的源泉来看，随着资本日益从相对过剩走向过剩，“劳动股份制”以及工会成为员工持股载体和平台来维护职工权益，就越加具有很高的可复制性。其主要理由如下：

一是它能使投资者、劳动者和政府等各方共赢，这使华为公司实行“劳动股份制”以及工会成为员工持股载体和平台有了可复制性的利益基础。首先，它对投资者有利。因为实行“劳动股份制”，劳动者参与分享企业等市场主体的利润，可使社会增加有支付能力的消费者和促进消费升级，扩大市场容量，还可使劳动者对劳动力扩大再生产（尤其劳动力素质提高）有了物质保障，高素质的劳动力可源源不断地供给市场，投资者使传统产品精益求精、创新产品层出不穷，都能得到高素质劳动力的支撑，资本可持续盈利和可持续积累就有了宏观环境。同时，这也可使劳动者在对自己发展利益的关心上，致力于企业等市场主体资产的保值增值，投资者把经营的重点放在调动广大劳动者的积极性上，他的资本可持续盈利和可持续积累的目标更加容易实现，而依赖低价的自然资源与人力资源盈利的低素质资本，采取“只要我能多捞一把，管它寸草不生”，这必然是难以为继的。其次，它对劳动者有利。因为实行“劳动股份制”，劳动者可参与分享企业等市场主体的利润，虽然有赖于劳动者不断提高其劳动力素质和提供活劳动贡献，但他由此获得更多的发展利益，相比他无端闲置其潜在的劳动力，对人的全面发展自然就更有意义。最后，它对政府有利。因为实行“劳动股份制”，既有利于劳动力扩大再生产，又有利于资本盈利与积累，有利于市场经济可持续发展，从而有利于增加政府财政收入，也有利于减轻政府通过财税等向全社会提供公共物品、公共服务的负担，有利于政府更好地综合解决不充分不平衡发展的问题。

二是它只涉及劳动者对所创造的利润或者增量利益的分享，这对企业等一切市场主体都像“羊毛出在羊身上”那么简便易行和有利可图，这使华为公司实行“劳动股份制”、工会成为员工持股载体和平台有了可复制性的程序方便。“劳动股份制”的实行，只限于员工运用其劳动力提供活劳动，对企业利润做出贡献，可分享利润取得相应份额的回报（包括分红与资产增值收益），它与企业等市场主体利用投资和劳动力从事市场经济活动的程序，包括市场主体的设立、组织商品生产与流通以及终止等，完全没有冲突；对国有企业等来说也不存在资产流失问题，持股员工与投资者之间只增加了一个程序，即由代表持股员工的工会与以物化劳动出资的股东会要对企业等市场主体的分红比例进行共决（包括对每股净资产价格回购的定价进行共决）。当然，它还有一些相关的具体问题需要设定相应制度，加以处理。

三是它只限于劳动者对所创造的利润或者增量利益的分享，排除对非劳动因素造成的收益的分享；同时，政府对市场主体承担会影响其利润的公共服务义务所给予的相应补贴，可视为劳动者的劳动贡献而具有分享权。在市场经济中，凡是实行“劳动股份制”以及工会成为员工持股载体和平台，如果不是员工运用其劳动力提供活劳动，对企业利润作出贡献，而分享利润取得相应份额的回报（包括分红与资产增值收益），涉及企业等一切市场主体的资产流失的，也需要建立相应法律制度，加以防范和处理。例如，依法实行垄断经营（自然垄断）所获得的垄断高额利润超过平均利润的部分，利润所有权直接属于国家，不能被当作劳动者所创造的利润或者增量利益进行分享。

实行“劳动股份制”，是对“资本得利润”信条的挑战，对于“劳动股份制”立法，也许有些企业、有些投资者不愿意服从。实际上，1802 年英国制定《学徒健康与道德法》，对劳动力再生产的权利有所维护，也曾经在几十年中受到投资人的抵制，但它终于发展为更加全面保护劳动力再生产权益的劳动法而通行于各国。因为这是保障市场经济正常运行的需要。所以，有的投资者抵制“劳动股份制”立法，也阻挡不了法律对劳动者的剩余价值权益的保护，因为这是对劳动力扩大再生产权益的维护，是保障市场经济可持续正常运行的需要。显然，如果不以此应对穷富差距拉大和经济危机、市场失灵等的挑战，那么，投资者、劳动者和政府等各方利益均会遭受损失，市场经济甚至就会夭折，就会在它所能容纳的生产力发挥出来之前崩溃。在如何防范与治理穷富差距拉大和经济危机、市场失灵等，保障经济高质量可持续发展上，我国以“劳动股份制”立法为抓手，在企业等市场主体中普遍同时实行“资本股份制”与“劳动股份制”，使劳动者能分享他所创造的利润，实现他们劳动力扩大再生产的利益；同时，满足投资者从中获得资本可持续盈利与积累的利益，从而使市场经济所能容纳的生产力尽可能大地发挥出来，这不但是我国社会主义现代化建设的需要，而且将是我们促进世界和平与发展的一个重要的贡献。

# 工会在党治国理政中的地位、功能与实现路径研究

牛雪峰①

**摘　要**：党的十八届三中全会提出促进国家治理能力现代化；党的十九大报告在此基础上进一步提出，完善共建共治共享的社会治理格局，构建党委领导、政府负责、社会协同、公众参与、法治保障的社会治理体系。本文从劳工结社的角度、党的阶级基础的角度和治理实践的角度论述了工会在党治国理政中的重要地位；用法团主义的理论框架分析了工会所具有的联结功能、代表功能、维护和服务功能；最后，指出了工会体现其重要地位、实现其重要功能的路径是参与国家政治建构、促进国家经济建设、推进职工队伍发展和加强工会自身建设。

**关键词**：劳工结社　社会治理　法团主义　实现路径

党的十八届三中全会提出促进国家治理能力现代化②；党的十九大报告在此基础上进一步提出，完善共建共治共享的社会治理格局，构建党委领导、政府负责、社会协同、公众参与、法治保障的社会治理体系。③ 中国工会是中国共产党领导的职工群众自愿结合的组织，联系着当今社会广大的劳动者，是广大职工群众的利益代表者和维护者，所以工会组织在社会治理体系现代化中的参与既属于社会协同的范畴，也属于公众参与的范畴，应该是社会治理体系中重要的组成部分。习近平总书记多次强调工会在党治国理政中的重要性④，所以，研究工会在

---

① 牛雪峰，上海工会管理职业学院讲师。

② 党的十八届三中全会提出："创新社会治理，必须着眼于维护最广大人民根本利益，最大限度增加和谐因素，增强社会发展活力，提高社会治理水平，维护国家安全，确保人民安居乐业、社会安定有序。要改进社会治理方式，激发社会组织活力，创新有效预防和化解社会矛盾体制。"

③ 张善柱．国家治理体系现代化中的工会参与［J］．天津行政学院学报，2018（3）．

④ 2015 年 4 月 29 日，习近平总书记在庆祝"五一"国际劳动节大会上讲话强调："工会是党联系职工群众的桥梁和纽带，工会工作是党的群团工作、群众工作的重要组成部分，是党治国理政的一项经常性、基础性工作。"

党治国理政中的地位、功能及实现路径，对于发挥工会组织的功能作用，推进工运事业及党和国家大局工作具有极其重要的意义。

## 一、工会在党治国理政中的地位

### （一）从劳工结社的角度看：工会是职工群体行使结社权并参与社会活动的重要平台

从人类学的角度看，人在本质上就是一种群居型动物，是一种在生存中需要交往且只有通过交往才能生存得更好的动物。从历史的角度看，人类历史就是人与人之间的交往和联系不断变化的过程。对此，马克思在《关于费尔巴哈的提纲》一文中指出："人的本质并不是单个人所固有的抽象物，在其现实性上，它是一切社会关系的总和。"① 离开人群，离开社会关系，人便不复为人。人的自然生存状态是如此，人生存于其中的政治社会、法律社会更是如此。人类为了自己的生存，需要过社会生活；而人类为了过社会生活，便需要各种各样的社会组织形态。所以，人类中的某些具有共同利益的群体的联合应该是人的基本权利。《世界人权宣言》②《经济、社会和文化权利国际公约》③《结社自由和保护组织权公约》④《公民权利和政治权利国际公约》⑤ 以及我国宪法⑥的相关条款都规定了人人享有集会和结社的自由。

而工会正是基于这种结社权背景下的一种社会团体。结社权是工会制度的法律前提和基础；工会是法律层面上的结社权在社会生活中的具体体现和应用。一个社会集团力量的大小，往往不取决于它所包含成员数量的多少，而取决于它的组织程度或组织形态。劳动者在与雇主的交往中，在组织程度上存在天然的劣势，因此，通过某种形式提高劳动者的组织化程度是其改变自身弱势、拥有和雇

① 杨晓敏．结社权形成之必然性分析［J］．理论界，2007（10）．

② 《世界人权宣言》第二十条规定："人人有权享有和平集会和结社的自由；任何人不得迫使隶属于某一团体。"

③ 《经济、社会和文化权利国际公约》第八条规定："劳动者有权组织工会和参加他所选择的工会，以促进和保护他的经济和社会利益。"

④ 《结社自由和保护组织权公约》第二条规定："凡工人及雇主，无分轩轾，不需经过事前批准手续，均有权建立他们自己意愿建立的组织和在仅仅遵守有关组织章程的情况下加入他们自己愿意加入的组织。"第四条规定："行政当局不得解散工人组织及雇主组织或停止他们的活动。"

⑤ 《公民权利和政治权利国际公约》第二十二条规定："人人有权享有与他人结社的自由，包括组织及参加工会以保护其利益的权利。"

⑥ 我国现行宪法第三十五条规定："中华人民共和国公民有言论、出版、集会、结社、游行、示威的自由。"

主相匹配地位的必然选择。单个雇员在企业主交涉时是微不足道的，只有组织起来，才能在劳资谈判中取得较为有利的地位。所以，工会是广大劳动者为了维护和争取自身合法利益而自觉联合起来成立的社会组织，其主要目的是通过这种组织方式，加强内部的团结，将个体工人分散的力量集中、整合起来，以期在抗衡处于优势地位的雇主时具有更多的话语权，从而更好地维护自身的利益。这正是工会产生和存在的根本出发点和最终目的。

在市场经济条件下，工人阶级的利益必须有相应的社会组织来代表，在当代中国，这个代表者就是由中华全国总工会领导下的各级工会组织。工人对组成自己群体利益代表的需要是客观存在的，如果现有的各级工会组织不能很好地代表和维护工人利益，工人群体就必定会转向某些他们认为能代表自身利益的组织，而这些组织是鱼龙混杂、难以预料的。所以，工会缺席的市场经济绝对不能健康发展，它只会压抑工人的力量，使工人阶级的要求和愿望通过别的渠道表达出来。为了使工人阶级的愿望和诉求能够得到合理有序的表达，就需要工会积极地参与到社会治理体系中来，代表最广大职工群众的利益，从源头的立法参与到与资方的具体协商和谈判，有效行使职工群众赋予的权力，为职工群众谋福利、争利益。

### （二）从党的阶级基础的角度看：工会是国家治理历史发展的中坚力量

中国共产党是工人阶级的先锋队，中国工会是在中国共产党领导的职工自愿结合的群众组织。工会是党联系广大职工群众的桥梁和纽带，是国家政权的基础和支柱。在革命、建设、改革各个历史时期，工会组织始终坚持党的领导，发挥自身职能优势，团结带领广大职工群众共同实现着党在各个时期的历史任务。

1920 年 11 月 21 日，上海机器总工会成立，这是我国第一个革命性的工会组织。1925 年 5 月 1 日，中国共产党领导的中华全国总工会成立。在革命和战争年代，工会组织的主要任务是开展积极的阶级斗争以及动员发起工人运动；其主要目标是通过工人运动，协助推翻当时的国民政府及其利益集团的统治，以期改变中国社会运行的根本制度，从而为实现维护工人权益的目的奠定制度基础。新中国成立后以及社会主义“三大改造”期间，工会组织的主要任务是在中国共产党的领导下，协助政府开展“三反”“五反”等运动，参与到私营企业的国有化运动中，帮助政府完成社会主义改造任务，并协助企业基本恢复正常生产，争取了良好的经济环境。社会主义改造基本完成以后，我国进入了社会主义建设时期。在高度集中的计划经济体制下，工会组织的社会任务主要是团结动员广大的职工群众积极参加社会主义生产和建设，主要工作方式是组织工人开展各种劳动竞赛，帮助工人和企业总结先进的操作方法和成功经验并加以推广，协助企业行政发放职工慰问品，帮助政府救济困难职工。

自改革开放以来，尤其是随着经济改革的逐步深入，劳动关系的市场化程度越来越高，劳动者不再终身工作在一个单位，而是成为劳动力市场上自由择业的个体，工人对单位的依附程度降低；同时，企业的社会功能逐渐被剥离，企业越来越重视经济功能和生产效率。企业和劳动者从过去的利益基本一致变成了更大程度上的利益对立，这导致劳动者的劳工意识和阶层意识逐渐形成。同时，伴随着市场化的经济改革，各项劳动法律法规陆续出台，企业和劳动者在经济活动时有了更健全、更具体的法律依据；全社会的劳动法治理念得到了提升，劳动者依据相关劳动法律法规维护自身权利的意识不断增强，劳动者和企业的矛盾不断涌现。当个体劳动者发现自己在与企业博弈时处于劣势，而如果自己和周围劳动者群体组织起来后就具有了更多的博弈能力时，劳动关系会逐渐由个别劳动关系向集体劳动关系发展，劳资矛盾就会逐渐发展成为影响社会和经济发展的首要因素。而工会在调节、缓解劳资矛盾方面则具有天然的优势。工会组织发挥自己联系广大劳动者的优势，引导劳动者将自发的、无序的甚至非理性的利益诉求和维权行为转化为组织化的、有序的、理性的利益表达和维权行动，已成为有效处理劳资矛盾、形成和谐劳动关系、改善社会治理、构建和谐社会的必然选择。

### （三）从治理实践的角度看：工会是现代化国家治理体系的重要参与主体

党的十八届三中全会提出创新社会治理体系、实现社会治理体系现代化；党的十九大报告提出，要构建党委领导、政府负责、社会协同、公众参与、法治保障的社会治理体制。工会是劳动关系领域最重要的社会组织，工会组织所具有的天然优势是劳动关系领域其他社会组织无法比拟的，如工会与党政的良好互动关系，工会对职工技术协会、劳模协会和职工文体协会等社会组织有着重要的领导和指导作用，工会与共青团、妇联等其他群团组织有着紧密的联系和合作关系，工会自上而下的组织机构非常健全，有畅通的诉求反映渠道。更重要的是，工会的力量源泉不仅仅来自自身，更来自背后成千上万的普通劳动者。工会既有“人多势众”的数量优势，又有把劳动者个体分散意愿集合成整体力量的组织优势。构建共建共享共治的现代化社会治理体系，工会的参与是可行的、重要的和必须的。

## 二、工会在党治国理政中的功能——法团主义的视角

法团主义是一种国家与社会合作的现代治理模式。[①] 依据法团主义的理论框架，工会是广大职工群众自愿结合的组织，是一种社会团体，它的社会位置是中介性的，即连接国家和自己代表的社会成员（职工），将前者的意志传递到自己的组织成员中去，将后者的需求传达到体制中去，以实现在国家治理总体目标实现状态下的自身组织利益最大化。所以，工会的角色不应当是利益对抗式的，而应当是利益协调式的。一方面，工会需要代表其成员利益，通过组织和协调，将成员内部分散的、多样化的诉求达成一致并将共同的利益诉求传达到决策体制中去，在这个过程中，工会应当管理并约束其成员的活动，使之提高理性化和组织化的水平。另一方面，工会的代表性地位和权利，获得国家的确认和保护，使之成为统一的、唯一的特定职业人群即广大职工群众的代表者，并被接纳进入有关的决策咨询过程，在这个过程中，工会需要服从国家的整体利益，将一部分组织利益让渡给国家整体利益，以获得国家的确认和保护。从这个角度分析，工会在党治国理政中的功能可以分为三大部分：联结功能、代表功能、维护和服务功能。

### （一）联结功能

根据法团主义的理论，社会组织的基本功能就是可以把组织内分散的个体联结起来，使组织内分散的甚至非理性的利益表达转变为组织化的理性的利益诉求；在社会治理中的重要功能是把弱小的个体力量通过一定的规则转变为强大的组织力量，并凭借组织的力量与其他组织在相互博弈过程中达到利益均衡；在国家治理体系中最重要的功能就是将抽象的整体的国家和具体的分散的社会个体联结起来，使国家的整体利益与个体的特殊利益之间更容易达成妥协、统一。所以，工会的联结功能主要体现在三个方面：一是将单个的职工个体联结起来，使其成为组织中的一员，有组织力量可以依赖。二是使职工群体更有组织化，增强了职工群体与资本一

---

① 卢元芬在《国家治理现代化的法团主义路径探析》（《治理研究》，2018-03-15）一文中，根据史密特的定义，认为“法团主义，作为一个利益代表系统，是一个特指的观念、模式或制度安排类型，它的作用是将公民社会中的组织化利益联合到国家的决策结构中”。其特点是“这个利益代表系统由一些组织化的功能单位构成，它们被组合进一个有明确责任（义务）的、数量限定的、非竞争性的、有层级秩序的、功能分化的结构安排之中。它得到国家的认可（如果不是由国家建立的话），并被授权给予本领域内的绝对代表地位。作为交换，它们在需求表达、领袖选择、组织支持等方面，受到国家的相对控制”。

方的博弈力量，也为职工群体和其他社会群体的平等交流提供了一个平台和渠道。三是使职工群体的利益诉求得到组织化的表达，更好地参与到国家治理体系中。具体到中国工会，更是如此。中国工会是中国共产党领导的工人阶级群众组织，中国共产党是国家政治建构的领导力量，而工会就是在无产阶级政党领导下的工人阶级群众组织，恰恰可以发挥党联系职工群众的桥梁纽带作用。在党和国家推进治理现代化的今天，工会的这种联结作用是不可或缺的。

美国学者亨廷顿认为，公民的政治参与水平和社会的政治稳定程度之间的关系到底是正相关或负相关是不确定的，需要取决于一个中间变量，即政治制度化的水平，政治制度化是指政府对公民利益诉求进行回应的能力。[①] 结合中国的现实情况，经过改革开放40年的高速发展，中国公民的物质生活需求得到了极大的满足。与此同时，公民的政治参与意识、权利保护意识、利益诉求等也上升到了一个新的层次，普遍希望能在国家治理以及社会治理中有更多的发声机会。具体到职工群体，由于经济下行和经济发展转型的双重影响，劳动关系领域可能会出现劳资关系紧张、职工的合法权益时常遭到侵害、集体劳动争议不断出现的情况，工会在国家发展大局和职工群体利益之间的联结功能就显得尤为重要。工会在站稳职工立场、维护职工利益的前提下，要引导职工有序、合理的利益诉求和表达，把职工分散的、无序的利益表达总结成组织化的、有序的利益诉求，并从工会的角度提出可操作的解决方案，进而使其反映在人大立法和政府决策之中，从而能够有利于从国家和政府层面回应、解决职工诉求。从这个角度看，工会的联结作用使其实际上充当了政府和职工之间中介的角色，帮助政府更加及时有效地回应职工的诉求，从而提高了政治制度化的水平，有助于维护国家的政治稳定，也有助于保护职工的政治参与积极性。

### （二）代表功能

根据法团主义的理论，社会组织代表着一部分社会群体的利益诉求，工会就是职工群众利益的代表者，所以工会的一个重要功能就是代表功能。工人是受雇于生产资料所有者（雇主），并以工资的形式取得劳动报酬的体力劳动者和脑力劳动者；工会又是以工资收入为主的体力劳动者和脑力劳动者参加和组织的。市场经济条件下的雇员，无论是资源占有能力，还是讨价还价能力，抑或僵持对峙能力，相对于雇主而言始终处于弱势，加之雇员的单个行动不足以维护其自身利

---

① 张善柱．国家治理体系现代化中的工会参与［J］．天津行政学院学报，2018（3）．

益，团结起来组成工会与雇主抗衡，就成为雇员的必然选择。所以，工会与工人的关系，就是组织和个人的关系，工会代表工人，实质上就是工会通过组织或集体的力量来代表会员和职工利益，维护职工合法权益。

委托—代理理论认为，因存在交易成本、交易风险以及不同产权主体之间的信息不对称和其他素质方面的差异（如知识、技能、经历等的不同），为了使交易双方的利益最大化或效用最大化，占据劣势地位的产权主体（工人）就可能把某些权益或权力部分或全部委托给另一优势主体（工会），委托—代理关系便告成立。[①] 这种关系如转换为政治性话语，就是工会与工人之间的代表与被代表关系。具体说来，工会作为劳方的利益代表，其代表功能主要体现在以下两个方面：首先是对内的代表功能，即工会组织要获得广大会员的认可和授权，使其能够代表广大劳动者的利益；其次是代表组织对外的利益表达功能，因为工会组织对外表达的必须是群体的整体利益，所以需要先进行内部的利益整合。工会组织首先要充分了解成员的利益需求，在此基础上需要对成员的利益需求进行划分，保留合理的诉求，剔除不合理的诉求；其次，在某些时候还需要对其内部成员的利益关系进行协调，因为某些成员所要求的利益也可能会损害组织内的其他成员的利益；最后，对分散的利益需求进行有机整合和归纳提炼，形成群体共同的利益需求，最大限度地维护绝大多数成员的利益。

### （三）维护和服务功能

根据法团主义的理论，社会组织代表其成员，将成员内部分散的、多样化的诉求达成一致并将共同的利益诉求传达到决策体制中去，而且组织需要管理并约束其成员的活动，使组织内分散的成员的个体需求转化为组织化的、理性化的诉求。这就要求组织能够充分地代表、团结和管理其内部成员，使组织内的绝大多数成员能够充分地信任组织。对于工会组织来说，就是工会能够代表最广大的职工群众，职工群众能够充分信任工会、依赖工会，愿意紧紧地团结在工会的周围，依靠工会来实现自己的利益诉求。而要想得到广大职工群众的信任和依靠，就必须切实回应职工群众的需求，切实维护职工群众的各项利益，服务职工的需要。通过积极有效的维护服务工作，为职工群众争取实实在在的权益，解决广大职工群众的困难，才能使职工始终信任工会，才能使职工自觉地在工会的组织体系内理性地表达诉求。

---

① 张丽琴，龙凤钊．功能协调型：国家治理体系中的工会功能定位［J］．兰州学刊，2016（3）．

职工是人民群众的重要组成部分，其受雇于用人单位，以自身体力或脑力劳动获取劳动报酬。在市场经济条件下，职工在资源占有能力、信息获取能力、谈判议价能力和僵持对峙能力方面相较于用人单位始终处于弱势地位，职工以个人行动很难维护其自身利益，所以广大职工团结起来组建工会，以团体的力量与用人单位相抗衡，成为职工的必然选择。目前，国内社会正面临转型的关键时期，职工群体内部出现了一定的阶层分化，在思维理念与利益取舍方面都存在着严重的差异，劳动就业、收入分配、社会保障等方面的需求和矛盾更加具有多样性和复杂性。所以，更需要工会组织站稳职工立场，有效地收集诉求和应对诉求，要在充分尊重社会分工这一先决条件下，凭借工会的组织功能，建立组织化的单元，进而创新利益配置途径、利益聚合途径、利益传输途径及利益表达途径，从根本上维护职工群众的利益。

## 三、实现路径

工会在国家治理体系现代化中的重要地位和功能有以下几种实现路径：

### （一）参与国家政治建构

工会要想维护职工利益、代表职工发声、把国家和职工群体联结起来，就必须积极地参与国家的政治建构。工会可以从源头参与、基层民主、社会监督、服务国家其他战略（如外交战略、构建人类命运共同体）等维度参与国家政治建构。

#### 1. 源头参与

根据工会法的规定，工会组织可以参与国家机关对与职工相关的法律、规章的组织起草或修改；县级以上政府的重要工作部署或行政措施需要听取同级工会的意见和要求；劳动关系方面的重大问题要由劳动三方协商机制来研究解决。①

① 《中华人民共和国工会法》第三十三条规定："国家机关在组织起草或者修改直接涉及职工切身利益的法律、法规、规章时，应当听取工会意见；县级以上各级人民政府制定国民经济和社会发展计划，对涉及职工利益的重大问题，应当听取同级工会的意见；县级以上各级人民政府及其有关部门研究制定劳动就业、工资、劳动安全卫生、社会保险等涉及职工切身利益的政策、措施时，应当吸收同级工会参加研究，听取工会意见。"第三十四条规定："县级以上地方各级人民政府可以召开会议或者采取适当方式，向同级工会通报政府的重要的工作部署和与工会工作有关的行政措施，研究解决工会反映的职工群众的意见和要求；各级人民政府劳动行政部门应当会同同级工会和企业方面代表，建立劳动关系三方协商机制，共同研究解决劳动关系方面的重大问题。"

这些法律为工会的利益表达提供了制度化的途径，为工会在保护职工利益上的源头参与提供了制度保障。工会应积极参与同职工利益相关的法律法规制定和实施工作，抓住立法、修法等关键环节，提出工会的主张建议。深入研究新时代、新形势下各类职工群体在劳动就业、社会保障、福利待遇、安全生产等方面的需求变化，聚焦技术工人、小微创业者、公共服务人员、新型就业人群、农民工等重点群体，加大对“互联网 +”业态下劳动关系调处、法律保护、援助服务及群体性劳资纠纷化解等工作力度。运用“两会”及劳动关系三方等各类平台机制，呼吁推动最低工资标准及社保、福利等各项民生保障政策的调整完善，更好地回应职工群众的意见呼声和利益诉求。

**2. 推动基层民主**

法律法规赋予了工会代表职工进行集体协商、签订集体合同的权力，也赋予了工会带领职工参与企业民主管理的权力。在现实中，要通过各种制度安排，保障和落实基层工会组织与单位的平等协商权和民主管理权，以使工会组织能够更好地维护职工的合法权益。首先，工会组织要代表职工群众积极参与所在单位的重大事项决策。遇到企业有重大事项需要决策时，事先，工会要广泛调研，收集职工意见和建议，并进行梳理归纳，形成有利于职工根本利益的工会建议或提案，然后要快速有效地把工会的建议或提案传递给企业管理方，并积极争取在重大事项的决策措施中工会的意见被采纳。事后，要监督各项决策措施的执行和落实情况，确保在实际执行中不会损害职工群体的利益。其次，扎扎实实推进集体协商、签订具有约束力的集体合同。集体协商是工会代表职工群众利益与企业雇主的正式谈判，工会必须根据实际情况，站稳职工立场，有理、有据、有节地就职工的各项权益及企业的收益分配等问题同企业谈判，最大限度地为职工争取利益，签订有效的、可操作的集体合同。在谈判和签订集体合同的过程中，要保障职工群众的知情权、参与权、表达权和监督权。再次，在企业层面，工会组织可以在内部形成规范，约束会员的行为，引导成员着眼于整体利益和长远利益；在行业层面，工会组织制定、维护行业规范和职业道德标准，实行职工群体的自我规范，通过规范和约束增强合力和凝聚力，通过集体理性来增强工会组织的行动力和威慑力。

**3. 加强社会监督**

工会要加强社会监督，推动政府实现善治。根据政治学的一般原理，政府的存在是必要的，如果没有政府维持秩序并提供公共物品，社会就会陷入“自然状态”，但政府作为公共组织同样具有“经济人”的特点，同样会追求自身利益最大化。①如果没有组织或制度来制约或监督政府，政府的公共权力就会无限扩展，政府的机构就会无限膨胀，政府的运行效率就会越来越低下，公共权力就会自觉不自觉地侵害到公民的私人权益。党的十九大报告提出，保障人民知情权、参与权、表达权、监督权。健全依法决策机制，构建决策科学、执行坚决、监督有力的权力运行机制。工会对政府的监督属于社会监督，因为工会属于群团组织，是广大职工自愿结合的群众组织，群众组织的监督出发点必然是为了维护组织的群体利益，是对政府行政的真实的监督，不会走过场。此外，工会对政府的监督属于有组织的监督，与分散的个体对政府的监督效能相比，工会监督具备更强的力量和保障。工会可以借助组织的资源和优势，把职工个人分散的监督力量整合起来，在通过制度化的渠道表达职工群体的整体利益时更有力量，更能引起政府的重视。

#### 4. 服务国家其他战略

工会作为一个群众组织，可以从民间参与的角度服务于国家的其他战略，如以民间组织身份为推动新时代的国家外交战略，积极发挥工会民间外交优势，讲好中国故事、中国工人阶级故事、中国工会故事，充分发挥工会对外交流交往优势，完成好配合国家重大外事工作的任务；积极参与国家“一带一路”建设，加强与“一带一路”沿线国家劳工组织之间的交流与合作；积极参与全球劳工治理，不断提高我国在国际劳工事务中的话语权和影响力，为推动构建人类命运共同体做贡献。

### （二）促进国家经济建设

我国仍是世界上最大的发展中国家，在推动经济可持续发展、全面提升产品质量、由制造业大国转向制造业强国的进程中，工会应聚焦发展大局，积极组织、动员职工参与国家经济建设，在实现国家利益提升的同时实现职工个人利益的增加。在目前的经济发展形势下，工会应重点通过组织劳动竞赛和推进产业工人队伍建设来引导和带领职工群体参与国家经济建设。

---

① 张善柱．国家治理体系现代化中的工会参与［J］．天津行政学院学报，2018（3）．

**1. 组织劳动竞赛**

组织劳动竞赛是工会组织、动员、引领广大职工参与社会经济建设的最重要的途径。在这个过程中，工会可以鼓励、引导职工群众不断地学习新知识，掌握新本领和新技术，从而使广大职工自觉地服务于国家的经济建设战略。在当前中国由制造业大国向制造业强国转型的过程中，在国家鼓励创新、提升制造品质的经济背景下，工会要深入开展全国引领性劳动和技能竞赛，引导广大职工开展提升质量、优化操作、节能降耗、技术创新等多种劳动和技能竞赛，积极投身国家的自主创新战略和国家品牌战略。工会组织的劳动竞赛，要坚持重心下移，以国有企业为引领，以非公企业为重点，聚焦创新创业创造，广泛发动各级工会开展具有时代特征、区域特色、行业特性和单位特点的竞赛活动，深化班组（团队）竞赛，为职工建功立业、创新创效提供宽广舞台。在实际操作中，一方面，工会要通过各种措施，激励职工广泛参与，扩大劳动竞赛的影响力和覆盖面；另一方面，更重要的是要切实提高职工的受益度，使职工通过劳动竞赛有切实的获得感和成就感。不但要使企业通过劳动竞赛提高了效率和品质，更要努力把劳动竞赛和职工创新活动打造成提升职工技能、增加职工收益、稳定职工队伍的有效载体。

**2. 推进产业工人队伍建设**

产业工人队伍的数量和素质直接决定着中国制造品质的高低。推进产业工人队伍建设是现阶段国家的大政方针①，所以工会参与国家经济建构的另一个重要途径就是大力推进产业工人队伍建设。各级工会可以在各级党委的统一领导下，充分发挥工会牵头作用，加强对产业工人队伍建设改革的政策协调和工作推进，形成党委领导、政府负责、工会推动、各方参与的产业工人队伍建设改革工作格局。贯彻政治上保证、制度上落实、素质上提高、权益上维护的要求，着力推动产业工人收入待遇提高、技能素质提升、职业发展通道顺畅。工会还要及时总结产业工人队伍建设改革的成功经验和做法，适时开展政策跟踪评估和督促检查，确保各项政策的落实和实施效果的提高。

---

① 《新时期产业工人队伍改革方案》明确提出，要把产业工人队伍建设作为实施科教兴国战略、人才强国战略、创新驱动发展战略的重要支撑和基础保障，纳入国家和地方经济社会发展规划，造就一支有理想守信念、懂技术会创新、敢担当讲奉献的宏大的产业工人队伍。

## (三)推进职工队伍发展

工会是职工自愿结合的群众组织，促进职工会员的成长发展，是工会组织的天然使命，职工素质提升了，对于实施科教兴国、人才强国战略都具有极其重要地位，这也是工会在治国理政中重要作用的体现。

**1. 思想观念引导**

发挥工会的“大学校”作用，加强对职工的思想观念引领。坚持以社会主义核心价值观教育职工，帮助广大职工树立正确的世界观、人生观、价值观，推动培育自尊自信、理性平和、积极向上的社会心态。可以通过职工理想信念教育和“中国梦·劳动美”专题教育，引导职工群众增强主人翁意识，踊跃投身改革发展实践。充分激发职工群众的劳动热情和创造活力，不断焕发广大职工历史主动精神和伟大创造力量。工会可以实施职业道德培育建设，推动职业道德教育纳入各类职工群体的岗前培训、日常培训之中，促进社会主义核心价值观在广大职工中落细落小落实。创新职业道德建设载体、搭建基层学习交流平台，努力构建体现新时代特征、富有不同行业内涵的职业道德建设体系和行为规范。深入开展职工职业道德建设标兵评选表彰活动，建设一批职业道德建设示范基地，引导广大职工树立崇高的职业理想，形成良好的职业作风和严格的职业纪律。

**2. 弘扬劳模精神和工匠精神**

工会要大力弘扬劳模精神和工匠精神，积极营造劳动最光荣、劳动最崇高、劳动最伟大、劳动最美丽的社会氛围。工会要做好全国和各省市劳模先进、五一劳动奖状(奖章)等的推选表彰活动，用工人阶级的优秀品质、模范行动鼓舞全体职工群众。工会还可以推动劳模工匠精神进园区、进企业、进班组、进社区、进学校，形成尊重劳动、尊重知识、尊重人才、尊重创造的时代氛围。工会还可以加强与党校、职业院校、开放大学等的合作，为劳模工匠搭建切磋技艺、交流经验和研修深造的平台。工会要探索运用社会力量开展劳模服务各项工作，加大对劳模特别是困难老劳模的关心帮扶力度，动员全社会尊重劳模、崇尚劳模、学习劳模、争当劳模。

**3. 提升职工技能水平**

工会应为职工搭建素质能力提升平台，不断提高职工能力和素质，以适应经济转型升级对职工素质、结构和规模的要求。工会可以实施职工学校推进计划，帮助广大职工群众学习新理念、新知识、新技能；实施职工技能登高计划，推进技能晋级、带教师傅奖励等项目，着重在重要产业、重点区域、重大工程中培养职工高精尖人才；实施职工科技创新计划，以一线职工为主体，广泛开展岗位创新活动；以劳模工匠人才为主体，以重大科技项目开发为内容，大力开展科研攻关活动。工会应开展好职工科技节、优秀发明选拔赛，深入实施授权发明专利奖励项目，积极组织职工创新成果参加从国家到地方的各级创新成果评选活动以及国际国内发明展览活动，进一步激发职工群众的创新创造活力。

### （四）加强工会自身建设

按照组织行为学的观点，一个组织的发展壮大离不开自身的建设和进步。所以，工会组织也应与时俱进、深化改革，不断加强自身建设，才能真正在国家治理体系现代化中发挥作用。根据组织行为学中的组织变革和发展理论，组织自身的建设可以从四个维度进行：结构纬度、人员纬度、技术纬度、环境纬度。

#### 1. 结构维度

组织变革和发展理论认为，组织要维持自身的均衡，改善组织的有效性从而实现组织的目标，必须与时俱进，根据形势的变化不断进行组织结构变革，以使组织的效能得到更好的发挥、组织的目标更容易实现。

中国工会具有完备的组织架构，由中华全国总工会和各级地方工会机构组成，机构清晰，运作有序，但在实际工作中却未必有效，更重要的原因在于基层工会组织在人力、物力及外部资源上的短缺。所以，工会的机构改革重点应在“减上补下”，切实改变“倒金字塔”结构，增强基层的资源和能力。应深入推进园区（开发区）、行业（产业）工会建设，健全完善街镇“小三级”工会组织架构，形成“纵向到底、横向到边、条块结合、纵横交错”的组织体系。围绕“四新”经济发展，聚焦创意园区、创客小镇、孵化基地、新型农业经营主体等新型企业、就业群体集聚区域及各类流动、分散、灵活就业群体，开展新领域、新群体建会入会集中行动。探索创新楼宇工会、商圈工会、街面工会、项目工会、平台工会、网格工会等组建方式，做实职工企业外入会、网上入会工作，不断扩大工会组织的有效覆盖。加强基层工会规范化建设，不断提升基层工会工作水平。

**2. 人员维度**

组织变革和发展理论的第二个维度即人员变革，包含了组织成员的态度、观念、期望、行为和技能的转变。作为社会组织的工会，需要进一步加强对工会工作者的选拔、教育和培养力度，个体人员素质的提高才能切实提高组织的整体运行效率。一是深化工会机关挂职干部选派、专职干部遴选、志愿者招募等各项工作，不断优化各级工会干部队伍结构。二是加强社会化工会工作者队伍建设，着力培育一支以专职工会工作者为核心、以社会化工会工作者为中坚、以工会积极分子和志愿者为骨干的工作队伍。三是实施工会干部能力提升计划，以各级工会干部培训院校为教育培训主阵地，针对非公企业兼职工会主席等不同群体，举办好各类主题班、业务班、资格证书班，探索举办工会干部高级研修班，着力补齐素质短板，提升广大工会干部宣传动员、协商协调、服务职工等的能力和本领。

**3. 技术维度**

组织变革和发展理论的第三个维度是技术变革，主要包括对工作过程、方法、所用设备和技术的调整。当前，互联网技术正以前所未有的速度改变着社会，中国已经进入移动互联时代。所以，工会组织要引入"互联网 +"工会的工作模式。"互联网 + 工会"是利用信息通信技术和互联网平台，让工会工作与互联网深度融合，立足于工会系统的总体谋划，创新工会工作的体制机制、方式方法，更便捷地服务于职工群众，把"互联网 + 工会"打造成广大职工的网上家园，打造成工会组织联系职工群众的新窗口，更好地发挥工会组织的桥梁和纽带作用。努力实现中国工会十七大报告中提出的构建智慧工会的要求。①

**4. 环境维度**

组织变革和发展理论的第四个维度是物理环境变革，包括对工作场所、所处环境、外部保障的改变。对于工会组织来说，主要面临三个方面的环境变化：经

---

① 中国工会十七大明确提出："积极建设智慧工会。加强互联网思维，利用大数据、云计算、物联网、人工智能等手段促进工会工作，促进互联网与工会工作的整合，构建在线工作平台，创建工会工作升级版。推进实施《全国工会网上工作纲要（2017—2020 年）》，建立大型实名、动态、全面覆盖和安全共享的数据库，加强互联网内容和舆论阵地的建设，充分利用移动客户端、微博、微信，结合'12351'职工服务热线，建立健全工会新媒体矩阵。加强'互联网 +'工会的顶层设计，加强共同平台建设，促进上下级工会组织互联，逐步形成以中华全国总工会为主的工会网上工作体系，实现地方跟进，行业参与，协同互动以及线上线下的有机整合。"

济结构和劳动关系的多样化，职工思想意识的多样化，劳动关系领域社会组织的多样化。

改革开放以来，我国国有经济和民营经济快速发展，市场上的经济主体日益多元化，近些年来，园区经济、楼宇经济的快速发展，“大众创业、万众创新”、小微企业的发展，使我国劳动关系也越来越呈现出广泛性、多样性、差异性、动态性、复杂性等特点。特别是随着互联网等新兴产业快速发展，经营业态多样化，雇佣形式更加灵活，就业岗位更加多样，处于灵活就业状态的人员越来越多。这对于工会以往的以固定职工作为工作对象的工作模式提出了极大的挑战。社会主义进入新时代，物质生产极大丰富，经济形势复杂多变，广大职工的思想意识、利益诉求也越来越多元化。随着职工群体的工作稳定性降低、职业流动性增强，职工对企业的忠诚度不可避免地下降，而企业对职工的技能培训投入的动力也会下降。这样一方面会使企业和个人之间的劳动纠纷增加，另一方面也使职工个体更需要企业以外的社会化的有组织的培训。在这个大背景下，劳动关系领域社会组织呈逐年增长趋势，并在服务职工群众等方面发挥了积极作用，但也存在境外敌对势力通过劳动关系领域社会组织插手中国劳动关系事务等一些值得高度重视的问题。这就更需要工会组织能够提供切合职工需要、能令职工满意的维护和服务，否则就不能把职工群众紧紧地团结在工会组织周围，就会给“独立工会”“民间工会”等以可乘之机。

这些组织外部环境的变化都需要引起工会组织足够的重视。工会组织要与时俱进，主动适应变化的环境，不断改进和提高自身的建设，才能永葆组织的地位和功能。

**参考文献：**

［1］卢元芬．国家治理现代化的法团主义路径探析［J］．治理研究，2018（2）．

［2］吕群山．论我国工会制度的缺陷及其改革完善［D］．武汉：华中师范大学，2011.

［3］汪新蓉．工会代表权研究［D］．武汉：华中师范大学，2015.

［4］丁蓓蓓．社会转型期工会组织参与社会治理创新的路径研究［D］．苏州：苏州大学，2014.

［5］张萍．论结社自由［D］．武汉：武汉大学，2004.

［6］沙江．我国省级工会参与社会治理的困境与途径研究［D］．西安：陕西师范大学，2017.

[7] 赵阳．政治主导到多元互动：新加坡社团组织的变迁 [D]．厦门：厦门大学，2017.

[8] 张善柱．国家治理体系现代化中的工会参与 [J]．天津行政学院学报，2018 (2)．

[9] 张丽琴，龙凤钊．功能协调型：国家治理体系中的工会功能定位 [J]．兰州学刊，2016 (3)．

[10] 谌莉莉．新常态下工会组织参与社会治理的现状及思考 [D]．南昌：南昌大学，2017.

[11] 史意．外国人结社权立法构建之设想 [J]．太原师范学院学报（社会科学版），2013 (5)．

[12] 张丰莉．新时期企业工会工作的几点思考 [J]．山西青年，2016 (2)．

[13] 夏建中．从参与社区服务到参与社区治理——论青年志愿者的工作转型 [J]．青年学报，2019 (4)．

[14] 张雅雅．工会弘扬工匠精神助推新时期产业工人队伍建设 [J]．天津市工会管理干部学院学报，2019 (2)．

[15] 刘素华．新时代工会基本职责的调整与完善 [J]．工会理论研究，2019 (4)．

[16] 王东明．以习近平新时代中国特色社会主义思想为指导团结动员亿万职工 为决胜全面建成小康社会夺取新时代中国特色社会主义伟大胜利而奋斗——在中国工会第十七次全国代表大会上的报告 [N]．工人日报，2018-10-29.

[17] 李建庄．充分发挥工会组织在推进国家治理体系和治理能力现代化中的作用 [J]．工会信息，2016 (17)．

[18] 石云．中国工会十七大的时代价值和工会工作走向 [J]．工会理论研究，2018 (6)．

[19] 郝帅．以更大力度更实举措推进工会改革创新 [J]．工会信息，2019 (3)．

# 健全服务职工工作体系建设研究

## ——以上海工会服务职工工作体系建设为对象

宋紫薇①

**摘　要：**新时代下，深入贯彻党的十九大精神和中国工会十七大要求，切实落实工会的服务职工的基本职责，必须立足新时代中国特色社会主义的新方位、社会主要矛盾的新变化、共建共治共享社会治理的新格局、全面深化改革的新阶段，把握工会组织新使命、新目标、新要求，结合地方优势，结合自身特点，结合具体情况，健全工会服务职工工作体系。本文以上海工会服务职工工作体系建设情况为研究对象，通过文献检索、查询资料、实地调研、走访座谈、典型分析等方式对上海不同层级、不同性质的工会服务职工工作体系建设情况进行了梳理和整合，并根据调研情况提出相关问题及建议，冀望对进一步健全服务职工工作体系提供参考。

**关键词：**工会　服务职工　工作体系

中国工会十六大报告首次明确提出要努力构建服务职工工作体系，并提出了具体的要求：着眼于更好地满足职工群众多层次需求，努力构建服务职工工作体系。第一，扩大服务对象（对象），在继续做好对一线职工、困难职工、农民工等服务的同时，加强对青年职工、知识分子的服务。第二，拓展服务领域（内容），在继续为职工群众提供物质服务、生活服务，做大做强送温暖、困难帮扶、金秋助学、法律援助、医疗互助、女职工关爱行动等工作品牌的同时，提供更多高水平的精神性、发展性服务。第三，创新服务手段（形式），把经常性服务与

① 宋紫薇（1991—　），女，汉族，江苏徐州人，任职于上海工会管理职业学院，主要从事工会理论与实务、劳动与社会保障法研究。

项目式、订单式服务结合起来，充分挖掘工会自身潜力，积极争取和有效运用各种资源。第四，完善服务网络（载体），加强困难职工帮扶中心和站点建设，主动承接政府转移的公共服务职能和向社会购买的服务项目，加快融入公共服务体系。第五，夯实服务基础（队伍、资金、机制），坚持重心下移，把更多的人力、物力、财力投入到基层服务机构，全面提升服务职工群众的能力。要进一步深化“面对面、心贴心、实打实服务职工在基层”活动，形成服务职工群众长效机制。① 中国工会十六大服务职工工作体系的明确提出为工会构建服务职工工作体系奠定了基础。

党的十九届三中全会提出，深化党和国家机构改革的目标之一是构建联系广泛、服务群众的群团工作体系。工会作为党领导的职工自愿结合的工人阶级群众组织，是党联系职工群众的桥梁和纽带，是国家政权的重要社会支柱，是职工权益的代表者和维护者，理应落实党的要求，协同人大、政府、政协、监察机关、审判机关、检察机关、人民团体、企事业单位、其他社会组织等在党的统一领导下协调行动、增强合力，健全联系广泛、服务职工的工作体系，促进国家治理能力和治理水平的全面提高。党的十九届三中全会服务职工工作体系的建设要求为工会构建服务职工工作体系阐明了作用。

中国工会十七大通过了《中国工会章程》的修改，将工会基本职责修改为维护职工合法权益、竭诚服务职工群众，更进一步强调了工会服务职工工作。中国工会十七大报告强调：健全服务职工体系。坚持职工需求导向，构建以精准帮扶为重点的工会服务职工体系，提升困难职工帮扶中心（职工服务中心）综合服务职工功能，做实各类职工维权帮扶、保障服务项目。推进“会、站、家”一体化建设，进一步做好工会户外劳动者服务站点建设工作，推行工会服务职工工作项目清单制度，推进“互联网+”工会普惠性服务。深化工会财务改革，构建工会经费普惠职工的保障机制。做优做强工会资产，进一步增强公益性、服务性，更好发挥工人疗休养院、工人文化宫、职工互助保障组织等服务职工的作用。中国工会十七大服务职工体系的全新阐述为工会构建服务职工工作体系创新了方向。

新时代下，深入贯彻党的十九大精神要求，切实落实工会的服务职工的基本职责，健全工会服务职工工作体系，必须立足新时代中国特色社会主义的新方

① 高举旗帜 改革创新 团结动员亿万职工在实现中国梦历史进程中充分发挥主力军作用——在中国工会第十六次全国代表大会上的报告［EB/OL］. 人民网，2013-10-25.

位、社会主要矛盾的新变化、共建共治共享社会治理的新格局、全面深化改革的新阶段，把握工会组织新使命、新目标、新要求，结合地方优势，结合自身特点，结合具体情况，与时俱进，实事求是，进行深入思考、整体把握、周延设计、全面落实。本文以上海工会服务职工工作体系建设情况为研究对象，通过文献检索、查询资料、实地调研、走访座谈、典型分析等方式对上海不同层级、不同性质的工会服务职工工作体系建设情况进行了解及挖掘，在此基础上形成此调研报告，冀望对进一步健全服务职工工作体系提供参考。

## 一、健全服务职工工作体系的必要性与重要性

### （一）服务职工工作体系的必要性

**1. 经济社会的快速发展要求工会必须健全服务职工工作体系**

经济社会快速发展背景下，政府从管理型职能向服务型职能转换，社会治理体制改革不断深化，随之社会组织参与社会治理和公共服务的要求也逐步增强。在此形势下，工会作为社会组织必须不断提升服务职工群众的能力和水平，才能承接政府分权，协同社会治理，提供公共服务。要想提高工会服务职工群众的能力和水平，必须从健全服务职工工作体系的高度进行顶层设计，才能整合各方资源优势，加强组织自身建设，拓展服务窗口平台，切实满足职工需求。因此，经济社会的快速发展，社会治理体制的不断变化，要求工会必须健全服务职工工作体系。

**2. 工会组织的基本职责要求工会必须构建服务职工工作体系**

工会的基本职责是“维护职工合法权益、竭诚服务职工群众”，要想切实履行工会基本职责，就要坚持党的领导，服务党和国家工作大局、服务企业健康发展，服务职工利益诉求，增强工会组织政治性、先进性、群众性。工会服务党和国家大局，服务企业健康发展的唯一切入点就是服务好职工群众，只有以全心全意为职工服务为根本宗旨，促进职工体面劳动、舒心工作、全面发展。而要让以上工作落实，必须健全工会服务职工工作体系，才能实现工会服务职工工作的具体化、有形化，才能将服务职工工作贯串工会工作全过程，才能更广泛地把职工群众组织起来、动员起来、团结起来，才能进一步增强工会组织的团结力、凝聚力、影响力。所以，落实工会组织的基本职责，实现党和国家的目标任务，要求

工会必须健全服务职工工作体系。

## （二）健全服务职工工作体系的重要性

### 1. 有利于实现中华民族伟大复兴的中国梦

团结动员亿万职工为实现中华民族伟大复兴的中国梦而奋斗，是我国工人运动的时代主题。构建服务职工工作体系，切实维护和发展职工利益，可以充分激发职工的历史主动精神和伟大创造力量。在实现中国梦的伟大历史进程中，工会作为职工利益的代表者和维护者，理当在服务职工群众方面，付出更大努力、展现更大作为，帮助职工群众创造机会、增进福祉，让更多劳动者共同享有人生出彩、梦想成真的机会，实现自我的中国梦。

### 2. 有利于实现全面深化改革、全面建成小康社会的新要求

全面建成小康社会，实现更高质量的就业、深化收入分配制度改革、保障职工民主权利，是我党的奋斗目标。党的十九大对全面深化改革，实现国家治理能力和治理体系现代化，更好保障和改善民生，促进社会公平正义，推进基本公共服务均等化提出了新的要求，这也是对维护职工权益、服务职工群众提出的新任务和新要求。随着城市化进程加快和现代服务业快速发展，互联网等现代传媒迅速普及，职工队伍结构深刻变化、诉求更加多样，对维护自身权益、实现全面发展的需求更加迫切，工会如果能自觉回应职工群众的新期待，健全服务职工工作体系，加大服务职工工作力度，更好地满足职工群众的多层次需求，就能增强其在职工群众中的凝聚力和影响力，团结组织职工共同为实现全面深化改革、全面建成小康社会而不懈奋斗。

### 3. 有利于贯彻党的群众路线、建设服务型工会

群众路线是党的根本工作路线。工会作为党领导的职工群众自己的组织，最大的优势是密切联系职工，最大的本领是切实服务职工，最大的危险是脱离职工群众。要保持工会在职工群众工作中的主导地位，体现工会做职工群众工作的主体作用，就必须以开展党的群众路线教育实践活动为契机，健全服务职工工作体系，坚持密切联系职工、竭诚服务职工的工作主线，不断推动工会工作的群众化、民主化、制度化、法治化，努力建设服务型工会。叫响做实“职工有困难找工会”，工会是职工信赖的“职工之家”、工会干部是职工信任的“娘家人”。

## 二、上海工会服务职工工作体系建设的特色考察

### （一）市工会层面典型案例：上海市总工会服务职工工作体系特色建设

上海市总工会近年来严格落实中国工会十六大服务型工会建设的目标任务，把竭诚服务职工作为一切工作的出发点和落脚点。在实体服务职工工作体系建设层面，以“上海市职工援助服务中心”为平台，为职工提供就业咨询、法律援助、帮扶救助、职工互助保障、心理咨询等全方位的服务，以满足职工物质需要、生活需要和精神文化需要；以“上海市工会会员服务卡”为载体，通过整合资源，为职工提供普惠制的服务，让每一位职工会员都能感受到工会的温暖，享受到工会的福利；以“服务职工实事项目”为依托，为职工提供维权服务、技能晋升、健康服务、生活服务、帮扶救助、文体服务六大类实事项目，让职工获得精准的、真正的实惠。在信息服务职工工作体系建设层面，以“一报”（《劳动报》）、“一端”（12351 职工服务 App）、“一线”（12351 职工服务热线）、“二微”（微博上海工会发布、微信申工社）、“二网”（市总工会网站、12351 职工服务网）为圆心，打造网上工会服务职工工作平台，丰富网上服务职工矩阵，让职工的需求和困难可以得到及时的满足和解决。

### （二）区工会层面典型案例：浦东新区总工会服务职工工作体系特色建设

为贯彻落实党的十九大精神，围绕上海市委对浦东“勇当新时代全国改革开放和创新发展的标杆”的要求，深化工会改革，打通联系服务职工“最后一公里”，浦东新区总工会将推进职工四级服务体系建设确定为 2018 年“一号工程”。在区总工会的指导下逐步建立完善区级职工服务中心，开发区、街镇职工服务总站，园区、商圈、楼宇职工服务站，企业职工服务点和户外职工驿站这四个层级的服务阵地，运用平台联建、资源联享、项目联办、体系联动等方式，实现对区域内职工和企业的“全覆盖”“普惠制”“零距离”服务，服务阵地主要发挥困难帮扶、权益维护、就业创业、文化体育、综合服务六大功能，提供需求、资源、项目三大清单，建立“请进门”“送上门”“等上门”“需求反馈”“每月发布”“每月总结”六大机制，联手工人文化宫、党建服务中心、楼宇片区、企业等共建服务载体，联合专职工会干部、社会化工会工作者、职工志愿者、社会专家共同打造服务职工工作队伍，助力优化营商环境，补全“家门口”服务体系中服务职工的短板，构建“大民生”格局。

### （三）局（产业）工会层面典型案例：邮政集团上海分公司总工会服务职工工作体系特色建设

邮政集团上海分公司工会通过“六大工程”打造服务职工工作体系。以日常工作规范作为指导原则，通过三级劳动争议预防与职工权益维护架构、工会主席信箱及维权热线等持续推进“维护工程”，畅通员工维权渠道；通过年度预算执行编制情况公开、民主管理委员会履职汇报、提供投递满15年职工奖励等健全完善“民主工程”，做好做实职代会工作；以服务工作深化作为原则指导，深化职工小家建设，提高重病员工救助水平，提高定期补助标准，加强先进疗休养和劳模待遇，深入实施“关爱工程”，努力为员工争取权益；坚持向群众性、新颖性转型原则，固化定向越野挑战赛、环湖自行车大赛、羽毛球乒乓球健身操团体赛、电子竞技（实况足球）及斗地主比赛等特色项目，以问卷调查结果为依据丰富插花、健身操小教员、摄影知识、摄影外拍文化讲座及培训，广泛开展“文化工程”，助力企业文化建设；以重点工作创新作为指导原则，做好劳模创新工作室、劳模工作室联盟、邮政工匠培育等工作，并注重加大宣传力度及跨单位、跨工种、跨地区的交流，加强建设“典型工程”，做好劳模先进培树管理；围绕企业发展战略开展各类劳动竞赛，给职工展示的平台和舞台，打通职工晋升的职业渠道，创新开展“竞赛工程”，鼓励员工建功立业。

### （四）街镇工会层面典型案例：长白新村街道总工会服务职工工作体系特色建设

长白新村街道总工会坚持问计于职工、问需于职工、问绩于职工，用实实在在的举措、脚踏实地的关爱，搭建“三位一体”服务职工工作体系，逐步逐层打通服务职工的“最后一公里”。街道、社区和企业在服务职工工作体系中紧密联系，充分发挥引导、平台和服务作用，形成上下联动、全方面为企业和职工服务的良好局面。一是街道总工会职工服务站充分辐射。建设“乐享长白园”微信公众号，委托专业化社会组织开展专业化职工服务，多元化打造“指尖上的服务型工会”无形阵地，做到便利化服务；以“长白上缆园区基层服务站”为阵地，形成职工提供多元化服务的多功能有形阵地，做到零距离服务；多渠道拓展“幸福蓝动力”职工服务项目群，做到一体化服务。二是小区联合工会职工服务点切实服务。街道的16个小区联合工会根据周边单位用工情况、职工年龄结构和文化层次，提供有针对性的服务，吸纳“两非一无”人员入会，解决职工现实困难；社区内的5家睦邻中心（睦邻家园）向企业和职工开放，实现场地共用、活动共建、服务共享。三是企业工会发挥作用面对面服务。街道总工会服务上门，根据企业需求设计菜单式服务项目，确保月月有主题、全年都精彩；在园区设立“妈咪小屋”、企业建立职工书屋、单位设置职工户外驿站，形成覆盖广、零距离的职工服务阵地网络，凸显幸福指数。

### （五）企业工会（国有企业）层面典型案例：上海先进半导体制造股份有限公司工会服务职工工作体系特色建设

上海先进半导体制造股份有限公司工会通过“六个两”模式打造国企品牌服务职工工作体系。“两赛”，即“安康杯”竞赛和劳动竞赛，前者意在提高职工安全意识，确保职工安全工作，后者意在提升职工知识技能，更好完成本职工作。“两评”，即评先进和评职称，前者意在树立典型增强引领，鼓励职工岗位建功，后者意在提高职工技能水平，增强职工就业竞争力；“两建”，即民主管理建设和文体活动建设，前者意在提供职工参与平台，实现职工民主权利，后者意在丰富职工工作生活，满足职工精神文化需求；“两季”，即冬季送暖和夏季送凉，慰问严冬和炎夏依然坚守岗位的职工，为困难职工提供长期及临时帮困，让他们感受工会和公司的温暖；“两会”，即宿管会和餐管会，前者每季度进行清洁宿舍评选，促进住宿舍员工有整洁的住宿环境，后者定期收集反馈职工意见，不断加强职工餐厅改进工作，让职工吃得安心、吃得开心；“两聘”，即聘专业财务人员和聘常年法律顾问，前者每月对工会经费使用情况进行审查，督促工会经费合法合规用于职工，后者随时为职工提供法律咨询服务，及时解决职工工作生活难题。

### （六）企业工会（非公企业）层面典型案例：上海锦湖日丽塑料有限公司工会服务职工工作体系特色建设

上海锦湖日丽塑料有限公司工会通过搭建“六大平台”建设服务职工工作体系。“职工选举平台”，依法为职工提供基层民主选举平台，让职工自己选出能代表和维护他们权益的工会主席和工会干部；“工会卡办理平台”，为职工提供工会卡办理和注册服务，保障职工可以享受工会卡相关权益；“协商沟通平台”，为职工提供与企业友好平等协商机会，通过完善集体合同增加职工福利，通过合理化建议和工会主席信箱反映职工问题和意见；“劳动争议调解平台”，为职工提供法律咨询，及时化解早期劳动争议；“文体活动平台”，根据职工所需，为职工提供各种文体活动，增强职工身体素质，提升职工精神文化修养；

"生活关爱平台"，为职工提供职工食堂改进计划，如将原来的非转基因食用油换成菜籽油，蔬菜采用无公害配送等，公司食堂被评为闵行区文明餐桌示范厅，为职工提供困难关爱计划，如班车线路的及时调整、员工子女就读的刚需、困难职工的关心关爱等，工会收到4面来自一线员工赠送的锦旗。

## 三、上海工会服务职工工作体系建设的现实问题

### （一）服务职工工作体系建设的系统性还有待增强

服务职工工作体系建设是一个系统性的过程，涉及制度体系、层级体系、运行体系、保障体系等各个方面，需要进行全方位、全角度的顶层设计，否则在实践中就极易出现功能重叠、资源浪费、相互推诿等现象，不利于服务职工工作的针对性、深入性、实效性。调研中发现，各层级工会基本在服务职工窗口都有法律援助服务，但有些相对集中，且服务时间存在重叠，所以职工在寻求法律援助时不知如何进行选择，可选择时间相对较少。另外，由于职工对法律援助的各种渠道及条件并不明晰，所以存在只知法律援助而不知是工会法律援助或者认为法律援助的条件要求较高等情况，导致工会在职工心中的存在感和影响力不大。

### （二）服务职工工作体系建设的全面性还有待增强

首先，从服务对象上看，应不仅局限于特殊对象群体，而应面向所有职工。调研中发现，很多工会已经把服务对象范围扩大，但目前各层级还是有所局限。其次，从服务内容上看，不仅要致力于提升职工群众的物质生活条件，更要对应主要矛盾的变化，满足职工群众对美好生活的向往。健全的服务职工工作体系要求严密高效的服务协调机制，并集帮扶救助、综合维权与服务功能于一体。调研中发现，各层级的服务职工工作体系已逐渐趋向全面发展，但还远远不能够适应新时代的变化，不能仅局限于针对困难职工群体的帮扶服务，更要针对劳动就业培训、职工收入分配、法律救助维权、劳动安全卫生、职工后勤保障、文化精神服务、职工互助保障等各项需求提供针对性、专业性、有效性服务，体现对全体会员素质提升、关怀关爱等普惠性、整体性、共同性特点。

### （三）服务职工工作体系建设的社会性还有待增强

健全服务职工工作体系，不是工会的单打独斗，它是社会治理和公共服务体系的有机组成部分。健全服务职工工作体系也不是一蹴而就的，而是一个需要不

断丰富、完善、补充的过程。工会要不断适应职工需求变化，以创新的眼光和思路，积极探索全方位、多角度、多层次服务职工的有效载体。调研中发现，很多工会还没有切实发挥“枢纽型”社会组织作用，形成资源共享、合作共赢的理念，不断主动争取党政重视支持，充分整合和利用社会资源，加强与社会各方面的联系沟通。

## 四、健全服务职工工作体系的整体设计与对策建议

### （一）健全服务职工工作体系的基本原则

**1. 整体性**

服务职工工作体系是在整合完善现有各项体系、制度的基础上，对整个服务职工工作进行管理和运行的系统机制，既包括宏观上顶层设计，也包括微观上实施细则。它以平台支撑（服务站点建设）为载体，以项目提供（服务内容）为主线，以资金管理和队伍建设为保障，以信息化建设为手段，立足工会、面向社会，着眼当前、面向长远，在继承中发展、在发展中创新。

**2. 普惠性**

服务职工体系面向广大职工，根据困难职工、农民工、青年职工、知识分子等不同群体、不同层次的需求，把经常性服务与项目式、订单式服务结合起来，通过和社会机构合作，探索运用工会服务卡等形式，积极为职工在生活、学习等方面提供多样化、立体化服务，努力使服务工作覆盖全体职工群众。

**3. 开放性**

从外部关系看，服务职工体系是社会治理和公共服务体系的有机组成部分，构建服务职工体系不仅是工会组织自觉承担一部分从政府转移出来的社会管理和公共服务职能的措施，还是工会自己向社会购买服务、发挥工会组织特长优势、主动参与社会管理的举措。它需要工会组织充分整合和利用社会资源，动员社会力量，推动形成党委政府重视支持、工会运作、全社会广泛参与的工作格局。

**4. 协调性**

体系致力于全面提升职工群众的生产生活的满意度——让职工群众实现更高

质量的就业、获得更加公平合理的收入、享有更加充分的社会保障、享有法律赋予的民主权利，享有丰富的经济文化生活和良好的生态环境。它需要工会内部建立一个高效的沟通协调机制，成立一个推进服务职工工作体系构建的领导小组，保障、法律、劳动保护、宣教、经济技术等各部门分工负责、合力推进。

### （二）健全服务职工工作体系的职能设计

如前文所述，服务职工工作体系应该是一个有机整体，所以各级工会的工作应该得到良好整合，定位不同职能，发挥不同作用，最大效率地、最好效果地为职工提供服务。上海市总工会作为最高领导机关，应发挥“引领型”职能，着重在制度设计、架构完善、检查监督等方面起作用，让整个服务职工工作体系得以建立健全；区局（产业）工会应发挥“指导型”职能，着重在制度落实、组织协调、权益救济方面起作用，让整个服务职工工作体系得以良性运转；街道(镇)、开发区总工会应发挥“主体型”职能，作为整个服务职工工作体系的具体实施者、作用的最大发挥者、职工的最佳维护者，让整个服务职工工作体系得以迸发活力；联合工会、企业工会应发挥“联结型”职能，将上级工会的政策福利、服务项目、保障补贴等及时分享给职工，将基层工会的法定义务严格落实，真正把维护、服务、保障、实惠送到每一位职工会员手中。

### （三）健全服务职工工作体系的对策建议

**1. 实体型与信息型共同发力**

要增加工会在职工心中的存在感和获得感，必须有实体型的职工服务中心（站）建设，形成集维护与服务于一体的长效工作平台。加强分类建设，在体制机制、职能定位、活动开展、帮扶资金来源等方面整体设计，有序有效推进分级服务网格化建设。要注重强化服务基础配套，做到有场地，悬挂醒目标识，促进服务平台的有效拓展；有专兼职工作人员，采取内部调剂、对外聘用社会化工会工作者以及建立志愿者队伍等多种形式，配齐配强职工服务工作人员，加强政策理论和业务知识培训，不断提高整体素质，提升服务质量；有制度机制建设，落实工作责任制，建立首问责任追究制度，明确职责权限，规范工作秩序，明确服务项目的对象、内容、标准以及服务流程，建立健全与党政有关部门的工作协调协作机制。要注重强化服务能力和水平，坚持重心下移，把更多的人力、物力、财力投入基层。在注重建设实体型的同时，也要配套进行信息型服务职工工作体系建设，结合“互联网+”，运用电话热线、微博、微信公众号、App 等形成电话网络服务职工平台，让职工在第一时间获取信息、第一时间落实渠道、第一时间解决问题。

**2. 自身完善和党政支持共同支撑**

工会自身要根据职工需要和诉求不断完善服务内容，明确责任分工，通力协调合作。要搭建与创新工会困难职工帮扶、劳动就业培训、法律援助维权、文化精神服务等各项工作的载体，尊重职工群众的合理诉求，致力于让职工群众实现更高质量的就业，获得更加公平合理的收入，享有更加充分的社会保障及法律赋予的各项权利，平等共享经济社会发展成果和改革红利。各级工会要坚持一把手负总责，各有关职能部门要明确责任分工，相互密切配合，形成工作合力。要建立健全横向和纵向的工作联动机制，组织、保障、法律、宣教、生产保护、女工等各部门分工负责、合力推进。各市、县级职工服务中心作为工会业务工作的综合性工作平台，要明确一名同级副职领导负责日常综合协调工作；职工服务要逐步“下沉”到基层，实现服务职工群众“零距离”。要积极主动争取党委领导，将工会职工服务工作列入地方党委的重要议事日程；争取政府支持，把工会职工服务工作纳入当地社会事业发展规划，融入社会公共服务体系，形成党委领导、政府支持、工会运作、社会各界广泛参与的职工服务工作格局。要加强工会与政府有关部门的联系，充分运用工会与政府的联席会议制度、劳动关系三方协调机制等，定期就职工服务工作沟通协调，推动相关问题解决。要建立职工服务中心运行经费保障机制，确保可靠稳定的资金来源。要积极推动将职工服务中心专项帮扶资金纳入各地政府财政预算，通过多种形式筹集社会资金。

**3. 常态化与创新化共同配合**

多年来，各级工会广泛开展的春送岗位、夏送清凉、金秋助学、冬送温暖等四季服务活动，形成了具有广泛社会影响力的服务职工品牌活动，实现了常态化。这些常态化服务回应职工所需，解决职工所难，在长期实践中发挥了重要作用，成为工会工作的一面旗帜，在新时代只能加强不能削弱。但为更好适应时代的发展，在坚持常态化品牌服务的同时，也要加强创新服务建设，因地制宜，从职工群众迫切需要解决的问题着手，以职工群众期待改善的地方为切入点，量力而行，进一步扩大服务对象、拓展服务领域、创新服务手段、完善服务网络、夯实服务基础，突出针对性和有效性，突出亮点和特色品牌打造，实现工会工作载体和服务的不断创新发展，为职工提供更多的精神性、发展性服务。要按照职工多元需求，立足实际，突出多样性、特殊性，结合基本需求，积极开展职业介绍、技能培训、心理关怀、法律援助、婚姻介绍、疗养康复、文化娱乐等多项服务活动，打造深受职工欢迎、普惠广大职工的服务项目，促进职工全面发展。创新项目制、专业化的服务手段，创新服务理念，鼓励通过项目招聘、服务外包等方式，引进社会力量，为职工提供专业化、高水平服务。

综上，构建服务职工工作体系是一个长期、复杂、渐进的系统工程，它不仅需要长期的理论探索，更需要在实践中不断加以总结和提升。各级工会组织和广大工会干部应结合自身实际，努力实践，大胆创新，积极探索，坚持党政所谋、职工所需、工会所能的工作思路，不断满足和服务职工群众的多元需求，助力职工实现体面劳动、全面发展，共享改革发展成果。在实际工作中，要建立一个从上而下的工作领导小组，通过全面启动、宣传普及、教育培训、上报方案、修正完善、全面实施等各项措施，有计划、分步骤、重实效地逐步推进，才能形成一个结构合理、程序严密、运作科学、管理有效的体系，在服务职工群众中切实发挥重要作用。

**参考文献：**

[1] 赵立群，刁维强，孙海涛，等. 关于山东省工会服务职工工作体系建设情况的调查报告 [J]. 山东工会论坛，2016 (5).

[2] 舒文雯. 构建服务职工体系：工会组织的新作为 [J]. 工会信息，2014 (4).

[3] 卢召民. 关于新形势下构建服务职工体系的思考 [J]. 山东工会论坛，2015 (1).

[4] 朱红. 完善工会维权机制，构建服务职工工作体系 [J]. 天津市工会管理干部学院学报，2014 (4).

[5] 高举旗帜 改革创新 团结动员亿万职工在实现中国梦历史进程中充分发挥主力军作用——在中国工会第十六次全国代表大会上的报告 [EB/OL]. 人民网，2013-10-25.

[6] 中国共产党第十九届中央委员会第二次全体会议公报 [EB/OL]. 新华网，2018-01-19.

[7] 以习近平新时代中国特色社会主义思想为指导 团结动员亿万职工 为决胜全面建成小康社会夺取新时代中国特色社会主义伟大胜利而奋斗——在中国工会第十七次全国代表大会上的报告 [EB/OL]. 人民网，2018-10-23.

# 中心城区楼宇工会建设的 SWOT 分析①

## ——以上海市南京东路街道“科技京城”为例

孙 岩 黄宪祖 倪守正②

**摘 要**：随着楼宇经济的兴起，楼宇工会已成为“小二级”工会建设的主要形式之一。尽管不同楼宇在发展定位、行业选择、经营模式上存在差异，但楼宇工会建设上仍然存在着“建会难、入会难”的老问题，如何让楼宇工会“建起来、转起来、活起来”始终是非公企业工会改革的重点工作。作为上海市成立的第一家楼宇工会——科技京城工会已从初创时的繁荣步入转型时的艰困，通过引入 SWOT 分析法剖析当前科技京城楼宇工会建设情况，可以看出，在实际工作中，楼宇工会需要面对职工流动、楼宇经济转型、企业经营不稳定等劣势与威胁，通过形成扬长避短、化被动为主动的工作策略，推动工会组织在楼宇中有效落地。

**关键词**：“小二级”工会 楼宇工会 中心城区 SWOT 分析

自 2016 年 7 月，上海启动非公企业工会改革工作以来，如何使“小二级”工会“建起来、转起来、活起来”，始终是非公企业工会改革的重点工作。据调查统计，目前上海市 16 个区总工会已经建立了 1000 多家形式多样的“小二级”工会组织，以园区工会、行业性工会、楼宇工会、商圈工会、社区工会、村居工会等形式的工会为主，其中楼宇工会占比为 13%。楼宇经济是近年来我国城市经济发展中涌现的一种新型经济形态，以商务楼宇为主要载体，引进各种企业，

---

① 本文已刊于《山东工会论坛》2020 年第 1 期。

② 孙岩（1981— ），女，上海工会管理职业学院讲师，经济学博士，主要研究方向为劳动经济学；黄宪祖（1959— ），男，上海市黄浦区南京东路街道总工会原副主席；倪守正（1958— ），男，上海市黄浦区南京东路街道总工会原办公室主任。

带动周边经济发展，是一种集约化、高密度的经济形态。在上海的中心城区，大型商业综合体逐渐成为白领职工工作、生活、休闲的立体社区，商务楼宇逐渐成为社会经济发展的主要载体。楼宇经济成为城市经济的重要组成部分，楼宇工会建设亦成为中心城区街道总工会的工作重点。

## 一、导言

楼宇经济代表城市集约经济的发展方向，通过集聚商务楼、写字楼等现代服务业，在非常集约的空间内汇集大量企业人才流、资金流和信息流，从而实现高价值基础上的要素互动。楼宇经济发展形态从过去单幢楼宇可以“单打独斗”实现“分散式”零星发展，逐渐转向大商圈、商业商务区、特色街区、产业园区、城市综合体、特色小镇等多要素“集中式”连片发展，依托“楼宇+专业市场”“楼宇+特色街区”“楼宇+产业园区”“楼宇+城市综合体”“楼宇+特色小镇”等多类型融合发展模式，形成了产业集聚区、中央商务区、特色商圈、城市综合体、各类特色小镇等不同形式的楼宇经济集群。

随着楼宇经济的发展，楼宇工会成为区域性工会建设的重头戏。2006年，乐墓伟就提出楼宇的工会建设与传统的工会建设相比存在的较大差异，主要表现为职工对工会工作缺乏认同感、企业的经常变动和职工的频繁流动、工会干部无作为或不敢作为等三方面，需要整合社会资源，创新工会活动的形式和内容。[①]实践中，楼宇工会逐渐形成了助推楼宇经济发展、服务入驻企业、维护楼宇职工合法权益的价值理念、活动方式、工作机制。江苏省南通市崇川区总工会在借鉴上海市静安区“楼宇工建”经验的基础上，探索以文化建设推进楼宇工会建设的工作路径，实践证明将文化建设注入楼宇工会建设有助于形成一种趋向有序的力量，通过文化的辐射力、传导力和影响力，使企业与职工对工会产生认同感、归属感，进而推动楼宇工会的建设和发展。[②]赵健杰认为，楼宇工会工作的文化构建，既是工会工作者文化自信的表征，也是推动楼宇工会工作发展的文化创新，应当进一步探索楼宇工会文化的发生、发展与运行规律。[③]

① 乐墓伟．上海“楼宇”工会建设初探［J］．工会理论研究，2006（3）：28－30.

② 黄鹤群．“互联网+”：楼宇经济转型升级的新空间——以南通市主城区楼宇经济发展为例［J］．现代经济探讨，2017（4）：77－82；楼宇工会：让来自五湖四海的职工都有一个家——江苏省南通市崇川区楼宇工会建设纪实［J］．工会信息，2016（22）：6－8.

③ 赵健杰．楼宇工会建设与文化建构——以江苏省南通市崇川区楼宇工会建设为例［J］．工会信息，2017（5）：4－8.

尽管楼宇已经成为城市中心区域经济发展的主要载体，基层地方工会组织也已将“楼宇工建”作为工作重点，但现有研究对于楼宇工会建设的关注度极低，研究成果寥寥无几。多样化、差异性是楼宇经济的另一特点，几乎每一栋楼宇都有自己的经营特色和竞争优势，地区差异、行业差异、发展差异导致楼宇工会建设呈现出百花齐放的状态，基本上是“一楼宇一特色”，总结可复制、可推广的经验存在较大难度。有鉴于此，本文选择上海市第一幢成立工会联合会的楼宇——黄浦区南京东路街道下辖的“科技京城”作为研究对象，引入管理学的SWOT 分析法，通过细致、精确的分析来解剖科技京城楼宇工会建设的内在影响和外在环境，总结楼宇工会针对“建会难、入会难”这一老问题的新实践，进而将该工会及其工作者的实践智慧上升为楼宇工建的理性认识，为其他楼宇的工会建设提供学习借鉴的经验。

## 二、研究方法

### （一）研究对象

在城市的中心区域商务楼宇林立，错位竞争的要求使得楼宇之间的差异性极大。以地处上海中心区域的南京东路街道为例，辖区内共有 53 幢商务楼宇，既有零售百货的新世界百货大楼、商务办公的华鑫海欣大厦、公共服务的黄图大厦等单一经营的楼宇，又有“商务办公 + 零售百货”的来福士大厦、“商务办公 + 专业市场”的科技京城等复合经营的楼宇。尽管大多数的核心楼宇都已建立工会组织即工会联合会或联合工会，但楼宇竞争优势、发展定位、入驻企业、职工队伍上的差别使得不同楼宇的工会建设呈现出完全不同的开展方式。本文选择“科技京城”楼宇作为研究对象，旨在从楼宇本身出发以期管中窥豹，了解实践过程中楼宇工会实际运作的外部环境与内部影响，为城市中心区域楼宇工会建设提供实践经验。

科技京城楼宇位于上海市黄浦区北京东路 668 号，由两幢 31 层办公大楼和一座裙楼组成，总建筑面积为 20.6 万平方米。作为黄浦区规模较大的商务楼宇建筑群，科技京城主要经营写字楼办公和市场流通经营业务，属于税收亿元楼之一。与市中心的百货零售市场不同，科技京城的经营性市场——赛格电子市场经营的主要产品是电子元器件，大多数商铺从事电子元器件、仪器仪表、电动工具、网络设备、监控设备的批发和零售。上海市高新技术成果转化服务中心等多家推进科技成果产业化的政府职能机构曾进驻科技京城，楼宇入驻企业以初创阶段的科创企业为主。发展鼎盛时期的科技京城曾被称为中心城区的“硅谷”、高科技产业精华荟萃的“头脑之都”。

科技京城工会联合会（简称“科技京城工会”）作为黄浦区南京东路街道总工会领导下的一家“小二级”楼宇工会，成立于2005年，是上海市第一家商务楼宇工会。成立之初，科技京城工会依托楼宇物业公司开展工作，将工会工作融入楼宇安商稳商工作中，为入驻企业与职工营造良好舒心的工作环境。2016年5月，为了使工会工作能够在科技京城更好地落地，南京东路街道在科技京城楼宇成立了群团服务站——京城驿站，在工会与企业、职工之间搭建一个有形工作平台。截至2018年12月底，科技京城工会涵盖单独企业工会32家、联合工会5家、行业性工会1家；覆盖区域包括1家孵化基地和2个经营性市场；工会覆盖450家企业、4600名职工，会员4550名。

## （二）分析方法

楼宇工会作为基层地方工会组织的延伸组织，其工作内容呈现出分散化、碎片化的特性，基层工会工作者对于自身的工作情况通常缺乏系统性、整体性的思考，因而有必要通过引入学理性的分析框架，将来自基层的实践经验予以分析梳理。从实践来看，楼宇工会建设主要受到来自楼宇经济发展、入驻企业和就业职工等多方面的影响，部分影响可视为内部因素，部分影响则属于外部因素，两者共同对于楼宇工会的组织建设、吸纳会员、服务职工产生作用。有鉴于此，在研究过程中可引入态势分析法（即SWOT分析法）作为分析工具，以期更全面地了解楼宇工会建设过程的问题与困难，为基层工会工作者开展工作提供实践指导。

SWOT分析法是管理学中较为常用的分析方法，主要用于分析发展战略、政策措施实施情况的评估，具有简明扼要、实用性强的特点。内部影响因素分为优势（Strengths）和劣势（Weaknesses），外部影响因素分为机会（Opportunities）和威胁（Threats），以矩阵形式排列，通过将影响因素予以分类梳理，系统性地分析不同因素的影响程度，以不同形式的排列构建应对策略，包括SO策略（优势+机会）、WO策略（劣势+机会）、ST策略（优势+威胁）、WT策略（劣势+威胁）四种。

本文引入SWOT分析法作为研究楼宇工会建设的方法。在内外影响因素的划分上，将楼宇工会自身建设与职工对工会的态度作为内部因素，将楼宇经济形态、党的建设、企业对工会的态度作为外部因素。这一划分体现了工会组织以

“职工”为中心的工作理念。根据 SWOT 矩阵分析模型，将楼宇工会开展的相关工作分为四种工作策略，即发挥优势抓住机会的发展型策略、突出机会避免劣势的扭转型策略、利用优势消化威胁的服务型策略、直面劣势应对威胁的保障型策略。通过将 SWOT 分析法运用于楼宇工会建设的分析研究中，进一步厘清楼宇工会建设的各种影响因素以及相关工作的策略属性。

## （三）样本分布

本次调研于 2019 年 6—7 月在科技京城开展，主要采用田野调查法，调查人员深入企业和市场对 49 家企业、47 家商铺进行了调查，发放职工调查问卷 228 份，实现了对单一楼宇中的企业、商铺、职工、工会组织及会员的全面了解。表 1 为问卷调查样本的样本分布。通过调查可以看到，商务楼宇中的职工以女性为主，占比已超过七成，达 71. 49%；职工以中青年为主，平均年龄约为 35 岁，不在婚的比例略高，为 35. 53%。约七成左右（68. 42%）的职工为本市城市户籍，75. 38% 的外地户籍职工申领了本市居住证；从政治面貌来看，群众的占比较高，达到 64. 04%，中共党员或预备党员的占比为 14. 92%。

**表 1　本次调查的样本分布（$N=228$）**

| 变量 | | 占比 | 变量 | | 占比 |
|---|---|---|---|---|---|
| 性别 | 男 | 28. 51% | 政治面貌 | 中共党员或预备党员 | 14. 92% |
| | 女 | 71. 49% | | 共青团员 | 20. 61% |
| 婚姻状况 | 在婚 | 64. 47% | | 民主党派成员 | 0. 44% |
| | 不在婚 | 35. 53% | | 群众 | 64. 04% |
| 年龄 | 50 后 | 0. 44% | 户籍 | 本市城市户籍 | 68. 42% |
| | 60 后 | 3. 51% | | 本市农村户籍 | 2. 63% |
| | 70 后 | 23. 68% | | 外地城市户籍 | 17. 98% |
| | 80 后 | 49. 12% | | 外地农村户籍 | 10. 97% |
| | 90 后 | 22. 81% | 居住证（$N=66$） | 已经申领 | 75. 38% |
| | 00 后 | 0. 44% | | 没有申领 | 24. 62% |
| 学历 | 初中及以下 | 3. 95% | 工作岗位 | 工人或一线员工 | 21. 05% |
| | 高中 | 14. 04% | | 专业技术人员 | 9. 65% |
| | 大专/高职 | 21. 49% | | 普通管理人员 | 29. 82% |
| | 本科 | 46. 49% | | 中层管理人员 | 12. 28% |
| | 硕士研究生 | 11. 40% | | 高层管理人员 | 1. 32% |
| | 博士研究生 | 2. 63% | | 其他 | 25. 88% |

参与本次调查的职工平均年龄约为35岁，商务楼宇中的70后、80后职工占比较高，90后也逐渐步入职场。值得注意的是，80后已经成为楼宇职工的主力军，占比高达49.12%，70后、90后的占比分别为23.68%、22.81%。商务楼宇职工的学历普遍较高，六成职工的学历为大学本科及以上，大学本科生、硕士研究生、博士研究生的占比分别为46.49%、11.40%、2.63%。从工作岗位来看，楼宇企业提供的主要是管理类岗位，管理人员占比达到四成，普通管理人员、中层管理人员、高级管理人员的占比分别为29.82%、12.28%、1.32%，专业技术人员的占比相对较低，仅为9.65%。

调查结果显示，科技京城职工的收入处于本市中等水平，2018年的税后月均收入为8090.30元，相较于2017年的平均增幅为7.11%，其中收入最高者月均收入达30000元，收入最低者的月均收入为上海市最低工资标准，仅2480元。图1为职工收入分布情况。从分布曲线可以看出，科技京城职工的收入差距较大，30%的职工收入在5000元以下，60%的职工收入在8000元以下，85%的职工收入在10000元以下。根据职工填写的2018年工资增幅推算了2017年的税后月均收入，形成2017年收入分布曲线。较之2017年，2018年职工收入差距出现显著拉大的趋势。利用2018年职工收入数据绘制了洛伦茨曲线（图2），横轴为职工数量的占比，纵轴为收入占总收入的比重，45°斜线为无收入差距的参考。从图2可以看出，2018年职工收入曲线对于45°斜线的偏离度较大，说明科技京城职工的收入差距确实较大。

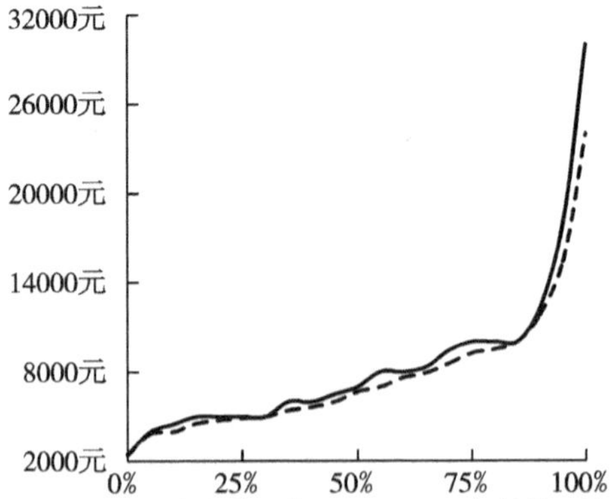


**图1　收入分布图**

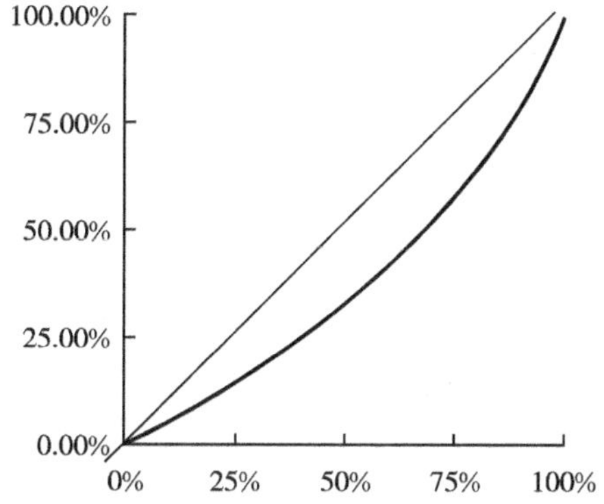


**图 2　2018 年收入的洛伦茨曲线**

## 三、科技京城楼宇工会建设的 SWOT 分析

### （一）优势（Strengths）

第一，建立群团服务站或工会工作室是楼宇工会发挥影响力的有利条件。“京城驿站”的设立为工会服务在科技京城落地提供了有形阵地。对于科技京城工会来说，京城驿站兼具职工服务中心、职工书屋、职工学堂、职工活动中心等多项职能，为楼宇工会开展工作、组织活动、联系职工提供了空间保障。楼宇群团服务站的建立为职工入会提供更为多元的入会方式。调研数据显示，13% 的工会会员表示自己是通过京城驿站或驿站工作人员加入的。

第二，职工对工会的高认同与高评价是楼宇工会开展工作的群众基础。调研中，七成以上（71%）的职工表示，工会是员工自愿参加维护自身合法权益的组织；11% 的职工认为，工会是组织员工开展劳动竞赛、文体活动的组织；10% 的职工不清楚工会是干什么的。楼宇职工对于工会在维护职工权益方面的作用给予较高评价，83% 的职工表示工会在维护职工权益时能发挥重要作用或发挥一定的作用。图 3 显示的是职工对于工会各项工作的重要性所做的评价，评价采用五分法，即非常重要（100）、重要（80）、一般（60）、不重要（40）、非常不重要（20）。通过赋值计算，工会各项工作的分值均在 80 以上，显示楼宇职工认为工会的各项工作均较为重要。其中得分较高的是落实社保和福利（87.63）、特殊劳动保护（87.37）、劳动争议调解（86.49）、劳动安全（86.40）、职工法律援助（86.23）。

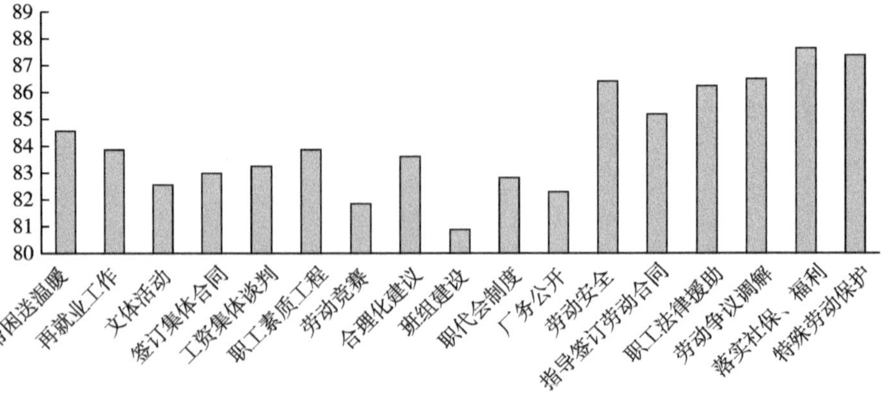


**图3　职工对工会工作重要性评价**

第三，职工有闲暇时间是楼宇工会举办各类活动的前提条件。职工参与楼宇工会各项活动的前提是有一定的业余时间，随着“996”工作制受到社会舆论关注，楼宇职工的工作强度再一次成为关注焦点。调查结果显示，职工每周平均工作时间为41.44个小时，其中每周工作时间最大值达60个小时，最小值仅为30个小时；从分布上来看，每周工作低于44个小时（符合劳动法规定）的占比达84%，44~50个小时、50~60个小时的占比均为8%。对于加班，86%的职工表示自己曾经加过班，仅14%的职工表示自己没有加过班。根据自填数据计算，科技京城职工每周平均加班3.35个小时，其中每周加班时间最大值为20个小时，最小值为1个小时；从分布上来看，97%的职工每周加班时间少于10个小时。由此可见，科技京城职工的工作强度处于合理水平，有一定的闲暇时间，便于职工参加工会活动。

## （二）劣势（Weaknesses）

第一，服务、活动覆盖面窄、贴合度低是楼宇工会发挥影响力的不利因素。本次调查对于科技京城A、B、C座中的49家企业和赛格电子市场的47家商铺进行了抽样调查。在49家走访企业中，有38家企业已经建立工会或加入联合工会，建会率达77.55%；在47家走访商铺中，有42家已参加本企业工会或行业性工会，建会率达89.36%。未建会的企业和未入会的商铺主要为新近入驻科技京城的企业。调研中，90%以上企业知道楼宇中设立了群团服务站，认识工作站中的工会指导员。约30%企业表示，不知道群团服务站能够提供什么样的服务，不了解也不参加服务站开展的活动。有部分企业提出，群团服务站的白领午间微课堂很好，但场地较小，一般只有20人左右能参加，一旦报名晚了就无法参加活动；另有部分企业表示，服务站提供的法律援助、心理咨询、养生咨询等服务专业性不足，职工反映与自身需求的贴合度不够紧密。

第二，楼宇职工对工会的低关注与低预期是楼宇工会凝聚职工的主要障碍。图 4 为职工对于企业工会组建情况的反馈，图 5 为职工对于工会会员身份的认知。从图 4 可以看出，职工对于企业是否建会的知晓度与企业实际建会情况存在一定的差异，有 13% 的职工不知道自己所在的企业有没有建会。职工对于自身的会员身份的认知相对更低，认为自己是工会会员的占比仅为 53%，认为自己不是工会会员的占比高达 43%。值得注意的是，有 22% 的职工的选择是企业已建立工会而自己不是工会会员，说明部分职工在会员身份的认知上存在着一定的误区。对于工会工作和事务，楼宇职工的关注度不高，仅 43% 的职工表示很关心或比较关心，38% 的职工表示自己想关心但关心不了，另有 19% 的职工表示自己不关心。楼宇职工对于未来工会组织的作用也不够自信，45% 的职工认为随着经济社会发展工会组织将更加重要，34% 的职工表示未来工会组织的作用和现在差不多，认为工会组织作用会有所削弱的占比为 21%。

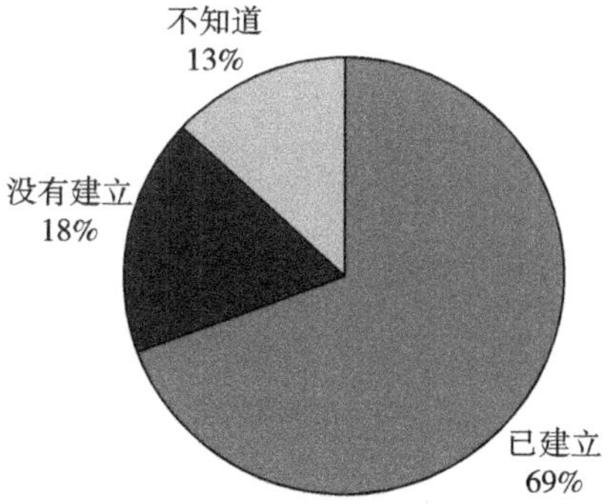


**图 4　职工对企业工会组建的反馈**

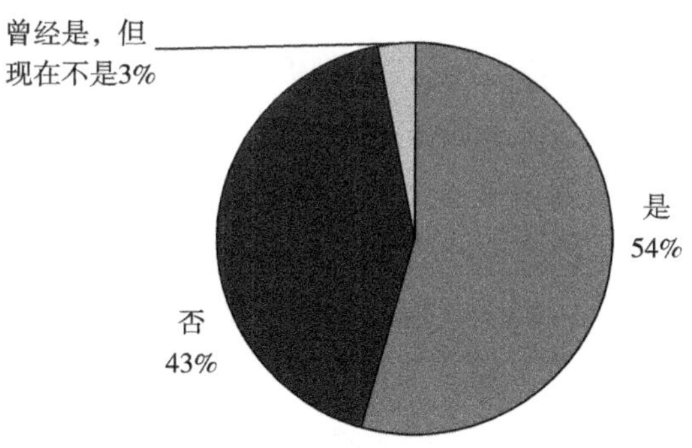


**图 5　职工对工会会员身份的认知**

第三，职工流动性较大是楼宇工会吸纳新会员的不利因素。调查结果显示，科技京城职工更换工作次数的平均值为2.64次，其中更换次数最多的为10次；仅15%的职工自学校毕业后未变动过工作；大多数人都有过2～3次更换工作的经历。图6为不同年龄段职工更换工作的主要情况。从更换次数来看，00后更换工作最为频繁，高达4次；其次是70后，达3.24次；再次为60后、80后，分别是2.75次、2.71次。从每份工作的持续时间来看，出现了显著的代际特征，50后、60后、70后、80后、90后、00后的每份工作持续时间呈现出依次递减的趋势，50后干一份工作可长达20.5年，而00后干一份工作仅0.75年。调查结果再一次说明，年轻人的工作稳定性较差，为工会组织发展新会员带来了客观障碍。

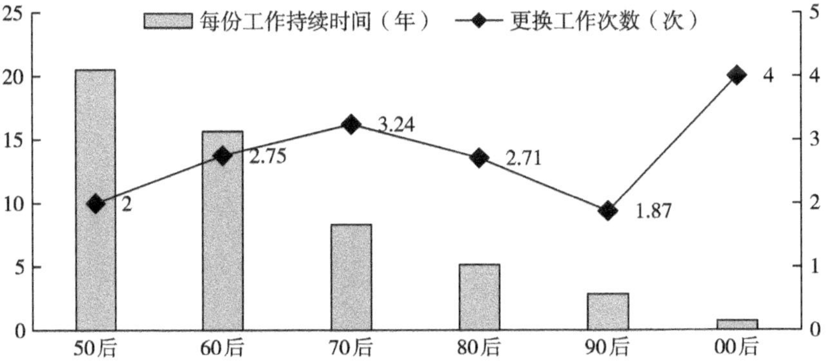


**图6　更换工作情况**

## （三）机会（Opportunities）

第一，“党建+工建+服务营商”的全岗通服务模式是楼宇工会建设的制度保障。为进一步健全“党建带工建、工建促党建”工作格局，南京东路街道党工委整合域内党建、工建、企业服务等各方面资源，打破街道层面开展党建、群团、统战、安商留商等工作的条线分割，推行“党建+工建+服务营商”的全岗通服务模式。京城驿站群团服务站与科技京城党建服务站共同构成楼宇党群服务，整合楼宇内党建、工会、共青团、妇联、统战工作的专职党群服务力量。在了解入驻企业与职工的需求、意见、建议时，实现一次收集、分头办理，首问责任、全程负责，实现党群一体化、同步融合推进。

第二，“总部经济”特征是楼宇工会推进独立工会组建的有利条件。调查结果显示，科技京城楼宇企业规模的平均值为175人，其中规模最小的商铺仅2

人，而规模最大的企业达到1000 人。根据我国《工会法》的规定，职工人数达到25 人的企业应当成立工会。尽管被调查企业中72.92%的企业为100 人以下的中小企业，但25 人以下的小微企业占比不到二成，仅为17.71%，即80%以上企业应当建立工会。总体上看，入驻企业通常将总部和销售部门设立在科技京城，生产场所、仓储场地多在上海郊区甚至外地，楼宇的“总部经济”特征较为明显。实际工作中，这些总部入驻的企业是楼宇工会实现组织落地的重点对象。

第三，企业类型多元、行业分布广泛是楼宇工会精准服务的客观要求。从入驻企业类型来看，非公经济在科技京城的占比极高，私营企业几乎占据楼宇的半壁江山，占比高达49%，外商投资企业、港澳台商投资企业的占比分别为15%、9%。国有经济占比为14%，主要是黄浦区区属房地产企业和物业企业。入驻的企业和商铺行业分布较为广泛，共涉及15 个行业，其中占比超过3%（即3 家及以上）的行业有12 个。从行业分布来看，占比较高的分别为批发和零售业（28%），房地产业（13%），交通运输、仓储及邮政业（9%），制造业（8%），信息传输、软件和信息技术服务业（8%）。不同类型、不同行业的企业职工对于工会有完全不同的需求，因人而异地提供服务是楼宇工会开展工作的重要发力点。

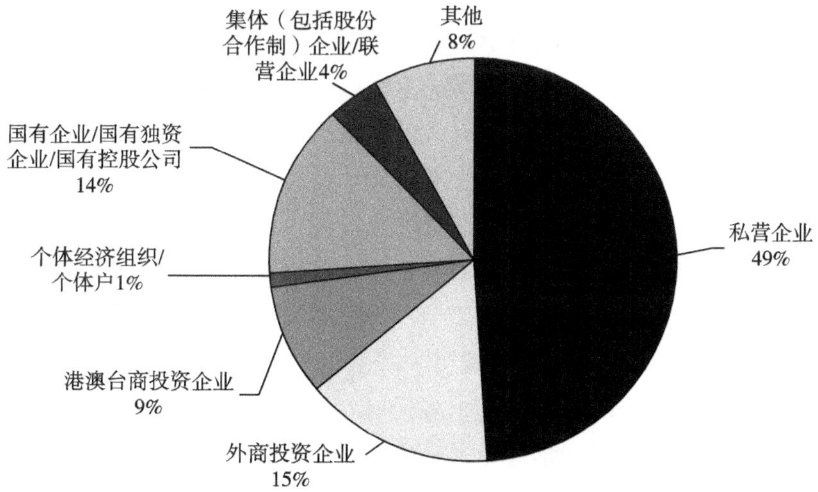


**图7　企业和商铺的类型分布**

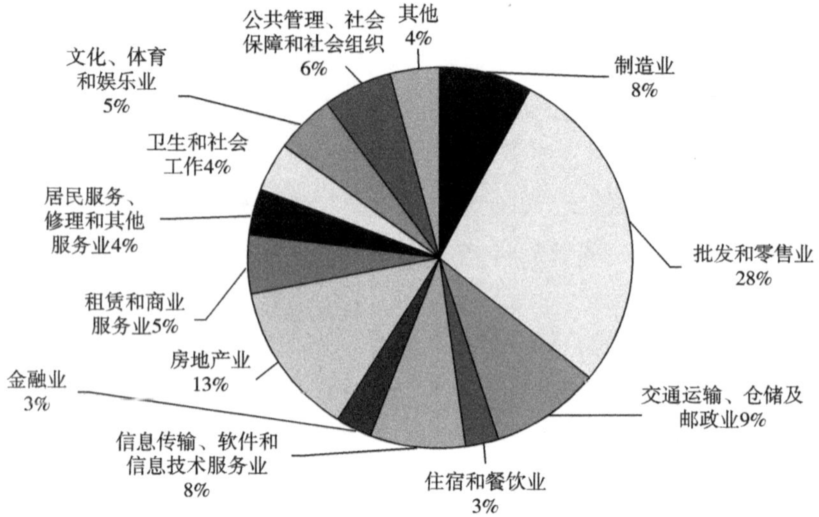


**图8　企业和商铺的行业分布**

## （四）威胁（Threats）

第一，楼宇经济处于转型期是楼宇工会建设的重大制约因素。2017 年以来，科技京城开始进入经营管理的转型期，面临着调整发展定位与重新布局产业的问题。科技京城曾是上海市中心区域内唯一一家高科技创业园区，上海市高新技术成果转化服务中心等多家推进科技成果产业化的政府职能机构曾进驻科技京城。因商事登记制度改革，相关政府职能机构搬出科技京城。互联网交易的兴起，特别是淘宝、京东等交易平台已成为商品交易的主要载体，对赛格电子市场内的商铺经营造成了一定的冲击。与此同时，外部经济的影响使得科技京城楼宇的外贸企业面临着巨大的经营压力。多重影响之下，科技京城楼宇和赛格电子市场均出现了一定的空置。企业外迁、楼宇空置严重制约了楼宇工会的有效运作。

第二，企业出现减员现象是削弱楼宇工会群众基础的主要因素。为了了解楼宇转型对于企业的影响，调研中对 2018 年的减员情况进行了解，20.83% 的企业表示有减员，79.17% 的表示没有减员。减员的企业中，减员最多的企业减少了 47.62% 的员工，而减员最少的企业减员率为 1.64%，平均减员率为 15.89%。减员企业主要集中在批发和零售业，交通运输、仓储及邮政业，信息传输、软件和信息技术服务业，房地产业等分布占比较高的行业。尽管只有 20.83% 企业反馈在过去一年进行了减员，但从职工调查来看，几乎所有的企业都减少了工作人员。一年来楼宇内发生数起集体劳动争议，由于职工一般通过法律途径寻求解决，楼宇工会未能及时介入，削弱了工会组织在职工群众中的影响力和公信力。

第三，工会服务“搭便车”现象是楼宇工会攻克“建会难”问题的客观障碍。一直以来，科技京城楼宇都存在着企业工会组织“建会难”问题，主要原因有二：一是部分企业经营者对组建工会的重要性和必要性认识不足，对中国工会组织存在误解，担心工会与企业产生对抗而拒绝建会；二是企业流动性大或规模过小，受到经济环境、楼宇租金变化制约，经营业务起伏或企业迁移成为常态，缺乏组建刚需。尽管企业对组建工会的积极性不足，但职工对参与工会活动、享受工会服务的热情很高。在京城驿站开展的各类服务与活动中，非会员职工“搭便车”现象日趋增多，挤占了会员职工的参与空间。比如一家与京城驿站在同一楼层的企业，尽管经营者对建立工会的态度十分暧昧，但该企业职工参加工会活动的积极性很高，几乎所有的活动中都有该企业职工的身影。

## 四、科技京城楼宇工会建设的工作策略

楼宇经济已成为城市中心城区经济发展的主要载体，在上海市中心区星罗棋布的商务楼宇不仅是企业商铺的经营场地，还是职工群众的工作场所。如何在这样立体化的工作社区中，构筑工会组织的阵地，吸纳非公企业职工入会，早已成为街道总工会的主要工作之一。通过“科技京城”这样一个样本的SWOT分析，可以看出，在楼宇工会建设中，内部影响上优势大于劣势，外部环境中机会大于威胁。实际工作中，街道总工会与楼宇工会需要直面职工流动、楼宇经济转型、企业经营不稳定等劣势与威胁，形成扬长避短、化被动为主动的工作策略，为推动楼宇工会建设提供有效的实践经验。

### （一）发展型策略：发挥优势，抓住机会

#### 1. 总结全岗通服务模式的经验，进一步完善“党工融合”工作路径

全岗通服务模式作为楼宇党群服务的新模式，是科技京城工会楼宇工建的重要助力。该模式打破了基层党群工作的条线划分，将党的建设、群团工作、产业扶持、税收减免、人才服务等内容融为一体，使企业和职工“进得了门、找得到人、办得好事”，只要一人在岗，就能全面、准确、及时地解答各种问题。作为楼宇党工融合建设的一分子，科技京城工会积极探索“以工会建设为核心、以职工为主体、以服务为载体”的“三位一体”工作模式。借助科技京城党建力量、京城驿站群团服务站的影响力，切实发挥楼宇工会与群团服务站的核心作用，为楼宇内企业和工会会员搭建交流平台，推动工会主责主业落地，让职工群众有更多的服务体验和获得感。

**2. 立足于小，着眼于细，及时回应职工合理诉求**

职工诉求无小事，职工对工会的关注与期待本身就是楼宇工建的内在动力。科技京城职工对于工会的认同度和期望值都很高，尤其是在落实社保与福利、提供特殊劳动保护、法律援助与劳动争议调解等专业领域，希望工会组织能够提供专业化服务。楼宇工会主动关注职工的“小诉求”，直接准确地解决职工面临的现实问题。京城驿站工作人员在了解到职工的诉求后，及时走访企业、探访职工，深入了解职工提出诉求的具体情况，对诉求的合理性进行分析，对不合理的诉求反馈答复给职工，对合理的诉求应认真研究，寻找解决诉求、实现期待的有效途径，及时回应职工期待。

**3. 探索建立顺畅的工会组织与企业沟通渠道**

楼宇工会的工作一定要得到企业行政方的支持，工会工作者与入驻企业负责人和工会负责人保持畅通的沟通渠道是很重要的工作环节。科技京城楼宇中25人以下的小微企业占比不到两成，在推进独立工会组建方面具有较大的潜力。京城驿站工作人员与入驻企业建立了良好的交流沟通渠道，秉持“工会是企业发展的助力而不是阻力”的理念，耐心细致地向未建会企业解释建立工会的意义以及建立工会后对企业生产经营的帮助，协助已建会企业开展工作、组织活动、指导经费使用。针对企业类型多元、行业分布广泛，楼宇工会深入发掘工会的能量，为企业提供深层次、高效能、广受益的服务，如医疗救助、春节返乡火车票、夏季送清凉、特困人员救助等活动，让企业和职工真实感受到工会的服务。

## （二）扭转型策略：突出机会，避免劣势

**1. 扩大“京城驿站”服务覆盖面和受益面，增强工会组织的吸引力和凝聚力**

覆盖面与受益面较窄一直以来都是京城驿站开展活动的主要问题。为了便于群团服务站开展活动，目前京城驿站开展的职工活动采用“点单式”服务模式，一项活动只要有10位职工申请参加即可举办，点单式服务模式精准对接了楼宇中部分职工需求，也造成活动覆盖面不足的客观现实。法律咨询、心理咨询等服务通常安排在工作时间，导致很多楼宇职工无法前来咨询。为了应对这一问题，楼宇工会延长了京城驿站的工作时间，对接楼宇职工的休息时间节拍，通过企业走访、调查问卷了解职工群众的需求与期待，及时推出新的工作项目和服务活动，构筑“企业新邻居、职工贴心人”的空间。

**2. 把职工对未来生活的憧憬作为工会组织的使命与担当，不断提升职工的获得感、幸福感**

调研显示，科技京城楼宇职工对于未来生活改善的预期很高，希望通过提高工资、提高社保水平、降低医疗费用等方式实现未来生活的改善。与此同时，他们对于自己的社会地位评价较低，八成以上的职工认为自己属于社会的中下层或下层，几乎没有人认为自己属于上层人士。楼宇工会通过优化现有服务品牌，对白领午间微课堂、南工惠律师讲堂、“4 +1”运动汇等广受职工好评的品牌、项目提质升级，并根据职工的新需求、新希望陆续推出新的品牌、项目，实现需求对标、专业对接、服务精准。

**3. 组建职工服务团队，就地服务职工，惠及职工**

科技京城入驻企业的多元化、广泛性，为工会组织提供了很多拥有一技之长、乐于奉献、具有一定志愿服务精神的职工群体。科技京城工会通过活动聚集这些职工，在持续性活动中聚拢人气、凝聚人心，进而组建了多支职工服务团队。楼宇工会充分利用上级资源和众筹优势，通过专业培训、志愿服务、风采展示等活动锤炼、打造这些职工服务团队，逐步形成困难帮扶、法律服务、心理咨询、文体指导、爱心公益等专业化职工服务团队，实现工会组织的就地服务职工、惠及职工，把“维权到人、服务到位”做到极致。

## （三）服务型策略：利用优势，消化威胁

**1. 把“工建”作为安商稳商的重要手段，助推楼宇经济转型**

一直以来，工会组织都被视为劳资对立的产物，非公企业对于工会的排斥也源于此种认识。相对于生产、经营中“以客户为中心、以市场需求为导向”的理念，工会组织是企业与职工的桥梁和纽带，工作具有较强的群众基础。目前，科技京城楼宇正处于转型期，随着相关政府职能机构搬离，赛格市场中经营电子元器件的商铺和商务楼宇中的科技类小微企业逐步减少，市场与楼宇都已重新招商，布局新的发展方向。在楼宇经济的转型过程中，工会重点关注搬离企业与潜入企业，做好企业与职工工会关系的接转工作，对于可能出现群体性劳资纠纷的企业及时介入。

**2. 探索集体协商有效路径，搭建劳资平等对话平台**

工资、休假等经济权益是科技京城楼宇职工的重点关注和诉求，也是造成劳

动纠纷和人员流动的主因。针对楼宇职工流动率大、无法参与企业经营管理、欠薪案件时有发生等情况，科技京城工会探索建立民主管理协商“5Z 模式”，即职工代表实行公示制；关系职工切身利益的重大问题，采用表决制；坚持平等协商，确定企业工资共同标准，实行备案制；在签约方式上，采取代表协商框架，企业确认会签制；在集体协商内容上，实行“1 +4 + X”附件制等，并通过“以上代下”的协商机制，推动楼宇企业集体协商制度。在楼宇工会搭建的劳资对话平台上，企业与职工就关系职工切身利益的问题进行平等对话、有效协商。

**3. 完善职工“体制外”入会通道，反向倒逼企业限期依法建会**

为了破解“企业不建会、职工想入会”的困境，2016 年以来上海多个街道总工会开始试行职工在企业体制外单体入会的做法。科技京城工会鼓励楼宇内企业职工、商铺采取体制外入会的方式分别加入联合工会和行业性工会，目前共吸纳体制外入会会员 100 余人；对于一家体制外入会会员人数超过 25 人的企业强制要求其限期依法建立工会组织。2019 年上海市总工会出台的相关规定将楼宇中体制外入会的职工排除在“八大群体”之外，导致单体入会会员的福利减少。为了吸引、留住这部分会员，楼宇工会积极与上级工会协调，参照“八大群体”中的商场信息员为这些会员提供福利。

## （四）保障型策略：直面劣势，应对威胁

**1. 因地制宜，适时推进企业建立工会组织**

推进楼宇企业工会组建需要一定的智慧，并不是每一家企业都适合建立工会。在经济环境不景气和楼宇处于转型期的阶段，工会要在入驻企业中落地就必须目标明确、找准对象、抓住时机。楼宇中适合组建工会的企业主要是具有一定规模、职工队伍稳定、长期经营的企业，与企业沟通工会组建事宜要找对联络人员，普通职工既不关心也没有能力推进工会组建，要与人力资源主管、办公室主任、财务主管等负责相关事宜的人员联络，通过他们与企业经营者建立沟通渠道。企业在经营规模扩大、上市、职工大量流失、新入驻等时间节点上容易产生组建工会的需求，此时楼宇工会适时介入会提高企业工会组建的成功率。

**2. 以“职工”为中心，依法维护职工合法权益**

企业多元化与职工流动性大是制约楼宇工会发展的主要问题。在经济不景气的情况下，企业倾向于通过缩短租期、缩小规模来降低经营成本，进一步加剧了

职工流动性过大的问题。2018 年以来，科技京城楼宇内发生多起因企业经营不善导致无法按时发放工资的集体劳动争议，在接到劳动监察部门的通知后，工会及时介入调节，企业与职工达成工资发放和离职补偿协议。针对日益增多的劳动争议纠纷，南京东路街道总工会专门选派一名有人力资源管理经验的工会工作者参与楼宇工会工作，在进入法律程序前处置集体劳动争议、调解个人劳动争议、提供专业服务。

**3. 突出思想引领，引导职工树立发展的择业观**

在楼宇处于转型期、企业搬迁率高、职工流动性大的情况，科技京城工会在依法维护职工合法权益的同时，重点突出对职工思想的引领作用。楼宇工会利用京城驿站这一平台，开展职业生涯规划、职业素养提升、职业道德、职场礼仪、心理疏导、职业健康知识等方面的讲座，邀请法律、企业管理、人力资源、卫生健康、心理咨询方面的专家为楼宇职工答疑解惑，引导职工树立“以事业为重、以奉献为主、以长远发展为重”的择业观。科技京城工会充分发挥劳资对话平台作用，为企业与职工共话未来发展提供渠道，推动企业与职工形成利益共同体、事业共同体、命运共同体。

**表 2　科技京城楼宇工建的 SWOT 分析**

| 内部因素<br>外部因素 | 优势（Strengths） | 劣势（Weaknesses） |
|---|---|---|
| | ·“京城驿站”群团服务站<br>·职工对工会的高认同与高期望<br>·职工有一定闲暇时间 | ·“京城驿站”覆盖面较低<br>·职工对工会的低关注与低预期<br>·职工流动性较大 |
| 机会（Opportunities） | 发展型策略（优势＋机会） | 扭转型策略（劣势＋机会） |
| ·党建＋工建＋服务营商的全岗通模式<br>·“总部经济”<br>·企业类型多元，行业分布广泛 | ·完善“党工融合”工作路径<br>·及时回应职工合理诉求<br>·建立顺畅的企业沟通渠道 | ·扩大“京城驿站”服务覆盖面<br>·提升职工的获得感、幸福感<br>·就地服务职工，惠及职工 |
| 威胁（Threats） | 服务型策略（优势＋威胁） | 保障型策略（劣势＋威胁） |

续表

| 内部因素 / 外部因素 | 优势（Strengths） | 劣势（Weaknesses） |
| --- | --- | --- |
| | ·“京城驿站”群团服务站<br>·职工对工会的高认同与高期望<br>·职工有一定闲暇时间 | ·“京城驿站”覆盖面较低<br>·职工对工会的低关注与低预期<br>·职工流动性较大 |
| ·楼宇经济处于转型期<br>·企业经营压力较大<br>·“搭便车”现象 | ·以“工建”助推楼宇经济转型<br>·搭建劳资平等对话平台<br>·完善职工“体制外”入会通道 | ·适时推进企业建立工会组织<br>·依法维护职工合法权益<br>·引导职工树立发展的择业观 |

# 推动天津高校非事业编职工入会工作的探索与实践

王艳霞　陈　晓[①]

**摘　要：**天津高校用工形式多样，但并未实现职工全部入会，且各高校在推动非编职工入会方面面临诸多困难。课题组通过问卷、深度调研、访谈等方法，梳理了合同制、劳务派遣、外包职工在入会问题上面临的困难和问题，分析探寻了解决入会困难的措施和建议，以实现“扩大覆盖面”、加强基层工会建设的目标。

**关键词：**天津　高校　非事业编职工　工会

为深入贯彻习近平总书记关于工人阶级和工会工作的重要论述精神，按照习近平同志“扩大覆盖面，增强代表性”[②]“最大限度把农民工吸收到工会中来，使他们成为工人阶级坚定可靠的新生力量”[③]的指示，认真落实全国总工会和天津市总工会大力推进农民工入会、两新组织建会的工作部署，根据天津市教育工会的要求，课题组围绕天津高校非事业编职工入会和独立学院组建工会的情况，展开此次调研活动，目的在于全面了解高校非事业编职工入会和独立学院组建工会现状，查找建会入会困难、分析原因、探寻措施、提出建议，做到应入尽入，进而实现工会工作覆盖所有职工。

---

① 王艳霞（1980—　），女，河北新乐人，管理学硕士，天津市工会管理干部学院讲师，研究方向为工会基本理论、工会形势政策、集体协商理论与实务；陈晓（1983—　），女，山西晋城人，管理学硕士，天津市工会管理干部学院讲师，研究方向为工会组织建设、职工文化。

② 王东明．在中国工会第十七次全国代表大会上的报告［EB/OL］．人民网，2018－12－29.

③ 习近平在同中华全国总工会新一届领导班子成员集体谈话时强调 团结动员亿万职工积极建功新时代 开创我国工运事业和工会工作新局面 王沪宁出席［J］．中国工运，2018（11）．

## 一、调研方法与抽样调查基本情况

### (一)概念界定

非事业编职工：按照2019年天津市教育工会印发《高校系统非事业编职工入会和独立法人单位建会保障措施》文件规定，各高校（附院）、科研院所及其开办的独立法人单位自主招聘的劳动合同制职工，与外部签约单位约定使用的劳务派遣工、服务外包工，构成非事业编职工群体的主体。

用工单位：本调研报告用工单位是指天津市各高校工会与各高校附属医院和科研院所。

用人单位：本调研报告用人单位是指派遣单位和劳务外包单位。

劳动合同制工人：用人单位根据国务院国发〔1986〕77号文件和国务院令第99号的规定，通过签订有固定期限劳动合同、无固定期限劳动合同和以完成一项工作为期限劳动合同所使用的职工，包括实行全员劳动合同制单位的全部职工。

劳务派遣工：劳务派遣，即劳动力租赁，由派遣机构与劳动者订立劳动合同并支付报酬，把劳动者派向其他用工单位，再由其向派遣机构支付一笔服务费用，而劳务派遣工指的就是被派遣的劳动者。

服务外包工：劳务外包是指用工单位将其部分业务或职能工作内容发包给相关的机构，由其自行安排人员按照用工单位的要求完成相应的业务或职能工作内容，其中的工作人员则是服务外包工。

### (二)调研方法与抽样调查基本情况

本次调查采用深度访谈、抽样调查、实地调研、参阅文献等定性与定量分析相结合的调研方法。

抽样调查采用问卷形式。问卷内容涉及职工基本情况、工会的参与情况、入会的意愿、入会享受待遇等情况。本次抽样调查收回有效问卷227份。

深度访谈。课题组在针对南开大学、天津大学、天津科技大学、天津医科大学、天津美术学院、中国航空大学、天津职业技术师范大学等市内高校开展实地调研时，同时与各高校非编职工代表、工会主席及其他工会干部进行了座谈交流和深度访谈。通过访谈进一步了解了各高校入会情况及其面临的困难和问题。以问题为导向，课题组也远赴上海，对上海市教育工会及同济大学、上海财经大学等几所高校调研，以期寻求可借鉴、可复制的经验。

## （三）天津高校入会现状

### 1. 合同制职工入会情况

合同制职工因其劳动关系比派遣和外包职工简单，必须而且只能在与其签订劳动合同的高校入会，入会形势相对乐观，如河北工大、天津美院、天津医大二院、天津中医一附院、天津中医二附院等单位的合同制职工基本在本单位入会，在调研的17家存在合同制职工的单位中，就有14家全部入会，一家单位（天津大学）部分入会，2家单位全部未入会。

### 2. 劳务派遣职工

调查发现，劳务派遣职工目前存在两种形式：一是所谓的校内派遣，又称为人才派遣，主要是指学历高、素质高、在用人单位机关一线从事如教学、教辅、实验、管理等方面工作的人才。此类派遣人员，大多数都已在用人单位入会，如民航大学，有校内劳动派遣职工46人，都已入会，且入会手续健全，都有会员卡，享受与在编人员同等待遇。虽然收取会费与正式职工有较大差别（派遣人才会费2.5元/月，在编人员会费基本在150元/月），但因人数较少，学校可拨出部分资金用于其福利待遇，保证与在编人员的待遇基本相同。

另一种是劳务派遣，主要是在基层从事餐饮、保洁、保安等基层工作。此部分人员人数较多（如民航大学科技园就有608人），学历、技能层次不高，工资较低。如果他们与正式职工享受同等待遇的话（四节慰问、春游、蛋糕券等），学校每月要多负担上百万元，如此高负担学校很难承受。所以，学校即便想推动此部分人员在本校入会，也是心有余而力不足。

即便部分用工单位吸收了劳务派遣工入会，但待遇同带编职工有差别。如天津科技大学，劳务派遣职工都已经在学校入会，与合同制职工和带编职工待遇、福利基本一致。但劳务派遣制会员没有事业编会员享有的每人2000元住院福利，又因其没有工会会员卡，也无法享受大病补助。

就整体而言，派遣工入会情况较合同制差距明显，只有部分单位的部分派遣职工入会，如从天津高校及附院共计26家拥有劳务派遣工的单位入会情况调查表发现，只有7家单位的劳务派遣工全部入会，仅占26.9%，其他派遣职工也尚未在其所任职的派遣公司入会。情况较好的是，目前多数高校已将派遣工纳入发展会员的计划之中。

**3. 人事外包**

外包职工入会形势非常严峻，调研数据显示，天津25家单位中，天津音乐学院有外包工入会的情况，仅占调研比例的4.7%。而天津音乐学院外包职工仅有10人，都在该院入会。其他外包职工也未在其所供职的服务外包公司入会。

## 二、推动入会、建会工作中遇到的困难和问题

### （一）合同制职工入会的困难分析

合同制职工与用工单位建立劳动合同，且时间较长，流动性较小，用工单位基本已建立工会组织，其加入工会组织的条件和渠道基本成熟，但仍有部分合同制职工未入会。通过问卷分析，发现以下几种原因：不了解加入工会有什么好处，占比为61.9%；认为工会是正式教职工加入的组织，自己没有权利入会，占比为38.1%；认为加入工会组织将会受到约束，不能“来去自由”，占比9.52%。有的合同职工自己写明的原因有没有人帮我、不了解工会的具体工作内容，不是正式编制加入不了等。上海调研采访时也发现有部分职工（包括在编职工）认为工会不能为自己真正维权，起不到什么作用，不加入甚至加入工会后又要求退出工会。

以上几种原因，表面上看是职工本人的主观原因导致未入会，但深层次研究发现，客观原因仍然是主要矛盾，归根结底是基层工会缺乏活力、吸引力、凝聚力。职工主观上不愿意去了解，客观上受到的影响不够。

### （二）劳务派遣入会困难分析

我国《劳动合同法》第六十四条规定：“被派遣劳动者有权在劳务派遣单位或者用工单位依法参加或者组织工会，维护自身的合法权益。”中华全国总工会《关于组织劳务派遣工加入工会的规定》（总工发〔2009〕21号）第一条规定：“劳务派遣单位和用工单位都应依法建立工会组织，吸收劳务派遣工加入工会，任何组织和个人不得阻挠和限制。”以上规定，因未明确组织劳务派遣人员加入工会的责任主体究竟是谁，如果劳务派遣单位或用工单位拒绝劳务派遣人员参加工会怎么办，如何处罚，在实际工作中出现“踢皮球”现象，劳务派遣职工在一定程度上面临两难的困境。

**1. 在用工单位入会面临的困难和问题**

困难主要来源于用工单位的各种忧虑、担心和在编老师的反对，以致发展非编职工入会工作陷入裹足不前，处于停滞状态。

（1）担心经费不足。担心经费不足是所有天津高校及附院面临的共同问题。一方面是派遣工的经费提取困难。按我国现行《工会法》等法律法规，工会经费应当按 2% 的比例从职工工资总额中提取，并在税前列支。但大多数用工单位为了控制工资总额，减少用工成本，对劳务派遣人员的工资都是以劳务派遣费用的形式从管理费中支出，而不从工资成本中列支。这导致了两个问题：一是劳务派遣人员工会经费提取难，因为他们的工资不在企业工资总额中，既然不在工资总额中支出便无法提取工会经费；二是企业担心提取的劳务派遣人员工会经费无法在税前列支，导致企业劳务派遣人员工会经费提取难，严重影响劳务派遣人员入会及工会活动的开展。另一方面，高校面临经费划拨资金大幅度下降的局面。2019 年天津市人民政府给市属高校划拨资金整体减少，具体到各个单位，资金更是紧张，很难负担非编职工入会费用。与此同时，2018 年 7 月天津上调工资，工会经费支出也相应水涨船高。在此整体环境下，如果发展劳动派遣工入会，且给予其跟在编职工一样的待遇，压力较大。

（2）担心拉低在编职工福利待遇，引起在编职工不满。因劳务派遣职工工资待遇相对在编职工差距较大，入会后，非编和在编职工待遇一样，但所缴会费差距很大。会费收入降低，而支出却大幅增加，将直接拉低在编职工本该享受的待遇，引起在编职工不满。如天津职业技术师范大学等高校都面临过类似问题。尤其是类似南开大学、天津大学等劳务派遣职工人数聚集的单位，此种担心尤为突出。

（3）担心一旦产生类似工伤等纠纷问题，工会无力或无法解决。

（4）担心管理混乱。劳务派遣职工入会后，如其辞职，但会籍不及时申请转移，仍留在本校，导致管理混乱，遗留问题增多。

（5）同一公司的劳务派遣工大多散落于各个高校和医院，如某一高校将他们吸纳入会，享受较高福利待遇，而在其他高校工作的派遣工享受不到，会造成派遣公司员工的内部不满、动荡和矛盾。

**2. 在派遣单位入会面临的问题和困难**

（1）劳务派遣公司着眼于眼前利益，没有积极性。派遣公司以盈利为主要目的，担心入会后成本增加，不愿因此增加“负担”，对建会和入会工作排斥。

（2）用工单位与用人单位之间没有上下级关系，没有权利和方法督导或要求派遣公司和外包公司建会和入会。

**3. 派遣工主观原因**

通过问卷分析，派遣工之所以没有入会，其主观误判也占有相当比例，如认为工会是正式教职工加入的组织，自己没有权利入会，占87.63%；认为即使加入工会，也会与正式教职工区别对待，更不会为自己解决根本问题，占22.68%；认为自己是“临时工”，不知道能在学校干多久，随时可能被辞退或辞职，占11.34%；不了解加入工会有什么好处，占9.28%；加入工会组织将会受到约束，不能“来去自由”，占2.06%。

### （三）服务外包职工入会困难分析

外包工除面临派遣工入会遭遇的困难以外，还有其本身难以消除的短板，比如外包职工流动性过大，甚至经常出现“今天来上班，明天可能就走了”的现象，因此在高校入会基本上很难实现。一旦在用工单位入会遗留问题无可避免，如人员频繁流动，导致频繁入会；人员流转但会籍滞留，管理成本较高；流转职工不会真正享受会员应享有的福利和待遇。

## 三、推动非编职工入会和建会工作的建议措施

按照2019年6月28日天津市教育工会印发的《关于印发〈高校系统非事业编职工入会和独立法人建会报酬措施〉的通知》，要求各高校工会于2019年9月30日前、各高校附属医院和科研院所工会于8月31日前，完成本单位非事业编制职工入会工作。该项工作已刻不容缓，当前各基层工会的主要任务，一是做好入会的前期准备，如摸底数据、预算费用、查摆问题、对照不足，设定解决方案；二是积极争取同级党委的重视和支持。对于目前面临的现实困难，应结合具体情况寻求各自的解决方法。

### （一）提高工会吸引力，引导非编职工入会

**1. 加强宣传**

针对非在编职工特别是新生代教职工的特点，充分利用网站、微博、微信、QQ、知工App等现代传媒手段，宣传入会的意义和作用，增强非在编职工对工

会的认知了解，增强工会吸引力。定期举行入会仪式，既能达到宣传的目的，又能让职工享受仪式感带来的荣誉，如上海大学在新入职员工培训时，会加入半天工会知识的培训课，让职工了解工会能为他们做什么，作为会员他们有什么义务。有的单位会组织非编职工入会仪式，安排节目庆祝，以增强职工的入会荣誉感。

**2. 明细工会经费规定**

让基层工会经费能用、会用、敢用，避免工会经费沉积、闲置，让基层工会开展、创新、丰富基层活动，提升活力；给基层工会减负，主要是增加经费和人员，增强工会活力，扩大影响力。

**3. 提高会员的政治待遇、荣誉待遇、精神文化待遇**

上海各高校在此方面有较成熟的做法和实践。政治待遇方面，派遣工和外包工可以列席高校教代会。因劳务合同、劳动关系不在高校，劳务派遣和外包职工只能提出相应的建议和想法，但无表决权。通过参加工代会，可以维护其合法权益，获得应有的服务。荣誉待遇方面，农民工可以参加上海市劳模评选，如当选可加 60 分积分，用于办理居住证和孩子落户、子女就学等，评选优秀外来务工人员。福利待遇方面，工会方面的福利待遇如三节福利、蛋糕券等待遇相同；根据经费的多少，酌情提供职工疗休养、体检待遇等。

## （二）基层工会树立正确的发展会员理念

上海市教育工会和高校工会服务职工意识较强，如上海市教育工会基层工作部部长张芳认为："工会一定要本着竭诚服务职工的理念，尽量让非编职工在高校（用工单位）入会，让其有切实的归属感。非编职工工资本身较低，派遣公司和劳务公司又存在盈利性目的，即便在用人单位入会，可能也只是形式入会，职工的福利也很难得到保障。"

## （三）创新方式方法，纾解经费困难

非编人员工会经费提取难是用人单位开展工会工作困难的一个重要因素，建议由以下几方面着手纾解。

**1. 上级有关部门要出台相关政策**

一是明确劳务派遣人员工资不管是从企业工资总额中支出，还是从企业管理费用中支出，都应当按比例提取工会经费，防止一些企业为了减少成本而钻政策的空子。二是上级有关部门要积极与税务部门协调，明确劳务派遣人员工会经费应在税前列支。

**2. 加大经费补贴力度**

上海在缓解资金压力方面的经验值得借鉴。

对于做到职工百分之百入会的高校，上海市教育工会给予最高5万元的奖励（1000元+人数×50元）。

对于非编职工上缴的经费，上海市教育工会百分之百全部返还给相应高校，用于其工会活动支出。且非在编职工工会经费暂不计入上海市教育工会下达各单位的上缴工会经费指标。

发放配套经费：每入会一人，给予每人每年120元的配套经费。

天津市教育工会目前也出台了相关保障措施，如天津市教育工会下发的《高校系统非事业编职工入会和独立法人单位建会保障措施》，通过特定补贴、经费补贴等方式，给予最高10万元的补贴，力度较大。

**3. 在不违反法律法规规定的条件下，实行分层次福利待遇**

首先，制定校内条例，明确双方的权利和义务。调研发现上海大学、上海财经大学、同济大学都有各自校内的关于非编职工入会的条例。如上海大学制定的《上海大学非在编职工入会条例》第六条规定得较为详细：非在编会员只享受校工会给予的福利待遇，不享受校行政给予的在编职工的福利待遇。

其次，可提前与非编会员沟通协商，明确其应享受的福利和须履行的义务。如上海对外经贸大学通过沟通，确定了不同类型职工享受不同内容的福利待遇。同济大学2017年测算，390元是每人每年正常会员应拨缴的工会经费，如足额缴纳390元，则享受全部工会福利待遇，如七节福利、蛋糕券等；如不能足额缴纳，工会与该会员协商，可根据其会费缴纳情况部分选择其所需的福利待遇。

**4. 以上政策建议试行，结合运行和校内经费情况，及时修正偏差**

非编职工入会处于探索试行阶段，问题不断凸显，应及时修正。

如遇经费压力过大，高校应及时修正福利待遇，如上海财经大学根据实际费用计算，由于享受的福利待遇相同，后勤非在编会员占用在编会员福利待遇，计划从2019年6月起，后勤非在编会员收支按总账计算，使用总额不超过实际可用总数（个人缴纳会费、工会经费留存部分、上级工会补助），并于 2019 年 7 月，自行调低了生日蛋糕券标准。

及时修正校内条例、如《上海财经大学非在编教职工入会和服务工作实施办法》第六条规定，“凡与本校用人单位建立劳动关系（含事实劳动关系）的且合同期一年以上的职工可以向所在部门工会提出书面入会申请”，涉嫌与《工会法》相抵触，计划修改。

## （四）建立沟通机制，缓解矛盾纠纷

高校矛盾纠纷主要是工伤问题，针对此类问题可通过购买商业保险如意外保险等方式来解决。至于谁来购买，高校和派遣单位协商，明确双方权利义务。工会干部本着“娘家人”“贴心人”的信念，急职工所急，尽最大能力帮助解决职工所遇困难，以期从源头上避免纠纷，防止问题扩大化。及时进行工伤处理，避免劳动纠纷。上海大学 2018 年一位派遣职工突发心脏性猝死，该校工会主席第一时间到达现场慰问，送上第一笔慰问金 5000 元，帮助其处理后事，同时与学校人事部门、派遣公司对接，帮助协商申请工伤赔偿，之后给予其家属苦难补助，用于其孩子就学。在整个事件处理中，校工会和二级工会都给予补助，补助共计 10 万元。

关注职工最忧虑、最操心的问题，如上海大学采用“首问责任制”，即职工遇到问题第一个找到的工会工作人员，该人员必须接待或帮助其解决处理。如不作为，会被问责。开展“一杯茶工程”，即职工来到工会，工作人员须先送上一杯热茶，让职工感受家的温暖。

## （五）在劳务派遣公司或外包公司入会的，建议政府出台政策

建议出台要求派遣公司和外包公司入会的政策。上海市教育工会于 2015 年制定的《上海市教育工会关于进一步做好上海市教育系统农民工等非在编教职工入会和服务工作的实施意见》规定：“高校等用工单位原则上应与已建立工会组织的劳务公司（单位），签订有关劳务外包合同。”如对方未建会，职工愿意，且工作时间较长，用工单位也可吸收其在高校入会。

建议政府出台可操作性强的文件，由政府或市教育工会 ，统计与各高校合作的外包公司清单，督促其源头入会。对于具备建会、入会的能力和资格的派遣公司和外包公司，指导其开展建会、入会工作。

### （六）制定奖惩条例，加强对非在编职工入会工作的指导和督促检查

各单位要根据自身的工作情况，制定工作方案，确保非在编职工入会和服务工作落到实处，如继续开展入会情况的旬报和年报制度，及时跟进了解。

将非在编职工入会和服务工作列入文明单位评选、先进教工之家和模范教工小家等工作考核的重要内容。

天津市教育工会 2019 年 6 月出台了《高校系统非事业编职工入会和独立法人单位建会保障措施》，规定了非事业编职工入会的补贴力度，每新增一名会员补贴 200 元，新增会员达到一定规模另有集体补贴金额。同时，还规定了非事业编职工会员中的农民工群体在申办激活本人会员卡的基础上，2019 年内每人获得 150 元补贴注资。

推动高校非事业编职工入会工作，是着力扩大工会覆盖面，加强基层工会建设的内容之一，是增强非编职工归属感、安全感、幸福感的关键一招，也是事业留人、待遇留人、感情留人的重要渠道，更是增强工会工作的凝聚力和吸引力的重要抓手。

# 论工会在产业工人队伍建设中的困境与突破

王 祎①

**摘 要：** 党中央在产业工人队伍建设改革方案中明确提出由工会牵头组织协调。近几年的实践中，工会取得了很多成绩，但伴随着产业工人队伍建设的深入发展，工会面临的困境也愈发凸显：产业工人组成改变导致工作范围偏离，产业工人需求增多导致维权工作落后，信息沟通存在障碍导致重复工作增多，短期内无法扭转社会对产业工人的误解。针对这些困境，工会应该寻求突破途径：集中精力打造重点产业工人队伍，积极维护产业工人根本利益，建立数据库，创新工作方式。总之，产业工人队伍建设是一个长期而艰巨的过程，最终的效果会影响深远。

**关键词：** 产业工人　队伍建设　工会

党中央一直高度重视产业工人队伍建设，2017 年 2 月，习近平总书记主持召开中共中央全面深化改革领导小组第三十二次会议，审议通过《新时期产业工人队伍建设改革方案》（简称《改革方案》）。《改革方案》明确了新时期产业工人队伍建设改革的指导思想、基本原则、目标任务以及改革举措，明确提出“建立贯彻落实协调机制，由全国总工会牵头、各相关部门参与”。工会在产业工人队伍建设中责任重大，近年的实践中，工会取得了很多成绩，同时随着产业工人队伍建设的深入发展，困境愈发凸显。针对这些困境，工会应该寻求突破途径，最终完成产业工人队伍建设的伟大任务。

---

① 王祎（1980— ），女，汉族，北京人，任职于中国劳动关系学院，主要从事劳动与社会保障研究。

## 一、工会在产业工人队伍建设中的作用

### （一）引领产业工人队伍建设的方向

各级工会组织站在党和国家工作大局的高度，站在巩固党的执政基础的高度，站在促进经济社会持续健康发展的高度，引领着产业工人队伍建设的方向。

工会肩负着教育引导产业工人自觉用习近平新时代中国特色社会主义思想武装头脑的重任，引领广大产业工人坚定不移听党话、矢志不渝跟党走。工会把思想政治工作贯串产业工人队伍建设改革各项工作中，要提高思想认识，深刻理解推进产业工人队伍建设改革的重大意义及紧迫性。

新时代，面临着全球化、信息化、网络化的冲击，新观念、新思想、新情绪在产业工人队伍中不断涌现。随着市场经济的发展，产业工人的思想观念、价值取向和行为方式也在发生着深刻的变化。强化产业工人意识形态教育，团结引领产业工人自觉在思想上、政治上、行动上同以习近平同志为核心的党中央保持高度一致。加强和改进思想政治建设，是产业工人队伍建设改革的突出亮点，也是衡量改革成效的重要标准。

上至中华全国总工会、省总工会、市总工会，下至行业工会、各个基层工会，层层分解贯彻《改革方案》的指导意见，结合实际，切实履行宏观指导、政策协调、组织推进、督促检查的职责，将加强和改进思想政治建设放在产业工人队伍建设的首要位置。

### （二）凝聚推进产业工人队伍建设的整体合力

《改革方案》是由全国总工会牵头，会同国家发展和改革委员会、教育部、工业和信息化部、人力资源和社会保障部等部门共同研究起草完成的，在方案落实过程中，工会同样发挥着协调牵头的作用。

党中央成立了推进产业工人队伍建设改革协调小组（简称协调小组），由全国总工会牵头并负责。全国总工会设立专项办公室负责协调小组的日常工作，通过定期召开会议、定期通报情况，会同有关部门一道做好《改革方案》的宏观指导、政策协调、组织推进和督促检查工作。全国总工会与协调小组各成员单位打破部门界限，制定出台一批涉及产业工人队伍建设改革重大问题的政策意见，形成了产业工人队伍建设与宏观政策、产业政策、就业政策、社会政策的联动效应。各相关部门积极参与、主动作为，既在协调机制中充分发挥作用，又结合自

身职能职责认真组织实施，保证产业工人队伍建设改革有力、有序推进。工会牵头最大限度地凝聚了推进产业工人队伍建设改革的整体合力，推进产业工人队伍建设改革工作格局不断完善。

## （三）利用自身特点和优势开展专项活动

工会组织的最大优势就是有着深厚的群众基础，可以密切联系群众，依靠群众，带领群众。要做好产业工人队伍建设，就要发动工人一起，有效组织产业工人，凝聚产业工人的力量，不断激发产业工人的积极性、主动性和创造性。工会最了解产业工人的需求，应该以产业工人需求为导向，有针对性地开展活动，做出让产业工人队伍满意的实绩。

例如，工会在提升产业工人技术技能素质中具有天然优势。由全国总工会围绕国家重大战略开展的全国职工职业技能大赛已经举办了6届，技能比赛已经成为培养发掘高技能领军人才、激发职工劳动热情和创造潜能的重要载体，对于引导和帮助广大职工掌握现代科学技术，提高劳动技能和综合素质，增强学习能力、创新能力、竞争能力和创业能力，培养和造就一支高素质的职工队伍，都具有十分重要的意义。全国各级工会广泛开展引领性、示范性劳动和技能竞赛。通过多种形式的职工技能培训、岗位练兵、网上练兵活动，发挥劳模创新工作室、“首席技师”“首席员工”的示范作用，设立职工创新补助资金，培养造就了一大批高技能人才队伍。

## （四）充分发挥工会宣传优势传播正能量

宣传是工会工作的重要组成部分，要充分利用各级工会宣传阵地的优势，全方位、多渠道的宣传途径，树立正确导向、营造良好氛围。

工会把握正确政治方向、价值取向、舆论导向，大力宣传产业工人的地位作用和产业工人队伍建设改革的重大意义。工会宣传迅速到位。《改革方案》出台后不久，工会组织立刻启动宣传快速反应机制，通过发表评论员文章、署名文章，推出答记者问的多种形式，在《人民日报》《工人日报》《求是》等报刊上宣传阐释推进产业工人队伍建设改革的重大意义和中央部署要求。接着，通过出版详细解读图书，进一步普及产业工人队伍建设的基本知识、路线、措施。然后，始终保持宣传引导势头不减、节奏不变，借助各种活动、会议和宣传平台（包括在主流媒体和新兴媒体开设专题专栏），持续把学习宣传引向深入，推动产业工人队伍建设改革深入人心，有力激发广大产业工人的创造创新热情。

工会充分发挥了宣传优势，汇聚新精神，传播正能量，引导全社会关心支持和参与产业工人队伍建设改革。

## 二、工会在产业工人队伍建设中的困境

### （一）产业结构调整导致对产业工人队伍定位不清

产业是社会分工的产物，第二次世界大战以后，许多国家在划分产业时都参照了国际劳工组织的分类方法，采用了三次产业分类法，我国也采用三次产业分类法。

产业工人，顾名思义是在产业中从事工作的劳动者，伴随着产业的演进、工作形式的变化以及劳动者自身的发展，产业工人的内涵与外延也在不断改变。目前国内公认的“产业工人”指的是在现代工厂、矿山、交通运输等企业中从事集体生产劳动，以工资收入为生活来源的工人。

产业工人队伍建设的目标之一就是要通过产业结构调整实现产业升级，将国民经济重心由第一产业向第二产业进而向第三产业转移。优化各产业内部配置，调整轻工业与重工业的比例，由劳动密集型向资本密集型转化，从传统的工厂发展为高技术企业。

中国是劳动力非常丰富的国家，中国工人进入门槛低，数量非常庞大，但产业工人极度缺乏，尤其急缺拥有技术的产业工人。工人队伍建设一直是工会的重点工作，然而新时期提出的产业工人队伍建设不同于以往，有些工会把组织农民工加入工会也看作产业工人队伍建设，把集中在建筑、餐饮、销售等技术含量低、粗加工的行业的培训也当作产业工人队伍建设。根据《改革方案》的精神，这些工作不能算作产业工人队伍建设的重点工作。对产业工人的定位不清晰，导致部分工会工作范围偏离。

### （二）产业工人权益保障新发展导致维权工作落后

随着新一轮科技革命和产业变革不断深入，新技术、新产业、新业态层出不穷，对产业工人就业的稳定性、产业工人的技能、传统劳动关系的认定和管理提出了新挑战。产业工人权益保障也出现了新的需求，这些权益大致可以分为三类：①经济权益，包括就业权实现、劳动报酬权、社会保障权、劳动安全与卫生权、职业培训权等；②政治权益，包括民主参与、民主管理、民主监督的权利以及知情权和话语权等；③社会权益，包括享受住房福利、子女入学等社会福利制

度安排的权利。然而，工会还在遵循原来的维权工作方式，无法充分调动广大产业工人的积极性、主动性、创造性，无法更好地发挥产业工人队伍的主力军作用。

## （三）信息沟通存在障碍导致重复工作增多

产业工人队伍建设改革方案涉及多个部门，部门之间还没有建立起畅通的信息沟通渠道，存在信息不对称、部门之间参与程度低的情况。

**表 1　有关部门促进产业工人队伍建设部分工作一览**

| 相关部门 | 开展的活动 |
|---|---|
| 人力资源和社会保障部 | 印发《关于提高技术工人待遇的意见》 |
| 人力资源和社会保障部 | 印发《关于推行终身职业技能培训制度的意见》 |
| 中共中央组织部 | 重视提升产业工人政治地位、强化产业工人思想引领，加大在产业工人中发展党员力度 |
| 国家发展改革委 | 助推产业工人成长成才、提升产业工人待遇，将技能人才激励计划作为城乡居民增收的重要组成部分 |
| 国务院、国资委 | 推动部分中央企业探索建立职业资格等级与专业技术职称之间的互通机制 |
| 教育部 | 强化职业教育和培训，参与《职业教育法》的修订，出台职业教育政策 |
| 工业和信息化部 | 推动充分发挥“互联网＋”的助力作用，成立产业工人“网络学习平台”专项工作小组 |
| 财政部 | 提供财力保障，落实中央财政专项资金支持现代职业教育提升计划，促进建立社会多元投入机制 |

政府有关部门各司其职，围绕产业工人队伍建设开展了一系列的工作。从表1中可以看出，很多工作是需要部门之间合作展开的，需要各方同心同向、同频共振、同抓共促，但目前并没有建立起通畅的沟通渠道，无法共享数据，导致有些部门在做重复的工作。

## （四）短期内无法扭转社会对产业工人的误解

社会上对产业工人存在较大误解，认为产业工人的文化程度低、工作环境差，没有出路。这些误解的产生有历史原因也有现实原因，短期内都无法扭转。

历史原因主要是在新中国成立初期到改革开放以前，产业工人的政治地位高，经济地位也很高。当工人，就不会失业；当工人，生老病死就有依靠，可以终身享受劳保福利待遇；当工人，就可以免费医疗，住国家分配的住房。工人是劳动者引为自豪和令人羡慕的职业。任何一个社会阶层的地位都是与这个阶层在社会经济生活中的作用紧密相连的。但现在产业工人的地位较之前有了明显下滑。即使随着国有企业改革深化，转换机制，其活力会有所增强，地位会有所提高，但这需要时间，即使是这样，也不能回到体制改革以前的地位上去。现实原因，全社会的价值取向存在偏差，不惜一切代价发财致富的欲望、对商业的嗜好、对物质利益和享受的追求，已成为普遍的社会价值观和行为方式。经济结构失衡，制造业明显处于竞争劣势，短时间内无法扭转产业工人待遇偏低、缺乏尊严和认同度的社会现象。

## 三、工会在产业工人队伍建设中的突破

### （一）集中精力打造重点产业工人队伍

产业工人一直都存在，伴随着生产力不断发展和社会分工的细化，产业工人也在不断地演进和发展。西方有，我国也有，计划经济时期有，市场经济时期也有。

我国目前的产业的划分是第一产业为农业，包括农、林、牧、渔各业；第二产业为工业，包括采掘、制造、自来水、电力、蒸汽、热水、煤气和建筑各业；第三产业分流通和服务两部分，共四个层次。

根据《改革方案》，工会应该集中精力打造重点产业工人队伍建设。重点产业是指在国民经济体系中占有重要的战略地位并在国民经济规划中需要重点发展的产业。制造业直接体现了一个国家的生产力水平，制造业才是产业工人队伍建设的重中之重。从事轨道交通装备、高端船舶和海洋工程装备、智能机器人、智能汽车、现代农业机械等先进装备制造，传统五金制品行业和新材料制造，高端医疗器械和药品制造的产业工人，更是产业工人队伍建设的主要目标群体。

### （二）积极维护产业工人根本利益

对产业工人来说，迫切需要的是享受应有的政治待遇、经济待遇和社会待遇，真正地享有存在感、安全感和归属感。工会要赢得广大产业工人的信赖和支

持，就必须做好维护产业工人切身利益工作。

在企业层面，要落实好职代会制度，推进厂务公开、业务公开，坚持企业在重大决策上听取产业工人意见，涉及产业工人切身利益的重大问题必须经过职代会审议，坚持和完善职工董事制度、职工监事制度，在参与各项改革中充分反映产业工人利益诉求，努力从源头上保障产业工人的利益。为产业工人提供适配的岗位，提供畅通的职业成长成才道路；完善工资激励计划，建立企业产业工人工资正常增长机制，鼓励企业对高技能人才实行技术创新成果入股、岗位分红等激励方式，促进长期稳定提高技术工人收入水平等。

在社会层面，为产业工人提供成长成才平台，营造尊重产业工人的社会环境。经济建设是工会工作主战场，调动职工群众积极性、主动性、创造性是工会工作的中心任务。

### （三）建立数据库

由工会组织建立产业工人基础数据库，可以准确定位产业工人的需求，有效提升工会的数据研究分析能力，更精准地提供服务。这些数据还可以共享给相关的部门，工会以此为依托，可以真正配合其他部门的工作，参与到整个产业工人队伍建设的全过程中。

首先，全面、真实、准确的基础数据既是工会基层组织建设的第一手资料，也是完善工会会员管理和推进工会普惠制服务的基础性资料。由基层工会进行调查摸底，开展工会会员实名制数据采集工作，初步建立工会会员基础数据库。各级工会组织汇总，并同时完善工会组织的基础数据库。再汇总为省级市级的总数据库，最终目标是建立全国的大数据库。还要保持工会组织和工会会员实名数据信息实时更新，开发数据资源，实现工会系统数据信息互通共享和深度利用。组建数据库的同时，可以梳理工人的需求，把困难职工生活救助、医疗救助、金秋助学、职工法律援助、劳动模范服务等内容整合进服务管理信息平台，与工会门户网站链接，实现资源共享，涵盖工会日常工作的全部内容。

### （四）创新工作方式

充分利用现代信息技术，推动互联网与产业工人队伍建设深度融合，是《改革方案》一个富有时代气息的特点。

全国总工会对一些相关机构职能进行了调整，并专门成立了网络工作部，负责研究制定全国工会网上工作规划；指导地方工会门户网站和网络平台建设工作，做好网上引导、动员和服务职工群众工作；培训管理工会网上工作队伍；与国家有关部门及网络媒体沟通协调；研究制定、监督落实工会网络信息安全保密相关制度；统筹推进全国工会工作数据库建设管理。

全国总工会在开展互联网+工会建设方面富有成效，因此也将这一经验应用到产业工人队伍建设改革方面。打造网上工会、智慧工会，希望通过互联网促进产业工人队伍建设，实现包括吸引广大产业工人入会、加强对产业工人的宣传宣讲、开展互动性的沟通交流、为产业工人提供普惠性的服务等目标。互联网为上述目标的实现提供了更加便捷有效的渠道。

## 四、结　语

产业工人队伍建设改革是一项综合性、系统性、全局性的工作，既是一项长期而艰巨的工作，又是一项现实而紧迫的工作。工会发挥牵头作用，突破现实的困境，协同相关部门一同努力，最终会造就一支有理想守信念、懂技术会创新、敢担当讲奉献的宏大的产业工人队伍，这支队伍最终会成为实施科教兴国战略、人才强国战略、创新驱动发展战略的重要支撑和基础保障。

**参考文献：**

[1] 李玉赋．提升政治站位 强化责任担当 大力推进产业工人队伍建设改革——在推进产业工人队伍建设改革协调小组会议上的讲话 [J]．中国工运，2017 (8)：4－7.

[2] 刘向兵．中国特色社会主义新时代背景下的产业工人队伍建设改革 [J]．中国劳动关系学院学报，2017，31 (6)：1－7.

[3] 李珂，潘泰萍．推动新时代产业工人队伍建设改革扎实落地 [J]．中国党政干部论坛，2018 (12)：62－65.